高等学校招标采购专业试用教材

招标采购法律基础

北京建筑大学招标采购专业建设委员会　编著

中国建筑工业出版社

图书在版编目(CIP)数据

招标采购法律基础/北京建筑大学招标采购专业建设委员会编著．—北京：中国建筑工业出版社，2013.8
高等学校招标采购专业试用教材
ISBN 978-7-112-15532-3

Ⅰ.①招… Ⅱ.①北… Ⅲ.①采购-招标投标法-中国-高等学校-教材 Ⅳ.①D922.297

中国版本图书馆CIP数据核字（2013）第131697号

本书按照高等教育公共事业管理（招标采购方向）专业本科课程教学大纲要求，以法学基本知识为基础，以与招标采购有关的法律法规为范围编写而成的。本书系统地将招标采购领域的法律基础知识进行了汇总和编撰。内容主要包括建设工程、招标采购有关的法律知识，涉及多个部门法，除招标投标法和政府采购法外，还包括民法、合同法、刑法、程序法、建筑法等相关法律内容。由于招标采购专业的实践性很强，本书结合专业应用的需要来编排相关章节，内容简明扼要、通俗实用。

本书为高等教育公共事业管理（招标采购方向）专业课程教材，也可作为工程管理类有关专业课程的配套教材，还可供从事建设项目管理工作专业人员学习和工作参考。

* * *

责任编辑：马　红　姚荣华
责任设计：张　虹
责任校对：肖　剑　党　蕾

高等学校招标采购专业试用教材
招标采购法律基础
北京建筑大学招标采购专业建设委员会　编著

*

中国建筑工业出版社出版、发行（北京西郊百万庄）
各地新华书店、建筑书店经销
北京红光制版公司制版
北京市安泰印刷厂印刷

*

开本：787×1092毫米　1/16　印张：14¾　字数：355千字
2013年8月第一版　2013年8月第一次印刷
定价：**32.00元**
ISBN 978-7-112-15532-3
（24114）

版权所有　翻印必究
如有印装质量问题，可寄本社退换
（邮政编码100037）

招标采购专业教材编写委员会

主 任　何佰洲　毛林繁

委 员　（按姓氏笔画排序）：

　　　　石国虎　刘仁和　李　君　李明江　李继红
　　　　杨兴坤　张　俊　张兆安　周　霞　周晓静
　　　　赵世强　袁　静　徐　星　常　路　戚振强
　　　　谭敬慧

《招标采购法律基础》编写组

　　　　朱中华　孙桂梅　郭　珩　张海丹　黄　栋　黄　鹏

主 编　谭敬慧

总序

市场经济条件下，如何保证高等教育可持续发展是个重大课题，而适应市场人才数量及能力需求，及时调整或充实高校专业，进而培养符合我国经济建设需求的专业人才，则无疑是高等教育可持续发展的重要保障。

《中华人民共和国招标投标法》（以下简称《招标投标法》）颁布以来，招标采购制度在推进经济体制改革、提高经济效益、规范市场主体交易行为等方面发挥了重要的作用，据不完全统计，相关从业人数近百万，业已形成了一个庞大的招标采购专业群体。这些从业人员来源于多种渠道，知识结构不尽合理，不得不采取边干边学的成才之路，以适应市场需求，长此以往，势必影响招标采购功用发挥，影响这项制度的有效实施。

为此，经过三年多的市场调研，并结合北京建筑大学专业分布特点和师资条件，我们在公共事业管理专业下，率先开展了招标采购方向本科生培养，组建了招标采购专业建设委员会，聘请了一大批理论与实践工作者进行专业课程设计，并结合培养方向组织编写建设项目概论、设备材料概论、招标采购理论基础、招标采购项目管理等10余门学科教材，以适应招标采购方向教学之用。这些教材的编写者由国内具有一定招标采购理论和实践，以及教学经验的专家学者组成。每门教材从选题到定稿，经过招标采购专业建设委员会数次严格审查，是一套水平较高的招标采购专业教材。

这套教材既可以满足招标采购方向本科生培养之需，又可以弥补招标采购制度中理论的欠缺与不足，作为招标采购从业人员继续教育或理论深造之用。

北京建筑大学
招标采购专业建设委员会

前言

招标采购作为我国经济发展中的重要竞争采购机制，已经有十多年的历史。此次北京建工学院率先开设招标采购专业，非常好地适应了招标采购领域的市场需要和人才培养需要。在编写本教材时，为满足新设课程的教学要求和实现人才培养的目的，我们从法律的基本精神和原则出发，将与招标投标法律体系有关的法律基础知识进行了系统的梳理，并适当与招投标实务进行了结合。

教材以法学基本知识体系为核心，将与招标采购活动有关的法律规范进行了系统的归纳和总结，其编写的体例也尽量结合与招标实践的紧密性进行考虑，内容包括法理、招标投标法、政府采购法、民法、合同法、刑法、程序法、建筑法等相关法律。内容简明扼要，语言文字简练易懂。

招标采购法律基础课程涉及的内容广泛，体系较为庞杂，理解有关的法律知识对于非法律专业的本科学生来说，难度应该还是比较大的。在教学实践中，教学之难莫过于使学生对其所学的知识感兴趣，并让学生在学习的过程中对该学科产生探索力，使其感受到学习的快乐并理解学科的价值。同时，法律基础知识的传播应当肩负另外一个更大的使命，亦即促进国家法治建设的发展和全民法律素养的提高，这也是法学教材不容怠慢的重要责任，尤其在现今社会经济发展的环境背景下。

法学作为社会科学中非常重要的一个学科，由于其特有的学科发展渊源和现状，当然的为人们所敬畏。在人类法学的发展史上，涌现了无数充满睿智和胆识的法学家和法律工作者，并为法学发展和社会进步提供了激荡人心的经典篇章，期间中国历史上著名法学家不胜枚举，远至韩非子、商鞅、张释之，近至沈家本、史尚宽、江平先生等，纵观其精神，传承着法的永恒正义的力量。从法学家出发，学习与研究法学，需要秉承忠于公平正义的精神以及忠实勤勉的态度。这也是大学学生应当在求学中兼而得之精神食粮吧。

为使学生更好地、更有兴趣地掌握课程基本知识，教学中如能尽量采用案例讲解，将会获得更好的效果；这样，学生在了解专业知识的同时，亦习得辨法析理的思维方法，此谓"授人以鱼，不如授人以渔"。

最后，编者在此希望本书可以令使用它的老师和学生们在教与学的过程中轻松地获得一份收获。

因时间的仓促，疏误之处在所难免，尚祈指正和谅解。

目录

总序
前言
第1章 招标采购的法律法规与政策体系 ... 1
  1.1 法学理论基础知识 ... 1
  1.2 立法法介绍 ... 3
  1.3 招标采购法律体系 ... 8

第2章 民法通则 ... 13
  2.1 我国民法体系概述 ... 13
  2.2 民事主体 ... 15
  2.3 民事法律行为和代理 ... 19
  2.4 民事权利与民事责任 ... 21
  2.5 诉讼时效 ... 23
  2.6 涉外民事法律关系 ... 24

第3章 合同法 ... 25
  3.1 合同法概述 ... 25
  3.2 合同的订立 ... 27
  3.3 合同的效力 ... 33
  3.4 合同的履行、变更和转让 ... 36
  3.5 合同的终止 ... 38
  3.6 缔约过失责任和违约责任 ... 39
  3.7 合同争议解决 ... 43

第4章 招标投标法 ... 45
  4.1 招标投标法的概述 ... 45
  4.2 招标 ... 50
  4.3 投标 ... 63
  4.4 开标、评标和中标 ... 72
  4.5 招标投标争议的解决 ... 86
  4.6 招标投标法律责任的规定 ... 89

第5章 政府采购法 ... 97
  5.1 政府采购法概述 ... 97

5.2 政府采购法法学理论 …………………………………………………… 102
  5.3 政府采购当事人 ………………………………………………………… 111
  5.4 政府采购的方式及程序 ………………………………………………… 115
  5.5 政府采购合同 …………………………………………………………… 127
  5.6 政府采购的救济方式 …………………………………………………… 130
  5.7 政府采购的监督检查 …………………………………………………… 133
  5.8 法律责任的规定 ………………………………………………………… 135
第6章 刑法 ……………………………………………………………………… 138
  6.1 刑法概述 ………………………………………………………………… 138
  6.2 犯罪构成 ………………………………………………………………… 140
  6.3 刑罚种类 ………………………………………………………………… 142
  6.4 与招标投标制度相关罪名及法律责任 ………………………………… 145
第7章 行政法 …………………………………………………………………… 148
  7.1 行政法体系概述 ………………………………………………………… 148
  7.2 行政许可法 ……………………………………………………………… 150
  7.3 行政处罚法 ……………………………………………………………… 153
  7.4 行政复议法 ……………………………………………………………… 159
第8章 程序法 …………………………………………………………………… 167
  8.1 行政诉讼法 ……………………………………………………………… 167
  8.2 民事诉讼法 ……………………………………………………………… 181
  8.3 仲裁法 …………………………………………………………………… 189
第9章 建筑法 …………………………………………………………………… 195
  9.1 建筑法概述 ……………………………………………………………… 195
  9.2 建筑许可 ………………………………………………………………… 201
  9.3 建筑工程发包与承包 …………………………………………………… 204
  9.4 建筑工程监理 …………………………………………………………… 207
  9.5 建筑安全生产管理 ……………………………………………………… 210
  9.6 建筑工程质量管理 ……………………………………………………… 216
  9.7 违反《建筑法》应当承担的法律责任 ………………………………… 221
参考文献 …………………………………………………………………………… 226

第1章 招标采购的法律法规与政策体系

1.1 法学理论基础知识

1.1.1 法的产生

任何一个有秩序的社会的顺利发展都离不开规则。但是，社会发展的阶段不同、社会发展的生产力水平不一样，其社会关系和生产关系的种类也不同，即导致维护社会稳定、和谐的手段和方法也不同。法作为一种调整社会的方式，不是与生俱来的，是社会发展到一定阶段的必然产物，也是确保目前中国社会稳定发展所必需的。

原始社会中没有法，原始社会的生存规则即氏族习惯。这是由原始社会的政治、经济发展水平所决定的。在原始社会中，生产力发展水平仍然处于以采集、狩猎为主要手段的阶段，另外原始社会中没有私有财产，也没有出现阶级分化的现象。在社会组织上，以血缘关系为基础形成部落或氏族，且只有简单的社会分工，人们共同劳动；在文化上，原始社会具有单一性，同一部落或氏族的人遵循着相同的生活方式和生产方式，一个部落的人很少与其他部落的人接触，同一部落的人一般具有相同的价值观念。

在这样的社会中，氏族习惯足以担负起调整社会的责任，法产生的土壤在原始社会早中期尚未形成。即使在现代社会，许多人类学家经研究发现，在没有阶级分化和文化冲突的社会中，几乎没有法的现象。

法的产生与原始社会末期经济、政治、文化的发展有直接关系，正是原始社会生产力的发展以及由此而引起的阶段分化给法的产生提供了土壤。

社会发展是一个长期的过程，从原始社会进化到奴隶社会也是一个长期的过程，所以法的产生也经历了长期的过程。在这一过程中原来平等的氏族成员之间的关系演变为不平等的阶段对立关系，氏族首领依靠传统维持的道德式的权力演变为从社会中产生并凌驾于社会之上的国家权力，自己解决纠纷的方式演变为依靠专门机构——法庭、警察、监狱来解决纠纷。[1]

法产生的标志包括：①国家的产生使正在形成的私有制获得社会普遍承认，并得到国家强制力的保证，从而使这种新的行为规则具有物质后盾。②出现权利与义务的划分。在氏族制度内部，权利与义务之间还没有任何区别。随着私有财产和商品交换的出现，有了"你的"、"我的"的划分，与此相适应产生了权利与义务。③出现专门解决纠纷的机构。在氏族内部，大多数争端都由全体当事人自己解决，历来的习俗已把一切都调整好。私有财产的出现使人们之间纠纷的性质和数量都发生了很大的变化。在法形成的早期阶段，主

---

[1] 孙国华、朱景文主编，法理学（第三版），23页，北京，中国人民大学出版社，2010

要由个人来解决彼此之间的利害冲突,违法往往也只是被看做是对个人利益的侵犯。随着社会分工的发展,社会管理职能集中在少数人手中,对违法行为的制裁才逐渐由国家专门机构掌握。[1]

1.1.2 法的阶级本质

从内容上说,法是一种特殊社会调整规范的总和。没有任何两个国家的法律是完全相同的,比如,我国法律与美国法律不管是在内容上还是形式上都存在着很大的差异。但是各个国家的法律却有着一个共同点,那就是每一个国家的法律均体现着各自国家的意志。

在阶级社会中,国家意志反映的是统治阶级的意志,因此法律具有阶级属性,是统治阶级意志的体现。统治阶级意志的形成是个复杂的过程,既取决于统治阶级与被统治阶级的斗争,也取决于统治阶级内部不同阶层或集团的矛盾和斗争;既取决于国内的形势,也取决于国际形势。被统治阶级的意志可以影响统治阶级意志的形成,但一般认为,法本质上并不反映被统治阶级的意志。[2] 比如在资本主义社会,工人阶级的斗争往往迫使资产阶级作出一定程度的让步,制定一些保护全体公民利益的法律规定,但这样的安排并不是出于保护劳动人民利益的考虑,而是统治阶级为了保障其政权稳固而被迫作出的让步,其最终目的还是为了保障统治阶级的利益,实现统治阶级的意志。

虽然法是统治阶级意志的反映,但是并不是一切统治阶级的意志都是法,在每个特殊社会集体,只有按照法的特别制定程序产生的规则才被称为法。除了法以外,国家政策等也体现着统治阶级的意志。

1.1.3 法的概念

法是一种复杂的规则,认识法,就要把握法区别于其他事物的显著特征。首先,法是一种社会规范,而这种社会规范体现着统治阶级的意志和统治阶级的价值观。其次,法与国家权力紧密相连,没有国家权力就不可能产生法,因为法是由国家制定或认可、并由国家强制力保证实施的社会规范。

法可以定义为:法是由国家制定或认可并有国家强制力保证其实施的,反映着统治阶级(即掌握国家政权的阶级)意志的规范系统。这一意志的内容是由统治阶级的物质生活条件决定的,法通过规定人们在法律上的权利和义务,确认、保护和发展对统治阶级有利的社会关系和社会秩序。

1.1.4 法的作用

法的作用是指法这种事物在人们的社会生活中扮演的角色和产生的影响。法的作用分为规范作用和社会作用。规范作用是从法是调整人们行为的社会规范这一角度提出来的,是从法本身或把法作为社会调整手段来看的法的作用;而社会作用是从法在社会生活中要实现一种目的的角度来认识的,是联系法的社会目的和使命来看的法的作用。两者之间的关系为:规范作用是手段,社会作用是目的。

---

[1] 孙国华、朱景文主编,法理学(第三版),24页,北京,中国人民大学出版社,2010
[2] 孙国华、朱景文主编,法理学(第三版),33页,北京,中国人民大学出版社,2010

法的规范作用包括以下五个方面：第一，指引作用。这是指法律对个体行为的指引作用，即法律可以让人们知道什么事情可以做、怎么做，什么事情不能做。第二，评价作用。这是法作为尺度和标准对他人的行为的作用，即法可用来判断人们的行为是合法的还是违法的。第三，预测作用。这是对当事人双方之间的行为的作用，即人们可能根据法律来预测其他人的行为。第四，强制作用。这是对违法犯罪者的行为的作用，即法律可使违法行为者承担不利的后果。第五，教育作用。这是对一般人的行为的作用，包括正面教育和反面教育。

在阶级对立的社会中，法的社会作用大致可分为以下两大方面：第一，维护阶级统治。维护统治阶级的阶级统治是法的社会作用的核心和目的，同时，法在调整统治阶级内部和统治阶级及其同盟者之间的关系方面也具有重要作用。第二，维护社会公共利益，执行社会公共事务。比如为了维护人们生存所必需的基本生活条件，统治阶级通常会制定有关自然资源、医疗卫生、环境保护、交通通信以及基本社会秩序的法律并以国家强制力保证其实施。

1.2 立法法介绍

1.2.1 立法的概述和特点

1. 立法的概念

立法是指一定的国家机关依照法定职权和程序，制定、修改和废止法律和其他规范性法律文件及认可法律的活动，是将一定阶级的意志上升为国家意志的活动，是对社会资源、社会利益进行第一次分配的活动。立法有广义、狭义两种理解，广义上的立法概念与法律制定的涵义是相同的，泛指一切有权的国家机关依法制定各种规范性法律文件的活动。狭义上的立法是国家立法权意义上的概念，仅指享有国家最高权力的国家机关的立法活动，即国家的最高权力机关及其常设机关依法制定、修改和废止宪法和法律的活动。《立法法》中的"立法"应作广义理解。

2. 立法的特点

立法具有以下特点：第一，立法是以国家的名义进行的活动；第二，立法是一项国家职能活动，其目的是为了实现国家和社会生活的有效调控；第三，立法是以一定的客观经济关系为基础的人们的主观意志活动，并且受其他社会因素的影响；第四，立法是产生具有规范性、国家强制性的普遍行为规则的活动；第五，立法是依照法定职权和程序进行的专门活动；第六，立法是对有限的社会资源进行制度性的分配，是对社会资源的第一次分配，反映了社会的利益倾向性。

3. 当代中国立法的原则

立法原则是指导立法主体进行立法活动的基本准则，是立法过程中应当遵循的指导思想。当代中国立法的原则为法治原则、民主原则、科学原则。

（1）法治原则。立法的法治原则要求一切立法活动都必须以宪法为依据，符合宪法的精神；立法活动都要有法律根据，立法主体、立法权限、立法内容、立法程序都应符合法律的规定，立法机关必须严格按照法律规范的要求行使职权，履行职责。

(2) 民主原则。立法应当体现广大人民的意志和要求，确认和保障人民的利益；应当通过法律规定，保障人民通过各种途径参与立法活动，表达自己的意见；立法过程和立法程序应具有开放性、透明度，立法过程中要坚持群众路线。

(3) 科学原则。立法应当实事求是，从实际出发，尊重社会的客观实际状况，根据客观需要反映客观规律的要求，立法应十分重视立法的技术和方法，努力提高立法的质量和水平。

1.2.2 立法法

立法法所要解决的问题主要是立法的主体（即谁有权立法）和立法的程序（即如何立法）的问题。立法法就是要根据宪法的原则和精神，总结立法工作的实践经验，把宪法的规定具体化，对各类立法活动本身作出具体的可操作的规定。2000年3月15日，九届全国人大三次会议表决通过了《中华人民共和国立法法》（以下简称《立法法》），并规定自2000年7月1日起施行。《立法法》共6章，94条。《立法法》的颁布实施对规范各级各类立法活动、维护社会主义法制统一和尊严、保障和发展社会主义民主、推进依法治国、建设社会主义法治国家都有着十分重要的意义。

1. 立法宗旨

立法法的宗旨是为了规范立法活动，健全国家立法制度，建立和完善有中国特色社会主义法律体系，保障和发展社会主义民主，推进依法治国，建设社会主义法治国家。

2. 适用范围

根据《立法法》的规定，《立法法》适用于广泛的立法活动，包括法律、法规、自治条例和单行条例、规章的制定、修改和废止；国务院部门规章和地方政府规章的制定、修改和废止。这些立法活动均应依照立法法的有关规定执行。

1.2.3 立法体制

1. 立法体制的涵义

立法体制包括立法权限的划分、立法机关的设置和立法权限行使各方面的制度，主要为立法权限的划分。

2. 当代中国的立法体制

当代中国是单一制国家，根据我国《宪法》的规定，我国的立法体制是一元性的立法体制，同时我国的立法体制又是多层次的。根据我国《宪法》的规定，全国人民代表大会及其常务委员会行使国家立法权，制定法律；国务院根据宪法和法律制定行政法规，国务院下属的部委根据法律和行政法规，制定规章；省、直辖市的人民代表大会及其常务委员会在不与宪法、法律、行政法规相抵触的前提下，可以制定地方性法规；民族自治地方的人民代表大会有权依照当地民族地区的政治、经济和文化的特点，制定自治条例和单行条例；省、自治区的人民政府所在地的市和经国务院批准的较大的市的人民代表大会及其常务委员会根据本市的具体情况和实际需要，在不同宪法、法律、行政法规和本省、自治区的地方性法规相抵触的前提下，可以制定地方性法规；省、自治区、直辖市人民政府及省、自治区的人民政府所在地的市和经国务院批准的较大的市的人民政府，可以根据法律和国务院的行政法规，制定规章。此外，按照"一国两制"的原则，对于特别行政区实行的制度（包括立法制度），由全国人民代表大会以法律规定，如《中华人民共和国香港特别行政区基本法》、《中华人民共和国澳门特别行政区基本法》。

1.2.4　立法程序

立法程序，是指特定的国家机关制定、修改和废除法律和其他规范性文件及认可法律的法定步骤和方式。我国的《立法法》对当代中国立法的程序进行了基本的规定，全国人民代表大会及其常务委员会的立法程序主要有以下四个步骤，即法律议案的提出、法律草案的审议、法律草案的表决和通过、法律的公布。

（1）法律议案的提出

提出法律议案（又称立法议案）是立法程序的开始。法律议案是指依法享有法律议案提案权的机关或个人向立法机关提出的关于制定、修改、废止某项法律的正式提案。法律议案一经提出，立法机关就要列入议事日程，进行正式审议和讨论。提出法律议案的关键是谁享有法律议案的提案权。在我国，根据宪法和法律的规定，下列个人和组织享有向最高国家权力机关提出法律议案的提案权：①全国人大代表和全国人大常委会的组成人员。依照法律规定，全国人大代表30人以上或一个代表团可以提出法律议案。全国人大常委会委员10人以上可以向全国人大常委会提出法律议案。②全国人大主席团、全国人大常委会可以向全国人大提出法律议案。全国人大各专门委员会可以向全国人大或全国人大常委会提出法律议案。③国务院、最高人民法院、最高人民检察院可以向全国人大或全国人大常委会提出法律议案。

（2）法律草案的审议

法律草案的审议是指立法机关对已经列入议事日程的法律草案正式进行审查和讨论。审议法律草案是保证立法质量、体现立法民主的重要环节，它可以使法律更加完备和成熟。我国全国人民代表大会对法律草案的审议，一般经过两个阶段：一是由全国人大有关专门委员会进行审议，其中包括对法律草案的修改、补充；二是立法机关全体会议的审议。法律草案审议的结果有以下几种：①交付表决；②搁置；③终止审议。

（3）法律草案的表决和通过

法律草案的表决和通过是立法机关以法定多数对法律草案表示最终的赞同，从而使法律草案成为法律。这是法的制定程序中具有决定意义的一个步骤。表决时除了通过外还可能产生另外一种结果，就是没有获得法定数目以上人的赞同，即不通过。我国宪法规定，宪法的修改由全国人民代表大会以全体代表2/3以上的多数通过。法律草案要经过全国人大或全国人大常委会以全体代表的过半数通过。通过法律草案的方式，有公开表决和秘密表决两种。公开表决包括举手表决、起立表决、口头表决、行进表决、记名投票表决等各种形式。秘密表决主要是无记名投票的形式。

（4）法律的公布

法律的公布是指立法机关或国家元首将已通过的法律以一定的形式予以公布，以便全社会遵守执行。法律的公布是立法程序中的最后一个步骤，是法律生效的前提。法律通过后，凡是未经公布的，都不能发生法律效力，从而无法在社会生活中发挥作用。我国宪法规定，中华人民共和国主席根据全国人民代表大会的决定和全国人民代表大会常务委员会的决定公布法律。

1.2.5 授权立法

授权立法制度是国家立法制度的重要组成部分,现已成为各国政府管理的重要手段,是自19世纪30年代由英国开始的,自产生后它就伴随着社会生活的复杂化和政府职能的扩张而逐步发展起来。《立法法》第九条至第十一条、第五十六条第三款和第六十四条第二款,分别规定了授权立法的有关问题,《立法法》的上述规定符合现代授权立法发展的大趋势。

1. 授权立法的具体内容

(1) 全国人大及其常委会对《立法法》第八条规定的事项尚未制定法律的,全国人民代表大会及其常务委员会有权作出决定,授权国务院可以根据实际需要,对其中的部分事项先制定行政法规,但是有关犯罪和刑罚、对公民政治权利的剥夺和限制人身自由的强制措施和处罚、司法制度等事项除外。

(2) 全国人大及其常委会的授权决定应当明确授权的目的、范围。被授权机关应当严格按照授权目的和范围行使该项权力。被授权机关不得将该项权力转授给其他机关。

(3) 全国人大及其常委会对授权立法事项,经过实践检验,在制定法律的条件成熟时,由全国人民代表大会及其常务委员会及时制定法律。法律制定后,相应立法事项的授权终止。

2. 授权立法的效力和制约

《立法法》第八十六条第二款规定:"根据授权制定的法规与法律不一致,不能确定如何适用时,由全国人民代表大会常务委员会裁决。"这样规定,实际上承认了授权立法的效力等同于授权机关立法的效力,而不是等同于被授权机关本身立法的效力。不过,这样规定必须与严格的授权立法监督机制相配套。因此,《立法法》第八十七条规定:"法律、行政法规、地方性法规、自治条例和单行条例、规章有下列情形之一的,由有关机关依照本法第八十八条规定的权限予以改变或者撤销,(一)超越权限的;(二)下位法违反上位法规定的;(三)规章之间对同一事项的规定不一致,经裁决应当改变或者撤销一方的规定的;(四)规章的规定被认为不适当,应当予以改变或者撤销的;(五)违背法定程序的。"《立法法》第八十八条第七项还规定,"授权机关有权撤销被授权机关制定的超越授权范围或者违背授权目的的法规,必要时可以撤销授权。"

1.2.6 法律的制定

1. 全国人民代表大会和全国人民代表大会常务委员会行使国家立法权

全国人民代表大会制定和修改刑事、民事、国家机构的和其他的基本法律。全国人民代表大会常务委员会制定和修改除应当由全国人民代表大会制定的法律以外的其他法律;在全国人民代表大会闭会期间,对全国人民代表大会制定的法律进行部分补充和修改,但是不得同该法律的基本原则相抵触。

2. 只能制定法律的事项

《立法法》第八条列举了"只能制定法律"的事项,在科学合理地设置立法权方面迈出了重要的一步。《立法法》第八条规定只能制定法律的事项有:"(一)国家主权的事项;(二)各级人民代表大会、人民政府、人民法院和人民检察院的产生、组织和职权;(三)

民族区域自治制度、特别行政区制度、基层群众自治制度；（四）犯罪和刑罚；（五）对公民政治权利的剥夺、限制人身自由的强制措施和处罚；（六）对非国有财产的征收；（七）民事基本制度；（八）基本经济制度以及财政、税收、海关、金融和外贸的基本制度；（九）诉讼和仲裁制度；（十）必须由全国人民代表大会及其常务委员会制定法律的其他事项。"

1.2.7 行政法规的制定

行政法规是我国最高行政机关，即中央人民政府——国务院，根据宪法和法律或者全国人大常委会的授权决定，依照法定权限和程序，制定颁布的有关行政管理的规范性文件。行政法规在我国立法体制中具有重要地位，是仅次于法律的重要立法层次。立法法以宪法为依据，总结行政法规的制定经验，对行政法规的制定依据、权限和程序作了具体的规定，恰当地体现了行政法规在我国立法体制中的地位和作用。

行政法规可以就下列事项作出规定：①为执行法律的规定需要制定行政法规的事项；②宪法第八十九条规定的国务院行政管理职权的事项。

应当由全国人民代表大会及其常务委员会制定法律的事项，国务院根据全国人民代表大会及其常务委员会的授权决定先制定的行政法规，经过实践检验，制定法律的条件成熟时，国务院应当及时提请全国人民代表大会及其常务委员会制定法律。

1.2.8 法律解释权

法律解释包括立法解释、司法解释、行政解释和地方解释四种形态。《立法法》第二章第四节专门规定的法律解释是对立法解释作出的规定。

1. 立法解释权的行使机关

《立法法》规定，法律解释权属于全国人民代表大会常务委员会。

2. 立法解释范围

法律有以下情况之一的，由全国人民代表大会常务委员会解释：（1）法律的规定需要进一步明确具体含义的；（2）法律制定后出现新的情况，需要明确适用法律依据的。

3. 提出立法解释要求的机关

国务院、中央军事委员会、最高人民法院、最高人民检察院和全国人民代表大会各专门委员会以及省、自治区、直辖市的人民代表大会常务委员会可以向全国人民代表大会常务委员会提出法律解释要求。

4. 立法解释的效力

全国人民代表大会常务委员会的法律解释同法律具有同等效力。

1.2.9 立法监督审查

为了防止立法权的异化，保障法律的公平和正义，维护法制的统一，实行法治的宪政国家都十分注意立法监督体系的建立和完善。我国立法监督审查的主要方式是备案审查。《立法法》、《法规规章备案条例》、《监督法》等法律法规对备案审查这种立法监督的主要方式进行了具体规范，而2005年全国人大常委会委员长会议对《行政法规、地方性法规、自治条例和单行条例、经济特区法规备案审查工作程序》的修订和通过的《司法解释备案审查工作程序》则对备案审查的实施程序作出了明确规定，尤其是全国人大常委会法工委备案审查室的设立，让我国的立法监督进入到了实践阶段。

1.3 招标采购法律体系

1.3.1 招标采购法律体系的立法背景

历史上，由于采购规模以及竞争机制和监督的必要，各国的招标投标制度最早均起源于政府采购制度。1782年，英国政府首先设立了文具公用局，作为特别负责采购政府部门所需办公用品的机构，该局在设立之初就规定了招标投标的程序；1792年，美国联邦政府当时有关招标投标的第一个立法确定了政府采购责任人为美国联邦政府的财政部长；1861年，美国国会制定的一项法案要求每一项采购至少要有三个投标人；1868年，美国国会通过立法确立公开开标和公开授予合同的程序。

第二次世界大战时，招标投标制度的影响力迅速扩张，西方发达国家和国际性金融组织等接连在货物采购、工程承包领域广泛宣传与推广招标方式。此后，一些国家不断建立、完善招标投标制度，甚至专门立法，如埃及、科威特等，还有一些国家在政府采购法中对招标投标制度进行规定。

招标采购制度在我国的起步较晚，最早采用招标方式承包工程的是1902年五家营造商参加开价比价，竞争张之洞创办的湖北制革厂工程。改革开放之后，我国为推行招标投标制度于1980年10月首先颁布了《关于开展和保护社会主义竞争的暂行规定》，规定对一些适宜于承包的生产建设项目和经营项目，可以试行招标、投标制度。1981年，我国国内建筑业招标首先在深圳试行；1983年，我国国内机电设备采购招标在武汉试行；1985年，国务院决定成立中国机电设备招标中心，将招标投标工作纳入到政府职能范围内。

我国从20世纪80年代初开始在建设工程领域引入招标采购制度。1998年实施的《中华人民共和国建筑法》开始涉及招标采购制度的部分规定，2000年1月1日《中华人民共和国招标投标法》（以下简称《招标投标法》）的正式实施，标志着我国正式以法律形式确立了招标采购制度。2003年1月1日起施行的《中华人民共和国政府采购法》再次从法律层面对政府采购活动进行了规范。至此我国现阶段招标投标法律体系初步成型，对我国招标采购业务的规范化发展起到了积极深远的影响。

其后，国务院及其有关部门陆续颁布了一系列招标采购方面的规定，地方人民政府及其有关部门也结合本地区的特点和需要，相继制定了招标采购方面的地区性法规、规章和规范性文件。目前我国的招标投标法律制度逐步完善，形成了覆盖全国各领域、各层级的招标投标法律法规与政策体系（以下简称"招标投标法律体系"）。

随着社会主义市场经济的发展，现在不仅在工程建设的勘察、设计、施工、监理、重要设备和材料采购等领域实行了必须招标制度，而且在政府采购、机电设备进口以及医疗器械药品采购、科研项目服务采购、国有土地使用权出让等方面也广泛采用招标方式。此外，在城市基础设施项目、政府投资公益性项目等建设领域，以招标方式选择项目法人、特许经营者、项目代建单位、评估咨询机构及贷款银行等，已经成为招标投标法律体系中规范的重要内容。

《中华人民共和国招标投标法实施条例》（以下简称《招标投标法实施条例》）已经于2011年11月30日国务院第183次常务会议通过，并已于2011年12月20日公布，自2012年2月1日起施行。《招标投标法实施条例》的公布和实施表明了招标投标法律体系进入了新的阶段。

1.3.2 招标采购法律体系的立法目的

我国招标采购法律体系的总体立法目的是为了规范招标采购活动的市场竞争秩序，维护招标采购活动各方正当法律利益，实现高效廉洁。

其中，《招标投标法》明确规定其立法目的是为规范招标投标活动，保护国家利益、社会公共利益和招标投标活动当事人的合法权益，提高经济效益，保证项目质量。

与《招标投标法》立法目的基本相同，但是由于政府采购活动本身的不同，《政府采购法》的调整范围与《招标投标法》不同。法条中明确规定其立法目的是为了规范政府采购行为，提高政府采购资金的使用效益，维护国家利益和社会公共利益，保护政府采购当事人的合法权益，促进廉政建设。

1.3.3 招标采购法律体系的构成与特点

1. 招标采购法律体系的构成

我国招标采购法律体系作为具有中国特色的法律体系，根据立法主体的不同形成了现行的由有关法律、法规、规章及其他规范性文件构成的法律体系。具体如下：

（1）法律

根据我国《立法法》第七条的规定，全国人民代表大会和全国人民代表大会常务委员会行使国家立法权。全国人民代表大会制定和修改刑事、民事、国家机构的和其他的基本法律。全国人民代表大会常务委员会制定和修改除应当由全国人民代表大会制定的法律以外的其他法律，在全国人民代表大会闭会期间，对全国人民代表大会制定的法律进行部分补充和修改，但是不得同该法律的基本原则相抵触。

法律通常以国家主席令的形式向社会公布，一般以法、决议、决定、条例、办法、规定等为名称。如《招标投标法》、《政府采购法》、《民法通则》、《合同法》等。

（2）法规

包括行政法规和地方性法规。行政法规，由国务院根据宪法和法律制定。国务院有关部门认为需要制定行政法规的，应当向国务院报请立项。行政法规通常由总理签署国务院令公布，一般以条例、规定、办法、实施细则等为名称。如我国刚刚颁布实施的《招标投标法实施条例》就是招标采购领域的一部行政法规。

地方性法规，由省、自治区、直辖市及较大的市（省、自治区政府所在地的市，经济特区所在地的市，经国务院批准的较大的市）的人大及其常委会制定。省、自治区、直辖市的人民代表大会及其常务委员会根据本行政区域的具体情况和实际需要，在不与宪法、法律、行政法规相抵触的前提下，可以制定地方性法规。较大的市的人民代表大会及其常务委员会根据本市的具体情况和实际需要，在不同宪法、法律、行政法规和本省、自治区的地方性法规相抵触的前提下，可以制定地方性法规，报省、自治区的人民代表大会常务委员会批准后施行。

地方性法规通常以地方人大公告的方式公布，一般使用条例、实施办法等名称，如《北京市招标投标条例》。

(3) 规章

包括国务院部门规章和地方政府规章。根据我国《立法法》规定，国务院各部、委员会、中国人民银行、审计署和具有行政管理职能的直属机构，可以根据法律和国务院的行政法规、决定、命令，在本部门的权限范围内，制定规章。部门规章规定的事项应当属于执行法律或者国务院的行政法规、决定、命令的事项。部门规章通常以部委令的形式公布，一般以办法、规定等作名称。如《工程建设项目施工招标投标办法》（国家发展改革委联合六部委颁发第30号令）等。

地方政府规章，由省、自治区、直辖市、省政府所在地的市和经国务院批准的主要城市的政府制定，通常以地方人民政府令的形式发布，一般以规定、办法等为名称。如北京市人民政府制定的《北京市工程建设项目招标范围和规模标准的规定》（北京市人民政府令2001年第89号）。

(4) 行政规范性文件

各级政府及其所属部门和派出机关在其职权范围内，依据法律、法规和规章制定的具有普遍约束力的具体规定。如2000年国办发［2000］34号《国务院有关部门实施招标采购活动行政监督的职责分工意见的通知》，即为根据《招标投标法》的授权对行业主管部门作出的职责分工的专门规定；之后，国务院办公厅下发的国办发［2009］35号《关于进一步加强政府采购管理工作的意见》是对政府采购管理作出的进一步规定。

2. 招标采购法律体系的特点

由于我国招标采购法律体系包含的内容非常丰富，其特点也是非常明显的，主要包括经济法的部门法特征、立法主体众多、行政监管性强等方面的典型特点。

从经济法的部门法特征来看，由于在法律的部门分类中，我国的经济法部门分类的特征主要是指法律规范具有典型的行政管理手段与内容，如《建筑法》、《城市房地产管理法》、《土地管理法》、《价格法》等。《招标投标法》与《政府采购法》均为典型的经济法部门法内容，而且这两部法律尤其体现了强大的行政监管力量，比如招标文件的公告、评标专家库与评标专家的管理、宣布招标无效与中标无效、违法行为的行政处罚等方面。

从立法主体来看，招标采购法律体系从法律到行政规范性文件的立法主体众多，其中立法主体可以是权力机关，也可以是基层主管机关或部门，尤其到各级地方政府，一般都出台了众多的规范性文件用以规范当地的招标采购活动。按照国务院的分工，各行业主管部门也有义务规范本行业的招标采购工作。由于立法主体众多，其所处的经济环境不同，必然导致各级主体对法律规范价值的理解和认知是不同的，因此就带来了招标采购法律体系中有部分内容本身存在不一致或冲突，影响了法律的规范适用。

从行政监管方面来看，招标采购法律既然定位为经济法，必然导致法律规范中有相当内容和手段是行政性的，包括直接的行政管理、间接的行政监管、行政处罚等方面，具体有资质管理、资格管理、限制投标、招标方案核准、评标专家管理、现场监督、宣布中标无效、宣布重新招标、处理投诉资格等方面，因此招标投标法律体系的行政管理特点非常突出。

1.3.4 招标采购法律体系的相互关系

招标采购方面的法律规范数量和层级比较多,其互相之间的关系最重要的体现在文件适用的效力层级方面,即如何解决效力的顺序和效力冲突问题。关于效力层级,可以从四个方面来理解:

(1) 纵向效力层级

根据我国《立法法》的规定,宪法具有最高的法律效力,一切法律、行政法规、地方性法规、自治条例和单行条例、规章都不得同宪法相抵触。法律的效力高于行政法规、地方性法规、规章。行政法规的效力高于地方性法规、规章。地方性法规的效力高于本级和下级地方政府规章。省、自治区的人民政府制定的规章的效力高于本行政区域内的较大的市的人民政府制定的规章。

因此,在我国法律体系中,宪法具有最高的法律效力,其后依次是法律、行政法规、地方性法规、规章。结合到招标采购法律体系,《招标投标法》作为招标采购领域的基本法律,其他有关行政法规、国务院决定、各部委规章以及地方性法规和规章都不得同《招标投标法》相抵触。各部委根据其不同行政管理职能分工制定的部门规章之间具有同等法律效力。

(2) 横向效力层级

根据我国《立法法》第八十三条的规定,"同一机关制定的法律、行政法规、地方性法规、规章,特别规定与一般规定不一致的,适用特别规定。"也就是说同一机关制定的特别规定的效力层级高于一般规定。因此,在同一层级的招标采购法律规范中,特别规定与一般规定不一致的,应当适用特别规定。比较典型的是我国《合同法》对合同的订立、合同的效力、合同履行、违约责任等方面均作出了一般性的规定;同时《政府采购法》关于招标采购程序、发出中标通知书、签订合同等方面也做出了一些特别规定。招标采购活动既要遵守合同法的基本原则,同时也需要遵守《政府采购法》中的特别规定,严格按照规定的程序和具体要求,签订中标采购合同。

(3) 时间序列效力层级

根据我国《立法法》第八十三条的规定,"同一机关制定的法律、行政法规、地方性法规、规章,新的规定与旧的规定不一致的,适用新的规定。"也就是说,同一机关新规定的效力高于旧规定,即新法优于旧法。

(4) 特殊情况处理原则

我国作为典型的大陆法系国家,同时又是一个中央集权国家,因此法律体系原则上是统一、协调的。但是由于法律授权的立法机关比较多,立法部门对于法律规范的理解以及当地经济环境的差异化,导致了相同效力层级与不同效力层级的法律规范之间也会难免出现不一致的情况。招标采购领域中也存在这种冲突和不足。

根据《立法法》第八十五条的规定,"法律之间对同一事项的新的一般规定与旧的特别规定不一致,不能确定如何适用时,由全国人民代表大会常务委员会裁决。行政法规之间对同一事项的新的一般规定与旧的特别规定不一致,不能确定如何适用时,由国务院裁决。"

根据《立法法》第八十六条的规定,"地方性法规、规章之间不一致时,由有关机关依照下列规定的权限作出裁决：（一）同一机关制定的新的一般规定与旧的特别规定不一致时，由制定机关裁决；（二）地方性法规与部门规章之间对同一事项的规定不一致，不能确定如何适用时，由国务院提出意见，国务院认为应当适用地方性法规的，应当决定在该地方适用地方性法规的规定；认为应当适用部门规章的，应当提请全国人民代表大会常务委员会裁决；（三）部门规章之间、部门规章与地方政府规章之间对同一事项的规定不一致时，由国务院裁决。"

1.3.5 与招标采购活动相关的法律法规

与招标采购活动相关的法律法规包括民法部门法、行政法部门法、诉讼仲裁法、刑事部门法等方面的内容。其中最常见的与招标采购有关的民法领域的法律法规包括民法通则、合同法、担保法以及相应的法律规范，行政法领域的法律法规包括行政许可法、行政复议法、行政处罚法以及相应的法律规范，诉讼仲裁领域的法律法规包括民事诉讼法、仲裁法、行政诉讼法以及相关的法律规范，刑事法律领域的包括刑法、刑事诉讼法以及相关的法律规范等。

比如通过招标投标订立的合同除了适用《合同法》的相关规定外，还需要适用招标采购法律的规定。招标采购活动中的要约邀请包括招标公告、投标邀请书、招标文件等。投标文件为邀约，中标通知书为承诺，完成邀约与承诺过程后合同即成立，符合法律规定和约定的生效条件时合同即生效。

另外关于行政许可是指行政机关根据公民、法人或者其他组织的申请，经依法审查，准予其从事特定活动的行为。而《行政许可法》第十二条第三款规定可以设定行政许可的事项包括，提供公众服务并且直接关系公共利益的职业、行业，需要确定具备特殊信誉、特殊条件或者特殊技能等资格、资质的事项。因此，在招标代理业务领域，招标代理机构需要通过行政许可审批资质，方能在资质允许的范围内接受招标人委托从事招标代理工作。此亦为典型的由行政许可法规范调整的行政许可行为。

思考题：
1. 招标采购法律体系的构成。
2. 招标采购法律体系的特点。
3. 招标采购法律体系的效力层级。

第 2 章 民 法 通 则

2.1 我国民法体系概述

2.1.1 我国现行民法体系

我国现行有效的《民法通则》共 9 章，156 条，制定于 1986 年，1987 年 1 月 1 日起施行。我国目前尚未颁布民法典，现行的《民法通则》是以传统民法典总则部分的内容为基础，对传统民法典分则的一些内容作出了简要的规定，是我国民事法律的基本法。我国的民事法律主要包括民法总则、物权法、债权法、知识产权法、婚姻和继承法等。

现行的与民事关系相关的法律主要包括《中华人民共和国合同法》（1999 年颁布）、《中华人民共和国物权法》（2007 年颁布）、《中华人民共和国侵权责任法》（2009 年颁布）、《中华人民共和国继承法》（1985 年颁布）、《中华人民共和国婚姻法》（1980 年颁布，2001 年修正）、《中华人民共和国商标法》（1982 年颁布，1993 年修正、2001 年第二次修正）、《中华人民共和国专利法》（1984 年颁布，1992 年修正、2000 年第二次修正、2008 年第三次修正）、《中华人民共和国著作权法》（1990 年颁布，2001 年修正，2010 年第二次修正）、《中华人民共和国收养法》（1991 年颁布，1998 年修正）等。

2.1.2 民法的基本原则

民法的基本原则是指在民事立法、民事司法以及民事活动中应当遵循的基本宗旨和准则。我国民法的基本原则包括：

（1）平等原则

平等原则是指在民事活动中当事人的主体资格平等、法律地位平等、享有的权利义务平等，以及民事权益平等受保护的基本准则。我国《民法通则》第三条规定，"当事人在民事活动中的地位平等。"平等原则是民事法律中的根本原则，是民事法律关系区别与行政法律关系、刑事法律关系的重要标志。

（2）自愿原则

自愿原则又称意思自治原则，是指民事主体有权依据自己自由的意志去进行民事活动的基本准则。我国《民法通则》第四条规定，民事活动应当遵循自愿原则。自愿原则体现了当事人在民事活动中的意思自治，任何他人、国家和机构不得非法干涉。

（3）公平原则

公平原则是指当事人应依据社会公认的标准、规范和公平的观念从事民事活动，以维持当事人之间的利益均衡，和谐相处。我国《民法通则》第四条规定，民事活动应当遵循公平的原则。

(4) 诚实信用原则

诚实信用原则是指当事人进行民事活动时必须诚实地、善意地行使权利，履行义务要信守承诺。我国《民法通则》第四条规定，民事活动应当遵循诚实信用原则。

(5) 公序良俗原则

公序良俗原则是指民事主体在进行民事活动时应当遵守国家、社会的公共秩序，符合当地的善良风俗习惯。我国《民法通则》第七条规定，"民事活动应当尊重社会公德，不得损害社会公共利益，破坏国家经济计划，扰乱社会经济秩序。"

(6) 禁止权利滥用原则

禁止权利滥用原则是指民事主体在进行民事活动中必须正确行使自己的民事权利，不得损害他人或社会利益。禁止权利滥用原则在我国《宪法》第五十一条中就有规定，中华人民共和国公民在行使自由和权利的时候，不得损害国家的、社会的、集体的利益和其他公民的合法的自由和权利。此外，我国《民法通则》第七条也规定了禁止权利滥用的原则。

2.1.3 民法调整范围

我国民法调整的范围是平等主体的自然人、法人、其他组织之间的财产关系和人身关系。我国《民法通则》第二条规定，我国民法调整对象是平等主体的公民之间、法人之间、公民和法人之间的财产关系和人身关系。

1. 财产关系

财产关系的最重要标志是其标的具有经济利益性和物质性，其是可以用定性或定量的方法予以计量的一种经济关系。而民法所调整的财产关系还具有以下主要特点：

(1) 主体的地位是平等的

从主体的地位上说，有的财产关系的主体地位是不平等的，相互之间有隶属关系，如财政税收关系；有的财产关系的主体地位是平等的，相互间并无隶属关系，如借款关系。只有主体地位平等的财产关系，才属于民法的调整对象。

(2) 当事人之间自愿发生的

民法所调整的财产关系的主体地位是平等的，各自独立，任何一方都不能将自己的意志强加给另一方，因此这种财产关系一般是主体在自愿基础上确立的。

(3) 受价值规律支配的

平等主体之间的财产关系是当事人基于自己的利益需要按照自己的意愿设立的，一般遵循价值规律，因此一般也具有市场性和波动性等特点。

2. 人身关系

人身关系，是指人们在日常生活中形成的具有人身属性的、与主体的人身不可分离的、不以经济利益为内容而是以特定的精神利益为内容的社会关系。人身关系具有以下两个特征：

(1) 主体的地位平等

民法所调整的人身关系的主体地位是平等的，相互之间没有隶属关系，每个主体都享有独立的人格利益。

(2) 与主体的人身不可分离且不具有经济利益

人身关系是基于人身利益而发生的关系,与主体的人身是不可分离的。这类社会关系不具有经济内容而是以特定的精神利益为内容的。

2.2 民事主体

民事主体是指依法进行民事活动,参与民事法律关系,并享有民事权利和承担民事义务的自然人、法人以及其他组织。民事主体是民法最基本的一个概念,直接涉及民法的调整范围和规范的对象。

2.2.1 自然人

自然人作为民事主体,具有民事权利能力和民事行为能力。自然人的民事权利能力是指法律赋予自然人享有民事权利和承担民事义务的资格。自然人的民事行为能力是自然人进行民事活动的前提,指自然人能以自己的行为独立行使民事权利、承担民事义务的能力。民事行为能力需要自然人能以自己的意思表达为前提,即能判断自己行为后果的能力。

1. 自然人的民事权利能力的概念

自然人的民事权利能力,是指法律赋予自然人享有民事权利和承担民事义务的资格。它是自然人参与民事法律关系、取得民事权利、承担民事义务的法律依据,也是自然人享有民事主体资格的标志。

自然人的民事权利能力具有以下特点:

第一,主体的平等性。我国《民法通则》第十条规定,公民的民事权利能力一律平等,即我国公民无论民族、性别、年龄、职业、政治面貌、宗教信仰、教育程度等差别,均享有平等的民事权利能力,都有资格参与民事法律关系,平等地取得民事权利,承担民事义务,其合法权益受法律保护。

第二,内容的统一性和广泛性。我国公民民事权利能力的内容,不仅包括各种民事权利,也包括应承担的各类民事义务。公民的民事权利与民事义务是统一的,没有无义务的权利,也没有无权利的义务。同时,我国公民的民事权利能力的内容是广泛的,包括财产权利和人身权利以及相应的义务。

2. 我国公民民事权利能力的取得

关于民事权利能力取得的开始时间,绝大多数国家规定从出生时开始,我国也是这样规定。如《民法通则》第九条规定,我国公民的民事权利能力从出生时开始。

关于公民出生的时间,民法理论上有不同的说法,主要有阵痛说、断带说、生产说、出生完成说、独立呼吸说等等。目前普遍认同的观点认为出生应具备两个条件:第一是胎儿应完全脱离母体,成为不依赖母体而获得独立生命的人;第二是胎儿出生时应为存活的状态。因此,我国公民的出生的时间为胎儿活着脱离母体的时间。最高人民法院在《关于贯彻执行〈中华人民共和国民法通则〉若干问题的意见》的第一条中规定,公民的民事权利能力自出生时开始。出生的时间以户籍证明为准;没有户籍证明的,以医院出具的出生证为准;没有医院证明的,参照其他有关证明认定。

3. 我国公民民事权利能力的终止

当公民死亡时，便失去了从事民事活动、参与民事法律关系的可能性，因而世界各国民事立法都规定公民的民事权利能力终于死亡。我国《民法通则》第九条也作了相同的规定。死亡包括自然死亡和宣告死亡两种。

自然死亡是指公民的生命最终结束的客观情况。宣告死亡是指公民下落不明，超过了法律规定的时间，经利害关系人申请，由司法机关按照法定程序和方式宣告该公民死亡。被宣告死亡的人，其死亡的日期为宣告之日。《民法通则》第二十三条规定，"公民有下列情形之一的，利害关系人可以向人民法院申请宣告他死亡：（一）下落不明满四年的；（二）因意外事故下落不明，从事故发生之日起满两年的。战争期间下落不明的，下落不明的时间从战争结束之日起计算。"被宣告死亡的人重新出现或者确知他没有死亡，经本人或者利害关系人申请，人民法院应当撤销对他的死亡宣告。有民事行为能力人在被宣告死亡期间实施的民事法律行为有效。被撤销死亡宣告的人有权请求返还财产。依照继承法取得他的财产的公民或者组织，应当返还原物；原物不存在的，给予适当补偿。

宣告失踪不同于宣告死亡。民法通则规定，公民下落不明满两年的，利害关系人可以向人民法院申请宣告他为失踪人。战争期间下落不明的，下落不明的时间从战争结束之日起计算。失踪人的财产由他的配偶、父母、成年子女或者关系密切的其他亲属、朋友代管。代管有争议的，没有以上规定的人或者以上规定的人无能力代管的，由人民法院指定的人代管。失踪人所欠税款、债务和应付的其他费用，由代管人从失踪人的财产中支付。被宣告失踪的人重新出现或者确知他的下落，经本人或者利害关系人申请，人民法院应当撤销对他的失踪宣告。

4. 自然人民事行为能力的概念

自然人的民事行为能力是自然人进行民事活动的前提，指自然人能以自己的行为独立行使民事权利，承担民事义务的能力。自然人的民事行为能力与民事权利能力是两个既有联系又有区别的概念，通过对比，可以看出自然人的民事行为能力具有以下特征：

（1）民事行为能力是法定的，非依法定的条件和程序，他人不得加以限制、控制或剥夺。这是自然人的民事行为能力和民事权利能力的共同点。

（2）民事行为能力与自然人的年龄和智力精神状态相联系，根据自然人的年龄和智力精神状态分为完全民事行为能力、限制民事行为能力和无民事行为能力三种。而自然人的民事权利能力则与年龄、智力精神状态无关，一切自然人都享有平等的民事权利能力。

5. 民事行为能力的划分

我国《民法通则》以自然人的年龄与精神状态为标准，将自然人的民事行为能力划分为完全民事行为能力，限制民事行为能力和无民事行为能力三类。

（1）完全民事行为能力

完全民事行为能力，是指达到一定年龄和精神状态的自然人能够自己独立进行民事活动的能力，取得民事权利和承担民事义务的资格。我国《民法通则》第十一条将完全民事行为能力人分为以下两种：

①一般的完全民事行为能力人。年满18周岁且无精神疾病的公民，具有完全民事行为能力人。

②特殊的完全民事行为能力人。年满16周岁不满18周岁并以自己的劳动收入为主要

生活来源的公民，视为具有完全民事行为能力人。

（2）限制民事行为能力

限制民事行为能力又称不完全民事行为能力，是指可以独立进行一些民事活动但不能独立进行全部民事活动的能力。限制民事行为能力是具有一定的民事行为能力，但为保护其合法权益和维护社会正常经济秩序不得不限制其一定的行为。

根据我国《民法通则》的规定，限制民事行为能力人包括：

①10周岁以上的未成年人是限制民事行为能力人，可以进行与他的年龄、智力相适应的民事活动；其他民事活动由他的法定代理人代理，或者征得他的法定代理人的同意。这部分人也即10周岁以上18周岁以下、除16周岁以上不满18周岁能够以自己的劳动收入为主要生活来源的公民。

②不能完全辨认自己行为的精神病人。不能完全辨认自己行为的精神病人是限制民事行为能力人，可以进行与他的精神健康状况相适应的民事活动；其他民事活动由他的法定代理人代理，或者征得他的法定代理人的同意。

（3）无民事行为能力

无民事行为能力，是指不能独立以自己的行为取得民事权利和负担民事义务的能力。根据我国《民法通则》的规定，无民事行为能力人包括未满10周岁的未成年人和不能辨认自己行为的精神病人。

2.2.2 法人

1. 法人的概念和特征

法人是指具有独立民事主体资格的组织，《民法通则》第三十六条规定，法人是具有民事权利能力和民事行为能力，依法独立享有民事权利和承担民事义务的组织。

法人具有以下基本特征：首先，法人是一种社会性组织。法人是作为社会性质组织存在的，不是以自然生物体存在，这与自然人的客观存在是不同的。其次，法人是依法成立，具有民事权利能力和民事行为能力的社会性组织，具有法律性质。再次，法人有自己的名称、组织机构和场所。最后，法人是能够独立承担民事责任的社会组织。法人的独立承担民事责任是指法人因违反约定或民事法律的规定，没有履行其义务而对外承担责任。法人承担民事责任应当以其所拥有或经营管理的财产范围为限。

2. 法人的分类

我国《民法通则》根据法人设立的宗旨和所从事的活动的性质将法人分为两种类型：一是企业法人；二是非企业法人，其中包括机关法人、事业单位法人和社会团体法人。

企业法人是以营利为目的、独立从事生产经营活动的经济组织。因此，企业法人本质是营利性法人。在现代企业制度中，企业法人可分为公司法人和非公司法人。

机关法人在西方国家又被称为"公法人"，是指依法享有国家行政权力，以国家财政预算作为独立的活动经费，具有法人地位的中央和地方各级国家机关。机关法人在行使职权的同时，也会参与民事活动，因而也是民事主体的一种形式。机关法人的基本特征是：①主要从事的是国家行政管理活动，行政机关法人的活动方式是利用国家权力对国家的教育、文化、军事及其他社会事务进行管理；②具有民事权利能力和民事行为能力；③具有一定的财产和经费，由国家预算拨给；④机关法人成立的方式为依法设立，不需要进行核准登记程序。

事业单位法人是指从事非营利性的社会公益事业、拥有独立财产或经费的各类法人，例如从事文化、教育、卫生、体育、新闻、出版等公益事业的单位。

社会团体法人是指由自然人或法人自愿组成，依法设立的，从事社会公益、文学艺术、学术研究、宗教等社会活动的各类法人。社会团体包括的范围十分广泛，例如政治团体（民主党派）、人民群众团体（工会、妇联等）、社会公益团体（残疾人基金会）、学术研究团体、文学艺术团体、宗教团体等。

3. 法人的民事权利能力、民事行为能力和民事责任能力

《民法通则》第三十六条明确规定了法人是具有民事权利能力的组织。法人的民事权利能力，是指法律赋予法人享有民事权利和承担民事义务的能力，是法人作为民事主体进行民事活动的前提。法人的民事权利能力，从法人成立时产生，到法人终止时消灭。

法人的民事行为能力，是法律赋予法人独立进行民事活动的能力。法人的民事行为能力和民事权利能力一样，从法人成立时产生，到法人终止时消灭。《民法通则》第三十六条规定了法人是具有民事行为能力的组织。

法人的民事责任能力，是法人行为能力的一部分，是指法人对于自己的行为承担民事责任的资格。《民法通则》第三十七条规定，法人能够独立承担民事责任。法人的民事责任能力和民事权利能力的范围一致，法人对其机关和工作人员在权利能力范围内的活动承担民事责任。

2.2.3 其他组织

根据我国现行法律法规的有关规定，民法上的其他组织主要包括个体工商户、农村承包经营户以及合伙企业等。

1. 个体工商户

个体工商户是指具有经营能力，经工商行政管理机关核准登记，从事工商业经营的个体劳动者。它主要有如下四个方面的特征：

第一，个体工商户是从事工商业经营的自然人或家庭。这里的"户"，不是指户籍，而是作为工商管理上的一个管理单位，根据法律有关规定，有经营能力的公民均可以申请个体工商户，但国家机关干部和企事业单位职工不能申请。

第二，个体工商户从事不属于法律、行政法规禁止进入的行业。《个体工商户条例》第四条第二款规定：申请办理个体工商户登记，其申请登记的经营范围不属于法律、行政法规禁止进入的行业的，登记机关应当依法予以登记。

第三，必须依法核准登记。个体工商户经核准登记，取得营业执照后，才可以开始经营，个体工商户的登记机关是县以上工商行政管理机关。

第四，个体工商户可以起字号。字号不同于自然人的姓名，自然人姓名属于人身权，字号属于个体工商户的财产权。

2. 农村承包经营户

农村承包经营户是指承包经营农村集体经济组织土地或者其他资源从事商品经营的成员或其家庭。农村承包经营户有以下几个特征：首先农村承包经营户是农村集体经济组织的成员；其次农村承包经营户的设立以承包经营合同为基础，在法律允许的范围内进行经营；再次农村承包经营户的设立和存续、终止都不需要在工商行政管理机关进行核准登记。

3. 合伙企业

合伙企业，是指自然人、法人和其他组织依法在中国境内设立的，由两个或两个以上的合伙人订立合伙协议，共同出资、共同经营、共享收益、共担风险的营利性组织。合伙企业分为普通合伙企业和有限合伙企业两种：

普通合伙企业，是由两人以上普通合伙人组成，合伙人对合伙企业债务承担无限连带责任；

有限合伙企业，由两人以上五十人以下的普通合伙人和有限合伙人组成，其中普通合伙人至少有一人，普通合伙人对合伙企业债务承担无限连带责任，有限合伙人以其认缴的出资额为限对合伙企业债务承担责任。

如果有限合伙企业只剩下普通合伙人时，该有限合伙企业应当转为普通合伙企业，如果只剩下有限合伙人时，则该合伙企业应当解散。

2.3 民事法律行为和代理

2.3.1 民事法律行为的概念和特征

根据《民法通则》第五十四条的规定，"民事法律行为是指民事主体设立、变更、终止民事权利和民事义务的合法行为。"不是所有的民事行为都是民事法律行为，只有具备法律规定的有效构成要件的，且能够产生行为人预期的法律后果的民事行为，才是民事法律。民事法律行为具有如下特征：

首先，民事法律行为是以民事主体的意思表示作为构成要素，是民事主体实施的以发生民事法律后果为目的的行为。民事法律行为是民事主体有目的、有意识的行为，缺少意思表示的行为就不是民事法律行为。

其次，民事法律行为具有合法性。民事法律行为是合法行为，是被国家法律所确认和保护的行为，能够产生民事主体所预期的民事法律后果。

2.3.2 民事法律行为的构成条件

根据我国《民法通则》第五十五条的规定，"民事法律行为应当具备如下条件：（一）行为人具有相应的民事行为能力；（二）意思表示真实；（三）不违反法律或者社会公共利益。"

2.3.3 无效民事行为、可变更和可撤销的民事行为

1. 无效民事行为

无效民事行为是指因欠缺民事法律行为的生效要件而不发生法律效力的民事行为。无效的民事行为，从民事主体的行为开始起就确定不产生法律约束力。

根据《民法通则》第五十八条的规定，具有如下情形之一的，属于无效民事行为："（一）无民事行为能力人实施的；（二）限制民事行为能力人依法不能独立实施的；（三）一方以欺诈、胁迫的手段或者乘人之危，使对方在违背真实意思的情况下所为的；（四）恶意串通，损害国家、集体或者第三人利益的；（五）违反法律或者社会公共利益的；

(六) 以合法形式掩盖非法目的的。"

对于第三种一方利用欺诈、胁迫手段的行为，我国《合同法》的规定与《民法通则》中的规定有所差别。根据《合同法》第五十二条和第五十四条的规定，一方以欺诈、胁迫手段订立的合同，损害国家利益时，该合同无效，而当一方以胁迫手段，使对方在违背真实意思的情况下订立的合同，未损害到国家利益时，受损害方有权请求人民法院或者仲裁机构变更或者撤销该合同。

2. 可变更、可撤销的民事行为

可变更、可撤销的民事行为是指民事行为存在法定的瑕疵，当事人可以请求人民法院或者仲裁机构予以变更或者撤销的民事行为。因人民法院或者仲裁机构依法裁判予以变更或者撤销的民事行为无法律效力，但如果当事人没有向人民法院或仲裁机构提出变更或撤销的请求，则该民事行为仍然具有其法律效力。

根据《民法通则》第五十九条的规定，"以下民事行为，一方有权请求人民法院或者仲裁机关予以变更或者撤销：（一）行为人对行为内容有重大误解的；（二）显失公平的。"被人民法院或仲裁机构判决予以撤销的民事行为自始无效。根据《民法通则》第六十条和第六十一条的规定，如果民事行为中部分行为被判决无效，不影响其他部分的效力的，其他部分的民事行为仍然有效。民事行为被确认为无效或者被撤销后，当事人因该行为取得的财产，应当返还给受损失的一方。有过错的一方应当赔偿对方因此所受的损失，双方都有过错的，应当各自承担相应的责任。

2.3.4 代理

代理是指代理人在代理权限内以被代理人的名义与第三人实施的民事法律行为，该行为直接对被代理人发生法律效力。其中，代替他人实施民事法律行为的人，称为代理人；由代理人以自己的名义代为实施民事法律行为，并承担法律后果的人，称为被代理人或本人。与代理人实施民事法律行为的人，称为第三人或相对人。例如，甲委托乙代其购买一个商品，乙以甲的名义与丙签订购买这种商品的买卖合同，该合同的权利义务由甲承担，这里的甲是被代理人，乙是代理人，丙是第三人。

代理可以分为委托代理、法定代理和指定代理。委托代理是指代理人按照被代理人的委托授权行使代理权。委托代理可以用书面形式，也可以用口头形式，法律规定用书面形式的应当用书面形式。法定代理指代理人依照法律的规定享有代理权。指定代理是指由人民法院或者指定单位的指定代理人行使代理权。

代理人在代理权限内，以被代理人名义实施的民事法律行为，被代理人对该行为承担民事责任。当出现以下六种情况时，代理法律关系中的主体承担连带责任：

第一，授权不明时的连带责任。根据《民法通则》第五十六条第三款的规定，授权不明的，被代理人应当向第三人承担民事责任，代理人负连带责任。

第二，代理人与第三人恶意串通的连带责任。根据《民法通则》第六十六条第三款的规定，代理人和第三人串通，损害被代理人的利益的，由代理人和第三人负连带责任。

第三，无权代理中的连带责任。根据《民法通则》第六十六条第四款的规定，第三人知道行为人没有代理权、超越代理权或者代理权已终止还与行为人实施民事行为，给他人造成损害的，由第三人和行为人负连带责任。

第四，违法代理中的连带责任。根据《民法通则》第六十七条的规定，代理人知道被委托代理的事项违法仍然进行代理活动的，或者被代理人知道代理人的代理行为违法不表示反对的，由被代理人和代理人负连带责任。

第五，转委托授权不明时，代理人与有过错的次代理人对被代理人承担连带责任。根据《关于贯彻执行〈中华人民共和国民法通则〉若干问题的意见（试行）》第八十一条的规定，委托代理人转托他人代理的，应当比照民法通则第六十五条规定的条件办理转托手续。因委托代理人转托不明，给第三人造成损失的，第三人可以直接要求被代理人赔偿损失；被代理人承担民事责任后，可以要求委托代理人赔偿损失，转托代理人有过错的，应当负连带责任。

第六，共同代理人的连带责任。根据《合同法》第四百零九条的规定，两个以上的代理人共同处理委托事务的，对被代理人承担连带责任。

前述连带责任承担后，连带责任承担方最终有权向过错方或约定责任承担方主张责任。

2.4 民事权利与民事责任

2.4.1 民事权利的概念

民事权利是指民事主体依法享有并受法律保护的利益以及实现其利益可实施的行为或手段。民事权利主要有以下特征：①民事权利是民事主体依法所享有的；②民事权利是民事主体所享有的特定的利益；③民事权利是受法律保护的。

2.4.2 民事权利的分类

1. 财产权、人身权

根据民事权利所体现的利益的性质可将民事权利分为财产权和人身权。

财产权是指以具有经济价值，以财产利益作为内容的权利。财产权与人身权不同，财产权具有经济价值，可以用货币衡量。财产权可以转让、继承和放弃。根据财产的不同形式，可将财产权分为物权、债权、知识产权和继承权等。

人身权是指以人身利益为内容的权利。人身权所体现的利益是与人的身体、尊严和人际的血缘关系有关的。人身权又可分为人格权和身份权，人格权包括生命权、姓名权、名誉权等，身份权包括亲属权、配偶权等。

2. 支配权、请求权、形成权、抗辩权

以民事权利的作用不同为标准可将民事权利分为支配权、请求权、形成权和抗辩权。

支配权是指权利人可以对权利客体进行排他性支配并享受其利益的权利。人身权、物权和知识产权等财产权属于支配权。

请求权是指权利人可以请求特定他人作为或不作为的权利。债权是典型的请求权。

形成权是指权利人以自己的单方意思表示就能使民事法律关系发生、变更或者消灭的权利。撤销权、解除权、追认权、抵消权等都属形成权。如，合同当事人一方行使的合同解除权；法定代理人对未成年人实施的效力待定行为的追认权。

抗辩权是指能够对抗他人的请求权的权利。抗辩权通常对抗的是请求权，通过行使抗辩权，可以阻止请求权效力。合同中的同时履行抗辩权、不安抗辩权、先诉抗辩权等都是抗辩权。

3. 绝对权与相对权

以民事权利的效力范围为标准，民事权利可分为绝对权与相对权。

绝对权是权利的效力给予的相对人为一切人的权利，又称为"对世权"。绝对权的相对义务人是不特定的任何人。物权、人身权都属于绝对权。

相对权是权利的效力给予的相对人仅为特定人的权利，又称为"对人权"。相对权的效力只是针对特定的义务人。债权就是典型的相对权。

4. 主权利与从权利

根据民事权利的依存关系，民事权利可以分为主权利与从权利。

主权利是能够独立存在的权利，从权利是不能独立存在，以主权利的存在为前提而存在的权利。在担保中，被担保的债权为主权利，而担保权则是从权利。

5. 专属权与非专属权

根据民事权利与权利人的关系，民事权利可以分为专属权与非专属权。

专属权是指专属于特定的民事主体的权利，如人格权、身份权等，该权利与民事主体是不能分离、不能转让、不能继承的。非专属权指不与特定的民事主体专有的权利，是可以转让、继承的权利。物权、债权等财产权都是非专属权。

6. 既得权与期待权

根据民事权利是否已经取得为标准，民事权利可以分为既得权与期待权。

既得权是指权利人已经取得并能实现权利利益的权利，如因购买物品所取得该物品的所有权。期待权是指尚未取得，以后可能会取得的权利。如被继承人尚未死亡，继承人的继承权与民事行为中附条件或附期限的权利就是期待权。

2.4.3　民事责任

民事责任是指民事主体违反民事义务而应承担的民事法律后果。民事责任是法律责任的一种，是保障民事权利和民事义务得以实现的重要措施。民事责任具有以下特征：①民事责任以民事义务（法定义务和约定义务）为前提，是违反民事义务的法律后果；②民事责任主要是财产性责任；③民事责任的范围应与违反民事义务而造成损失的范围相适应；④民事责任是对违反民事义务行为的强制措施。

根据《民法通则》第一百三十四条的规定，民事责任的承担方式主要有：停止侵害、排除妨碍、消除危险、返还财产、恢复原状、修理、重作、更换、赔偿损失、支付违约金、消除影响、恢复名誉、赔礼道歉。以上承担民事责任的方式，可以单独适用，也可以合并适用。

民事责任主要有以下几种：违反合同的民事责任、侵权的民事责任、无因管理的民事责任、不当得利的民事责任等。

（1）违反合同的民事责任

违反合同的民事责任是指违反合同当事人合同约定的义务所应承担的民事责任。当事人一方不履行合同义务或者履行合同义务不符合约定条件的，另一方有权要求履行或者采取补救措施，如果违反合同一方造成另一方损失的，另一方有权要求赔偿损失。

(2) 侵权的民事责任

侵权的民事责任指一方当事人因自己的过错，实施非法侵犯他人的权益的行为，对损害结果承担的民事责任。侵占国家的、集体的财产或者他人财产的，应当返还财产，不能返还财产的，应当折价赔偿。损坏国家的、集体的财产或者他人财产的，应当恢复原状或者折价赔偿。受害人因此遭受其他重大损失的，侵害人并应当赔偿损失。两人以上共同侵权造成他人损害的，应当承担连带责任。

侵权的民事责任有两种例外情况：一种是正当防卫；另一种是紧急避险。因正当防卫造成损害的，不承担民事责任。因紧急避险造成损害的，由引起险情发生的人承担民事责任。如果危险是由自然原因引起的，紧急避险人不承担民事责任或者承担适当的民事责任。

(3) 无因管理的民事责任

无因管理，是指没有法定的或约定的义务，为避免他人利益受损失而为他人管理事务或提供服务的行为。无因管理的民事责任是指基于无因管理，管理人和本人（即被管理人）之间发生债权债务关系。管理人有权请求本人偿还其因管理而支出的必要费用，本人应当承担支付必要费用的义务。

(4) 不当得利的民事责任

不当得利是指没有合法的依据而获得利益并使他人利益遭受损失的事实。根据我国民事法律的规定，取得不当利益的一方应将所获利益返还于受损失的一方，双方因此形成债权债务关系，双方可能发生不当得利的民事责任。

2.5 诉讼时效

诉讼时效是指民事权利受到侵害的权利人在法定的时效期间内不行使权利，当时效期间届满时，人民法院不再保护权利人请求强制义务人履行义务的法律制度。

根据《民法通则》第一百三十五条的规定，权利人向人民法院请求保护民事权利的诉讼时效期间为 2 年。而根据《民法通则》第一百三十六条的规定，下列四种情形的诉讼时效期间为 1 年：①身体受到伤害要求赔偿的；②出售质量不合格的商品未声明的；③延付或者拒付租金的；④寄存财物被丢失或者损毁的。我国法律中规定诉讼时效期间为 1 年的还有两种情形：①《食品卫生法》第四十四条第二款规定的，损害赔偿的要求，应当从受害人或者其代理人知道或者应当知道被损害情况之日起 1 年内提出；②《海商法》第十三章规定，海上货物运输向承运人要求赔偿的请求权、海上拖航合同的请求权、共同海损分摊的请求权、船舶碰撞致第三人伤亡负连带责任的请求权，时效期间为 1 年。

另外，《合同法》第一百二十九条规定，因国际货物买卖合同和技术进出口合同争议提起诉讼或申请仲裁的期限为四年，自当事人知道或应当知道其权利受到侵害之日起计算。

诉讼时效期间的起算是从权利人知道或者应当知道其权利被侵害时起计算。但是根据《民法通则》第一百三十七条的规定，从权利被侵害之日起超过 20 年的，人民法院不予保护。如果有特殊情况，人民法院可以延长诉讼时效期间。当超过诉讼时效期间，若当事人自愿履行义务的，不受诉讼时效限制。

诉讼时效的中止是在诉讼时效期间的最后 6 个月内，因不可抗力或者其他障碍，权利人不能行使请求权的，诉讼时效中止。从中止时效的原因消除之日起，诉讼时效期间继续计算。诉讼时效的中断是指诉讼时效进行时，因法定事由的发生致使诉讼时效期间重新计算。诉讼时效中断的法定事由有：提起诉讼、当事人一方提出要求或者同意履行义务。

2.6 涉外民事法律关系

确定涉外民事法律关系一般从主体、客体、权利与义务三个方面来进行判断，只要任何一个方面存在涉外因素，就可以认为是属于涉外民事法律关系。

涉外民事法律关系的法律适用是一个非常重要的法律问题，直接影响到民事主体的权利与义务。为了明确涉外民事关系的法律适用，合理解决涉外民事争议，维护当事人的合法权益，我国为此专门制定了法律来解决这个问题。2010年10月28日中华人民共和国第十一届全国人民代表大会常务委员会第十七次会议通过了《中华人民共和国涉外民事关系法律适用法》(以下简称《涉外民事法律关系法律适用法》)，该法自2011年4月1日起施行。

根据我国《民法通则》第一百四十二条的规定，对于涉外民事关系的法律适用，若中华人民共和国缔结或者参加的国际条约同中华人民共和国的民事法律有不同规定的，适用国际条约的规定，但中华人民共和国声明保留的条款除外。中华人民共和国法律和中华人民共和国缔结或者参加的国际条约没有规定的，可以适用国际惯例。对于适用外国法律或者国际惯例的，不得违背我国的社会公共利益。

同时，《涉外民事法律关系法律适用法》第二条规定，该法和其他法律对涉外民事关系法律适用没有规定的，适用与该涉外民事关系有最密切联系的法律。

当事人依照法律规定可以选择涉外民事关系适用的法律。中华人民共和国法律对涉外民事关系有强制性规定的，直接适用该强制性规定。外国法律的适用将损害中华人民共和国社会公共利益的，适用中华人民共和国法律。

涉外民事关系适用外国法律时，该国不同区域实施不同法律的，适用与该涉外民事关系有最密切联系区域的法律。

诉讼时效，适用相关涉外民事关系应当适用的法律。涉外民事关系的定性，适用法院地法律。涉外民事关系适用的外国法律，不包括该国的法律适用法。涉外民事关系适用的外国法律，由人民法院、仲裁机构或者行政机关查明。当事人选择适用外国法律的，应当提供该国法律。不能查明外国法律或者该国法律没有规定的，适用中华人民共和国法律。

在涉外合同法律关系中，当事人可以选择处理合同争议所适用的法律，法律另有规定的除外。涉外合同的当事人没有选择的，适用与合同有最密切联系的国家的法律。

在涉外侵权法律关系中，对于损害赔偿，可以适用侵权行为地法律。当事人双方国籍相同或者在同一国家有住所的，也可以适用当事人本国法律或者住所地法律。中华人民共和国法律不认为在中华人民共和国领域外发生的行为是侵权行为的，不作为侵权行为处理。

思考题：
1. 民法的基本原则。
2. 民事行为能力和民事权利能力的区别。
3. 民事法律行为的构成要件。
4. 无效民事行为、可撤销民事行为的情形。
5. 诉讼时效的概念和一般诉讼时效的期间。

第3章 合同法

3.1 合同法概述

3.1.1 立法目的和调整对象

1.《合同法》立法目的

合同通常被称为合约、协议,是各方当事人的合意的意思表示。新中国成立之前,合同曾被称为契约。在中国台湾地区,仍然更多地采用契约一词。合同法作为民法体系中的重要组成部分,同时也是规范市场交易的基本法律。合同与社会生产经营以及人们的生活密切相关。制定较为完备的合同法有利于社会主义市场经济的发展,对于及时解决经济纠纷,保护当事人的合法权益,维护社会经济秩序,促进社会主义现代化建设,具有十分重要的作用。

在党的十一届三中全会以后,我国先后在1981年制定了《经济合同法》,1985年制定了《涉外经济合同法》,1987年制定了《技术合同法》。这三部合同法对保护合同当事人的合法权益,维护社会经济秩序,促进国内经济、技术和对外经济贸易的发展,保障社会主义建设事业的顺利进行,发挥了重要作用。但是,随着改革开放和社会主义市场经济的不断发展,这三部合同法已经不能完全适应新的发展需要。

1999年3月15日,第九届全国人民代表大会第二次会议通过的《中华人民共和国合同法》,自1999年10月1日施行。《合同法》第一条就明确规定了其立法目的,即"为了保护合同当事人的合法权益,维护社会经济秩序,促进社会主义现代化建设,制定本法。"

为了解决在《合同法》适用过程中存在的一些细节问题,最高人民法院于1999年12月1日公布《关于适用〈中华人民共和国合同法〉若干问题的解释(一)》,自1999年12月29日起施行。该司法解释主要是对《合同法》的适用范围、诉讼时效、合同效力问题等作的解释,旨在解决新旧法衔接适用问题,确保《合同法》生效后能够切实施行。

2009年4月24日,最高人民法院公布了《最高人民法院关于适用〈中华人民共和国合同法〉若干问题的解释(二)》,自2009年5月13日施行。该司法解释主要是针对合同的订立、效力、履行、权利义务终止及违约责任五个方面进行了解释,旨在为《合同法》实施以后在实践中出现的问题提出解决方案,使《合同法》适应社会实践的发展。

2.《合同法》的调整对象

《合同法》第二条规定,"本法所称合同是平等主体的自然人、法人、其他组织之间设立、变更、终止民事权利义务关系的协议。婚姻、收养、监护等有关身份关系的协议,适用其他法律的规定。"该条款既是对合同的定义,也是对合同法适用范围与调整对象作出的规定,可以理解为,合同法调整的对象是一种民事权利义务关系,该关系更多的与财产交易活动有关。另外，除非法律另有规定，合同法的调整对象还包括涉外主体订立的合同，以及不同种类的合同，如：经济合同、技术合同、其他各类有关债权债务的民事合同。合同是平等主体之间订立的民事权利义务关系的协议，属于民事法律关系。不属于民事法律关系的其他活动，不应适用合同法。政府对经济的管理活动，属于行政管理关系，不适用合同法。例如因财政拨款、征用、征购等形成的合同，是政府行使行政管理职权，属于行政关系，适用有关行政法，不适用合同法。企业、单位内部的管理活动，是管理与被管理的关系，不是平等主体之间的关系，其形成的合同也不应适用合同法。例如，加工承揽是民事关系，适用合同法；而工厂车间内的生产责任制，是企业的一种管理措施，不应适用合同法。

另外，关于政府机关参与的合同，应当区别不同情况分别处理：首先，政府机关采购活动，政府机关作为平等的主体与合同相对方签订的采购合同，如工程、货物与服务的采购等，其订立的合同属于合同法调整的范围，应当适用合同法。但是对于政府机关的采购行为，《政府采购法》还同时对其适用进行了专门的规范与调整。其次，关于行政管理关系的协议，如有关综合治理、计划生育、环境保护等协议，这些所体现的行政管理活动和行政管理关系不属于民事法律关系范畴，不应适用合同法。再次，关于指令性任务或国家订货任务，我国实行社会主义市场经济体制，指令性计划不是合同法普遍适用的基本原则。为了保证国防重点建设以及国家战略储备的需要，在个别情况下，国家需要下达指令性任务或国家订货任务，为此，合同法关于合同订立的章节中规定，国家根据需要下达指令性任务或者国家订货任务的，有关企业、事业单位之间应当依照有关法律、行政法规的权利和义务订立合同，这种情况下，采购合同的性质仍然为民事合同，在合同法调整的同时，还应该接受有关其他法律规范的调整。

3.1.2 《合同法》的结构

《合同法》主要分为总则、分则和附则3个部分，总共23个章节，428个条文。总则共8章，分为合同的一般规定、合同的订立、合同的效力、合同的履行、合同的变更和转让、合同的权利义务终止、违约责任等。分则共15章，分为买卖合同、赠与合同、承揽合同、建设工程合同等15种有名合同。

合同法总则的主要结构分为六个部分，第一是介绍了合同法的一般规定。规定合同法的立法目的，合同的概念与合同法的调整对象，合同法的基本原则，合同法在交易活动中的重要意义等。第二是关于合同的订立。解释了合同的订立过程就是要约和承诺的过程，如何理解要约与承诺及其相关问题等等。第三是关于合同的法律效力。规定合同的生效、无效和可变更、可撤销。第四是关于合同的履行。规定了合同的履行原则与履行中的权利与义务，包括同时履行抗辩权、先履行抗辩权和后履行抗辩权等问题。第五是关于合同的变更和转让。规定了合同变更与转让的情形、变更转让的条件与其他相关方面等。第六则是关于合同的权利义务终止和违约责任，规定了终止合同的法定情形、终止合同后的若干事项以及与违约有关的规定等。

3.1.3 《合同法》的基本原则

合同法作为民法的重要组成部分，其基本原则与民法一脉相承，并在民法基础上结合了合同法的立法目的和现实社会基本的政治与经济状况。《合同法》第一章中的第三条至第八条归纳了合同法的基本原则，是《合同法》的主旨和根本准则。

（1）平等原则

《合同法》第三条规定，"合同当事人的法律地位平等，一方不得将自己的意志强加给另一方。"这里的法律地位平等，是指无论当事人的年龄、性别、民族、身份等具有差别，其在合同关系中的法律地位都是独立平等的，平等地享有合同权利和义务。

（2）自愿原则

自愿原则又称意思自治原则或契约自由原则。《合同法》第四条规定："当事人依法享有自愿订立合同的权利，任何单位和个人不得非法干预。"自愿原则是指合同当事人可以独立的以自己意愿决定和调整相互权利义务关系。自愿原则贯穿于整个合同活动的过程中，当事人有权根据自己意愿独立决定是否签订合同以及签订合同的对方、变更合同的内容、解除合同和违约责任等。

（3）公平原则

公平原则与平等原则不同，是指合同的当事人都有同等机会参与合同交易活动。公平原则是指合同的当事人都有权公平参与合同活动，合同中双方权利义务应当兼顾各方利益，公平协商对待。同时，公平原则也体现在发生合同纠纷时公平处理，既要切实保护当事人的合法利益，也要让违约方承担合理的责任，比如《合同法》第一百一十四条规定：约定的违约金低于或者过分高于造成的损失的，当事人可以请求人民法院或者仲裁机构予以增加或适当减少。

（4）诚实信用原则

诚实信用原则是指当事人在合同订立及履行时，应诚实守信，以善意的方式履行其义务，不得滥用权力及规避法律和合同规定的义务。《合同法》第六条规定："当事人在行使权力和履行义务应当遵循诚实信用原则。"

（5）遵守法律、不得损害社会公共利益原则

根据《合同法》第七条的规定，当事人订立、履行合同，应当遵守法律、行政法规，尊重社会公德，不得扰乱社会经济秩序，损害社会公共利益。该原则要求当事人在订立及履行合同时，应当符合国家法律要求，不违背社会公共利益，不扰乱社会经济秩序。

3.2 合同的订立

合同订立是指当事人各方之间通过协商达成一致，确定合同内容，通过意思表示并达成合意的过程。一般合同的订立程序必须经过要约与承诺两个阶段。

3.2.1 合同的要约与承诺

1. 要约与要约邀请

（1）要约

要约是指一方当事人为了订立合同，向另一方当事人提出合同条件，做出订立合同的意思表示。要约是一种定约行为，是一方当事人希望和另一方当事人订立合同的意思表示。发出要约一方是要约人，接受要约一方为受要约人。根据《合同法》的第十四条的规

定,要约是由具有订约能力的特定人作出的意思表示。要约的提出旨在与他人订立合同,并且得到相对人的承诺,所以要约人必须是订立合同一方的当事人。由于要约人欲以订立某种合同为目的而发出某项要约,因此,要约人应当具有订立合同的行为能力。

我国《合同法》第九条规定:"当事人订立合同,应当具有相应的民事权利能力和民事行为能力。"无民事能力人或依法不能独立实施某种行为的限制行为能力人发出欲订立合同的要约,不应产生行为人预期的效果。

要约必须具有订立合同的目的。要约人发出要约的目的在于订立合同,而这种订约的意图一定要由要约人通过其发出的要约充分表达出来,才能在受要约人承诺的情况下产生合同。根据我国《合同法》第十四条规定,要约是希望和他人订立合同的意思表示,要约中必须表明经受要约人承诺,要约人即受该意思表示约束。

要约必须向要约人希望与之缔约合同的受约人发出。要约人向谁发出要约也就是希望与谁订立合同,要约原则上是对特定的相对人来说的,但也有向不特定人发出,此时应具有两个条件:其一,必须明确表示其做出的建议是要约而不是要约邀请;其二,必须明确承担向多人发送要约的责任,尤其是要约人发出要约后,必须具有向不特定的相对人做出承诺以后履行合同的能力。

要约的内容必须具体确定。根据《合同法》第十四条规定,要约内容必须具体。所谓具体是指要约内容必须具有足以使合同成立的主要条款。合同的主要条款,应当根据合同的性质和内容来加以判断。合同的性质不同,它所要求的主要条款是不同的。所谓确定,是指要约内容必须明确,而不能含糊不清。要约应当使受要约人理解要约人的真实意思,否则无法承诺。

要约必须送达到受要约人。要约人只有在送达受要约人以后才能为受要约人所知悉,才能对受要约人产生实际拘束力,我国《合同法》第十六条规定:"要约到达受要约人时生效。"如果要约在发出以后,因传达要约的信件丢失或没有传达,不能认为要约已经送达。

(2) 要约邀请

要约邀请是指一方当事人希望另一方当事人向自己发出要约的意思表示。要约邀请由以下构成要件:第一,要约邀请是一种意思表示,应符合意思表示的特征;第二,要约邀请是希望他人向自己发出要约,而不是自己向他人发出要约。根据我国《合同法》第十五条的规定,招标公告一般应当视为要约邀请,为订立合同的一方当事人采取招标公告的形式向不特定人发出的,具有吸引或邀请不特定人向其发出要约的意思表示。《合同法》中规定了,要约邀请的表现形式还包括寄送的价目表、拍卖公告、招股说明书、商业广告等。其中,商业广告的内容如果符合要约规定的,应当视为要约。

(3) 要约效力

要约效力是指要约对要约人和受要约人的法律约束力。《合同法》第十六条规定,要约到达受要约人时生效。同时《合同法》还规定,采用数据电文形式订立合同,收件人指定特定系统接收数据电文的,该数据电文进入该特定系统的时间,视为到达时间,未指定特定系统的,该数据电文进入收件人的任何系统的首次时间,视为到达时间。

(4) 要约的撤回与撤销

要约的撤回,是指要约人在发出要约后,在要约到达受要约人之前取消该要约,使该要约不发生法律效力的行为。《合同法》第十七条规定，要约可以撤回。撤回要约的通知应当在要约到达受要约人之前或者与要约同时到达受要约人，被撤回的要约需要以要约未生效为条件。如果撤回要约的通知在要约到达受要约人以后到达，则要约已经生效，是否能够使要约失效，就要看是否符合撤销的条件。

要约的撤销，是指在要约到达受要约人后，在受要约人做出承诺之前，要约人取消要约从而使要约失去法律效力的行为。要约的撤销与要约的撤回不同。要约的撤回需要以要约未生效为前提，而要约的撤销发生是以要约生效之后，受要约人未做出承诺为前提。《合同法》第十八条规定，要约可以撤销，撤销要约的通知应当在受要约人发出承诺通知之前到达受要约人。根据《合同法》第十九条的规定，有下列情形之一的，要约则不得撤销：第一，要约人确定了承诺期限或者以其他形式明示要约不可撤销。第二，受要约人有理由认为要约是不可撤销的，并已经为履行合同作了准备工作。

（5）要约的失效

根据《合同法》第二十条的规定，要约发出后，有下列情形之一的，要约失效，要约人不再受原要约的约束：①拒绝要约的通知到达要约人，受要约人以口头或书面的方式明确通知要约人不接受该要约；②要约撤销；③要约中规定有承诺期限的，承诺期限届满，受要约人未作出承诺；④受要约人对要约的内容进行实质性变更，有关合同标的、数量、质量、价款或报酬、履行期限、履行地点和方式、违约责任和解决争议方法等的变更，是对要约内容的实质性变更。

2. 承诺

（1）承诺的概念

承诺是受要约人同意要约的意思表示，是受约人同意接受要约的全部条件而与要约人成立合同的意思表示。承诺必须由受要约人作出。

承诺内容必须明确表示受要约人接受要约，并希望与要约人订立合同，且《合同法》第三十条规定，承诺的内容应当与要约的内容一致。受要约人对要约的内容做出实质性变更的，为新要约。

承诺必须是在有效时间内作出。所谓有效时间，若要约规定了答复期限，规定的期限内即为有效时间；要约并无答复期限的，通常认为合理的时间（如信件、电报往来及受要约人考虑问题所需要的时间），即为有效时间。

（2）承诺的效力

根据《合同法》第二十五条规定，承诺生效时合同即为成立。对于合同的生效时间，《合同法》第二十六条规定，承诺通知到达要约人时生效。承诺不需要通知的，根据交易习惯或者要约的要求做出承诺的行为时生效。采用数据电文形式订立合同的，收件人指定特定系统接收数据电文的，该数据电文进入该特定系统的时间，视为到达时间；未指定特定系统的，该数据电文进入收件人的任何系统的首次时间，视为到达时间。

（3）承诺的撤回与撤销

承诺的撤回，是指受要约人在其做出的承诺生效之前使其不发生法律效力的行为。承诺一经撤回，即不发生承诺的效力，合同因此也不成立。《合同法》第二十七条规定，撤回承诺的通知应当在承诺通知到达要约人之前或者与承诺通知同时到达要约人。承诺不可以撤销，因为承诺通知到达要约人时生效，一旦承诺生效，合同即为成立，所以受要约人不可以撤销承诺。

(4) 承诺的迟到和迟延

承诺的迟到是指受要约人未在承诺期限内发出的承诺。当这种情况出现时，除非要约人及时通知受要约人该承诺有效，否则应当视为新的要约。《合同法》第二十八条规定，"受要约人超过承诺期限发出承诺的，除要约人及时通知受要约人该承诺有效的以外，为新要约。"

承诺的迟延是指受要约人在承诺期限内发出承诺，但承诺因意外原因而迟延。这种情况下，除非要约人及时通知受要约人因承诺超过期限不接受该承诺，否则该承诺有效。《合同法》第二十九条规定，"受要约人在承诺期限内发出承诺，按照通常情形能够及时到达要约人，但因其他原因承诺到达要约人时超过承诺期限的，除要约人及时通知受要约人因承诺超过期限不接受该承诺的以外，该承诺有效。"

3.2.2 合同订立的几种特殊方式

(1) 招标投标

招标投标，是指招标人向公众或数人发出招标公告或通知，按照一定标准在几个投标人中选定自己满意的投标人并与其订立合同的方式。根据《招标投标法》的规定，部分建设工程合同在订立过程中需要经过招标投标的环节。通常情况下，招标人发出的招标公告、投标邀请书和招标文件视为要约邀请，投标人的投标文件视为要约，招标人发出的中标通知书视为承诺，中标人收到中标通知书视为承诺到达，并在招标投标法规定的30天内签订书面的建设工程合同。签订的建设工程合同不能与招标文件和中标人投标文件的实质性内容相背离。

(2) 拍卖

拍卖，是指以公开竞价的方式，将物品或者财产权利转让给最高出价者的买卖方式。拍卖当事人包括拍卖人、委托人、竞买人和买受人。拍卖人是依法设立从事拍卖活动的企业法人。委托人是指委托拍卖人拍卖自己物品或者财产权利的人。竞买人是参与竞争叫价竞买拍卖物的人。买受人是指最终以最高价购买拍卖物的竞买者。拍卖的程序主要是先由委托人委托拍卖人进行拍卖活动，然后拍卖人在拍卖日7日前发布拍卖公告（拍卖公告视为要约邀请），并且拍卖人在拍卖前展示拍卖标的和提供查看拍卖标的的条件及相关资料。在拍卖活动中，竞买人的最高应价（应价视为要约）经拍卖师落槌或者其他公开买定的表示确认（表示确认视为承诺）后，拍卖成交。最后，由买受人和拍卖人签订成交确认书。

(3) 广告

以广告形式订立合同也是常见的。普通广告的性质为要约邀请，消费者的回应为要约，此时合同尚未成立。有些商业广告的内容符合要约规定的，也视为要约，消费者的同意回应即为承诺，此时合同成立。还有一种广告为悬赏广告，是指通过广告的方式公开表示给予完成一定行为的人报酬的意思表示。按照合同订立的方式，该广告的性质属于要约，完成行为属于承诺，合同即成立。

3.2.3 合同的内容和形式

1. 合同的内容

合同的内容，就是合同当事人的权利与义务，具体体现为合同的各项条款。一般合同的内容包括合同的主体、标的、价款、履行的方式和期限及地点、违约责任、争议的解决方法等。我国《合同法》第十二条对合同的内容加以规定，即"合同的内容由当事人约定，一般应包括以下条款：（一）当事人的名称或者姓名和住所；（二）标的；（三）数量；（四）质量；（五）价款或者报酬；（六）履行期限、地点和方式；（七）违约责任；（八）解决争议的方法。当事人可以参照各类合同的示范文本订立合同。"

（1）当事人的名称或者姓名和住所

当事人作为合同主体，应当在订立的合同中予以明确，并披露当事人一定的信息。合同主体有关的信息对于合同非常重要，直接影响到合同的履行与争议的解决，尤其在争议解决阶段，还将直接影响到管辖与送达等方面。合同法对合同需要披露的当事人主体信息进行了一般意义的规范。合同主体包括自然人、法人、其他组织。自然人的姓名是指经户籍登记管理机关核准登记的正式用名。自然人的住所是指自然人有长期居住的意愿和事实的处所，即经常居住地。法人、其他组织的名称是指经登记主管机关核准登记的名称，如公司的名称以营业执照上的名称为准。法人和其他组织的住所是指他们的主要营业地或者主要办事机构所在地，通常营业执照上记载的注册地也构成当事人的住所。

（2）标的

标的是合同当事人双方权利和义务共同指向的对象。标的的一般表现形式为物、劳务、行为、智力成果、工程项目等。没有标的或标的不明确，合同就无法成立，当事人更无法履行该合同。因此，标的是合同的重要内容之一。在订立合同时，标的必须明确、具体，必须符合国家法律和行政法规的规定。经营限制交易或禁止交易标的的，将会导致合同无效的法律后果，同时还将根据情节严重程度承担相应的行政责任或刑事责任。

（3）数量

数量是以数字和其他计量单位表示。订立合同时应当根据合同标的与权利义务的不同反映不同的要求。如果订立的合同中没有列明数量或对有关数量的规定不明确，则必然导致当事人无法履行合同，其权利义务无法实现，最终导致合同目的无法实现。合同中约定的数量必须严格按照国家规定的度量衡制度确定标的物的计量单位和计量方法，以免导致当事人产生不同的理解和歧义，在造价金额较大的建设工程合同中尤其应当予以注意。

（4）质量

质量是对合同标的的内在和外观品质与形态的综合评价标准。一般我国对于不同的合同，不同的标的，国家和有关行业均制定有相应的标准，国家和行业没有制定标准的，可以由当事人参照国际或其他标准自行约定标准。同时，合同对质量标准的约定应当是准确、具体、可以执行的，对于技术上较为复杂的和容易引起歧义的词语、标准、做法，应当加以说明和解释。对于国家规定的强制性标准，当事人必须执行，同时当事人可以约定高于国家标准的企业标准。对于推荐性的标准，国家鼓励采用。当事人没有约定质量标准或质量要求不明确的，按照国家标准、行业标准履行；没有国家标准、行业标准的，按照通常标准或者符合合同目的的特定标准履行。

（5）价款或者报酬

价款或者报酬是当事人一方向交付标的的另一方支付的货币金额。交易标的物的价款由当事人双方自行协商确定，但必须符合国家的物价政策和税法规定，劳务酬金也应如此。合同条款中应当明确有关结算和支付价款的方法和原则。合同中价款或者报酬不明确的，可以按照订立合同时履行地的市场价格履行；依法应当执行政府定价或者政府指导价的，应按照相关的规定履行。

(6) 履行期限、地点和方式

履行期限是当事人依照合同约定全面完成各自义务的时间。履行期限一般包括合同的签订期、有效期和履行期。履行地点是指当事人交付标的和支付价款或酬金的地方。履行地点一般包括标的的交付、提取地点；服务、劳务或工程项目建设的地点；价款或劳务的结算地点。履行方式是指当事人完成合同义务采取的方法和手段。履行方式一般包括标的的交付方式和价款或酬金的结算方式。

履行的期限、地点和方式是促进合同交易目的实现的保障，也是确定合同当事人是否适当履行合同的依据，是合同内容中不可缺少的部分。合同对于履行期限约定不明确时，债务人可以随时履行，债权人也可以随时要求债务人履行，但应当给债务人必要的准备时间。合同对履行地点约定不明确时，给付货币的，应当在接受货币一方所在地履行；交付不动产的，应当在不动产所在地履行；其他合同标的的，在履行义务一方所在地履行。合同中对于履行方式约定不明确的，按照有利于合同目的实现的方式履行。合同中关于履行费用的负担约定不明确的，由履行义务的一方承担。

(7) 违约责任

违约责任是指按照合同约定和法律的规定，合同当事人不履行或者履行合同义务不适当而应当承担的法律责任。当事人可以在合同中约定，一方当事人违反合同时，违约方应向另一方当事人支付一定数额的违约金，或者约定违约损害赔偿的计算方法和承担方式，或者其他承担违约责任的方式。

(8) 解决争议的方法

在合同订立和履行过程中难免会产生争议，及时有效地解决合同争议对于保护当事人的合法权益，加强合同领域的法制建设，有着不可忽视的重大意义。根据《合同法》第一百二十八条之规定，当事人可以通过4种途径解决合同争议，即：①协商和解；②调解；③提请仲裁机构仲裁；④向人民法院提起诉讼。当事人不愿和解、调解或者和解、调解不成的，可以根据仲裁协议向仲裁机构申请仲裁。涉外合同的当事人可以根据仲裁协议向中国仲裁机构或者其他仲裁机构申请仲裁。当事人没有订立仲裁协议或者仲裁协议无效的，可以向人民法院起诉。当事人应当履行发生法律效力的判决、仲裁裁决、调解书；拒不履行的，对方可以请求人民法院执行。

合同的当事人在遇到合同争议时，可以根据具体的实际情况考虑通过何种方式解决。如当事人可以通过对方当事人的态度、双方之间的合作关系、自身的财力和人力等以及对其适用的法律规定，决定采取协商、调解、仲裁或诉讼的方式。需要注意的是，当合同被撤销或被认定为无效以后，合同中的争议解决条款独立有效，仍然成为争议解决方式选择的依据。

(9) 补充协商

一般在合同生效后，如果没有特别的约定，当事人可以就质量、价款或者报酬、履行地点等内容没有约定或者约定不明确的内容达成补充协议。如果不能达成补充协议的，按照合同有关条款或者交易习惯确定。《合同法》第十二条中规定的八个条款并非是每个合同都必须具备的"必备条款"，也不能直接认定为是对招标投标领域中提及的"合同实质性内容"的定义，缺少了其中的一个或几个条款，并不当然导致一个合同不成立或者不生效。事实上,每个合同应具备哪些条款依合同情形不同而各不相同。合同法的第十二条规定具有提示性意义,是典型的任意性规范条款。

2. 合同的形式

合同形式是指当事人合意的外在表现形式,是合同内容的载体。《民法通则》第五十六条规定:"民事法律行为可以采用书面形式、口头形式或者其他形式。法律规定用特定形式的,应当依照法律的规定。"《合同法》第十条规定:"当事人订立合同,有书面形式、口头形式和其他形式。"

书面形式是指当事人双方用书面方式表达相互之间通过协商一致而达成的协议。一般表现为合同书、协议书等。当事人之间来往的电报、图表、修改合同的文书,都属于合同的书面形式。书面形式权利义务记载明确,有利于权利义务履行,作为合同的证据,其效力也优于其他证据。

合同的书面形式可以分为法定的书面形式和当事人约定的书面形式。《合同法》第十条规定,当事人约定采用书面形式的,应当采用书面形式。《合同法》分则中也规定了,建设工程合同、租赁期限六个月以上的租赁合同、融资租赁合同,应当采用书面形式。《合同法》第二百七十六条规定,建设工程实行监理的,发包人应当与监理人采用书面形式订立委托监理合同。发包人与监理人的权利和义务以及法律责任,应当依照本法委托合同以及其他有关法律、行政法规的规定。《担保法》第十三条规定,保证人与债权人应当以书面形式订立保证合同;第三十八条规定,抵押人和抵押权人应当以书面形式订立抵押合同;第六十四条规定,出质人和质权人应当以书面形式订立质押合同;第九十条规定,定金应当以书面形式约定。当事人在定金合同中应当约定交付定金的期限。定金合同从实际交付定金之日起生效。《招标投标法》第四十六条规定,招标人和中标人应当按照招标文件和中标人的投标文件订立书面合同。招标人和中标人不得再行订立背离合同实质性内容的其他协议。除此之外,在其他个别法律法规当中,也有对合同形式做出的明确规定。另根据合同法第十条第二款规定,当事人约定采用书面形式的,应当采用书面形式。

口头形式是指当事人双方用对话方式表达相互之间达成的协议。口头形式简便易行、迅速直接,在日常生活中经常被采用,这对加速商品流转有着十分重要的作用,口头形式订立合同也很常见,如集市的现货交易、商店里的零售等一般都采用口头形式。合同采取口头形式的,不需要当事人特别指明。凡当事人无约定、法律未规定须采用特定形式的合同,均可采用口头形式。

3.3 合同的效力

合同效力是指已经成立的合同在当事人之间产生的法律约束力。对合同是否具有效力需要以合同已经成立为前提条件。合同是否满足法定的一般生效要件是衡量合同效力的标准,根据合同效力的不同状态可将合同分为有效合同,无效合同,效力待定合同,可变更、可撤销合同。

3.3.1 合同的成立与生效

1. 合同的成立

根据《合同法》第二十五条的规定,承诺生效时合同成立。若当事人采用书面形式订立合同，自双方当事人在合同上签字或者盖章时合同成立。根据《合同法》第三十六条规定，法律、行政法规规定或者当事人约定采用书面形式订立合同，当事人未采用书面形式但一方已经履行主要义务，对方接受的，该合同成立。此时可以从实际履行合同义务的行为中推定当事人已经形成了合意并且成立了合同关系。当事人一方不得以未采取书面形式或未签字盖章为由否认合同关系的实际存在。双方当事人签字或者盖章不在同一时间的，以最后签字或者盖章的时间为合同成立的时间。如果合同的当事人采用信件、数据电文等形式订立合同，可以在合同成立之前要求签订确认书，合同自签订确认书时成立。

2. 合同的生效

合同的生效是指依照法律的规定成立并在当事人之间产生法律约束力。根据我国《民法通则》和《合同法》的相关规定，已经成立的合同产生当事人所预期的结果，则视为合同的生效。合同生效需满足法定的生效条件，包括当事人订立合同时应有的相应缔约能力，意思表示真实，不违反强制性法律规范以及公序良俗原则，标的确定并且可能等。

3. 合同的成立与生效的区别

合同的成立与合同的生效是两个不同的概念，实践中很容易对合同成立与合同生效产生理解混淆。一般情况下，合同成立时即具备了生效的要件，因而其成立和生效时间是一致的。如《合同法》第四十四条规定：依法成立的合同，自成立时生效。但是，根据《合同法》对成立及生效的规定，合同成立并不等于合同生效。对合同成立与生效可作如下区分：

第一，合同的成立与生效体现的意志不同。虽然合同是当事人之间达成的合意，但合同成立后，能否产生当事人所预期的法律后果，能否产生效力，仍取决于法律对该合同的评价。如果不符合法律规定的生效要件，仍然不能产生法律效力。

第二，合同的成立与生效反映的内容不同。合同的成立与生效是两个不同性质、不同范畴的概念。合同的成立主要是反映当事人的合意达成一致，是对事实的判断。而合同的生效则是反映立法者的意志，是对当事人合意的干预，其属于法律对已成立合同的价值判断和评价。

第三，合同成立与生效的构成要件不同。合同成立一般要具备要约和承诺两个要件，而合同生效一般应具备主体的合格、内容的合法、意思的真实、形式的合法四个要件。

第四，合同成立与生效的效力及产生的法律后果不同。根据《合同法》第八条规定，依法成立的合同，对当事人具有法律约束力。当事人应当按照约定履行自己的义务，不得擅自变更和解除合同。依法成立的合同，受法律保护。合同生效以后产生的后果是当事人应当按照合同的约定履行。但当合同已经成立但未生效时，其结果可能就不同了。如有些合同的生效要件包括因依法到登记机关批准登记或条件成就、期限届至而生效，因危害国家和社会公共利益而无效，也有的属于效力待定合同，可变更、可撤销合同等等，这些合同成立时并不一定生效，对当事人不能产生具有约束力的法律后果。无效的合同自始没有法律上的约束力，当事人应当停止履行。尽管合同成立与生效存在法律上规定的不同，但是经过招标采购程序成立的合同，一般来说均具备法定的生效要件，除非出现以下情形：违法挂靠、虚假投标、串通投标等违法行为引起中标无效、重新招标等。因此，一般情况下，经过合法的招标投标过程而成立的合同，在合同成立之时即生效。

3.3.2 可变更、可撤销合同

可变更、可撤销合同是指当事人在订立合同的过程中，由于意思表示不真实，或者是出于重大误解从而作出错误的意思表示，依照法律的规定可予以撤销的合同。此类合同是一种相对有效的合同，在有撤销权的当事人一方未行使或者放弃撤销权时，合同视为生效。在权利人行使撤销权之后，被撤销的合同自始失去法律效力，视为无效合同。合同被撤销后，当事人之间权利义务关系应当恢复至合同成立之前，双方负有相互返还财产、赔偿损失等义务。

可变更、可撤销的合同分为两种情形：①因重大误解订立的合同，可以申请撤销。重大误解是指当事人人为意思表示时，对合同涉及的重大事项发生错误的认识而使自己遭受损失的法律事实。②在订立合同时显失公平的，一方存在以欺诈、胁迫的手段，或者乘人之危，使对方在违背真实意思的情况下订立合同的，合同当事人一方也有权申请撤销合同。

另外，合同的撤销权的行使，只能由当事人向法院或者仲裁机构提出。根据《合同法》第五十五条的规定，对撤销权的行使具有一定的期限和限制条件，即具有撤销权的当事人自知道或者应当知道撤销事由之日起1年内没有行使撤销权的，或者具有撤销权的当事人知道撤销事由后明确表示或者以自己的行为放弃撤销权的，撤销权消灭。值得注意的是，符合《合同法》规定可撤销的情形，当事人既可以选择请求撤销，也可以选择请求变更。

3.3.3 效力待定的合同

效力待定合同是指合同虽然已经成立，但因其不完全符合法律有关生效要件的规定，因此其发生效力与否尚未确定，一般须经有权人表示承认或追认才能生效。效力待定合同的效力待定原因一般是合同当事人的主体资格欠缺，如无行为能力人、限制行为能力人订立的合同；无权代理人、无处分权人订立的合同；或者代理人超越代理权订立的合同等。效力待定的合同是具有特殊生效条件的合同，需要有权人的确认或追认，即表示承认或同意，而且必须以明示的方式做出，默示不能构成追认。同时，追认应当对合同的全部内容无条件的承认。效力待定的合同与附生效条件的合同是不同的。效力待定的合同是没有满足法定的生效条件，而附生效条件的合同是需要达到当事人约定的条件。附生效条件合同包括附条件合同和附期限合同两种。《合同法》第四十五条规定，附生效条件的合同，自条件成就时生效。附解除条件的合同，自条件成就时失效。《合同法》第四十六条规定，当事人对合同的效力可以约定附期限。附生效期限的合同，自期限届至时生效；附终止期限的合同，自期限届满时失效。

在招标投标活动中，招标代理机构如果越权代理签订中标采购合同，该中标采购合同的效力即处于效力待定状态，需要招标人确定是否予以追认方可确定合同效力。

3.3.4 无效合同

无效合同是指合同欠缺生效条件或者合同中存在法律规定的合同无效情形时，合同自始不产生法律效力。《合同法》第五十二条规定了五种法定情形将导致合同无效：第一，一方以欺诈、胁迫的手段订立合同，损害国家利益；第二，恶意串通，损害国家、集体或者第三人利益；第三，以合法形式掩盖非法目的；第四，损害社会公共利益；第五，违反法律、行政法规的强制性规定。若合同存在以上规定的情形之一，则合同应当被认定为无效。

关于合同无效的第五种情形中的"强制性规定"的认定，根据《最高人民法院关于适用〈中华人民共和国合同法〉若干问题的解释（二）》第十二条规定，合同法第五十二条第（五）项规定的"强制性规定"是指效力性强制性规定。

合同无效是合同订立和履行过程中经常涉及的法律问题，但是认定合同无效应当严格按照法律的规定，而非依据当事人自行的约定。如当事人在补充协议中称原合同中某条款无效的约定，其实质是该条款被其他条款取代或该条款被终止，而并不能产生法定无效的法律后果。

我国《合同法》关于合同无效的法律后果规定了两个条文。《合同法》第五十八条规定："合同无效或者被撤销后，因该合同取得的财产，应当予以返还；不能返还或者没有必要返还的，应当折价补偿。有过错的一方应当赔偿对方因此所受到的损失，双方都有过错的，应当各自承担相应的责任。"第五十九条规定："当事人恶意串通，损害国家、集体或者第三人利益的，因此取得的财产收归国家所有或者返还集体、第三人。"

3.4 合同的履行、变更和转让

3.4.1 合同的履行

合同的履行，是指合同生效之后，合同当事人按照合同的约定履行合同义务的行为，如交付货物、提供服务、支付价款等。合同的履行是合同实现的核心内容，当事人应当遵循诚实信用原则，根据合同的性质、目的和交易习惯履行合同约定义务，并按照合同的约定全面履行自己的义务。合同履行的原则包括以下两个方面：

(1) 全面履行原则

根据《合同法》第六十条的规定，全面履行原则要求当事人按合同约定的标的及其质量、数量、履行期限、履行地点、适当的履行方式全面完成合同义务。全面履行原则要求当事人除应尽通知、协助、保密等义务之外，还应当为合同履行提供必要的条件，以及出现损失时防止损失扩大的义务。《民法通则》第一百一十四条规定："当事人一方因另一方违反合同受到损失的，应及时采取措施防止损失的扩大；没有及时采取措施致使损失扩大的，无权就扩大的损失要求赔偿。"

(2) 协作履行原则

协作履行原则指当事人不仅有义务履行己方义务，同时应当相互协作，协助对方当事人履行合同义务。如在合同法律关系中，一方承担给付行为的义务，另一方需要履行受领给付行为，为合同的履行提供必要的条件，方便给付一方履行给付行为。

3.4.2 合同的变更和转让

1. 合同的变更

合同的变更有广义、狭义之分。广义的合同变更包括合同主体的变更与合同内容的变更。合同主体的变更指合同债权或债务的转让，合同的主体发生改变，而合同的内容并无变化。合同内容的变更指合同中约定的当事人权利义务发生变化。狭义的合同变更仅指合同内容的变更。

2. 合同的转让

我国的《合同法》将合同转让分为权利转让、义务转让和权利义务概括转让三种。

（1）合同权利的转让

合同权利的转让是指在合同依法成立后，改变合同主体的法律行为。即合同当事人一方依法将其合同债权和债务全部或部分转让给第三方的行为。部分转让的，受让的第三人加入合同关系，与原债权人共享债权，原合同之债因此变为多数人之债。按照转让合同约定，原债权人与受让部分合同权利的第三人或者按份分享合同债权，或者共享连带债权。如果转让合同对此未做出约定的，视为二者享有连带债权。成立债权转让应当满足下列三个条件：

首先，必须存在合法有效的合同权利，且权利的转让不会改变该权利的内容。其次，转让人与受让人就合同权利的转让达成协议。再次，被转让的合同权利要是可以转让的。

特别需要注意的是，根据我国《合同法》第八十条规定，"债权人转让权利的，应当通知债务人。未经通知，该转让对债务人不发生效力。债权人转让权利的通知不得撤销，但经受让人同意的除外。"

债权人转让权利的，受让人取得与债权有关的从权利，但该从权利专属于债权人自身的除外。债务人接到债权转让通知后，债务人对让与人的抗辩，可以向受让人主张。

另外，根据《合同法》第八十七条的规定，"法律、行政法规规定转让权利或者转移义务应当办理批准、登记等手续的，依照其规定。"合同权利转让应当通知该权利对应的债务人，未经通知的，该转让对债务人不发生效力。以书面形式订立的合同的权利转让应当采用书面形式，并且该通知一般不得撤销，除非经受让人同意。

根据《合同法》第七十九条规定，合同权利不能转让的情形有以下三种：

①按照合同的性质不得转让的。基于合同主体特定身份的合同权利，如因雇佣合同而产生的债权；以特定的债权人为基础而发生的合同权利，如演员的表演合同等。

②按照当事人的约定不得转让的。如果当事人在合同中约定不得转让时，则该合同权利不得转让。但是合同当事人的这种特别约定，不得对抗善意的第三人。

③依照法律规定不得转让的。根据《民法通则》第九十一条规定，依照法律规定应当由国家批准的合同，合同一方将权利转让给第三人，须经原批准机关批准。如果该批准机关未批准，该合同转让无效。

（2）合同义务的转让

合同义务转让是指合同依法成立后，经当事人的协商或法律规定，债务人将全部或部分债务转给第三人，第三人成为新债务人的行为。合同义务转让的构成和效果与权利转让基本一致，但是，权利转让只要通知债务人就可以对债务人发生效力。而根据我国合同法第八十四条规定，债务人将合同的义务全部或者部分转移给第三人的，应当经债权人同意。同时，债务人转移义务的，新债务人可以主张原债务人对债权人的抗辩，同时新债务人应当承担与主债务有关的从债务，但该从债务专属于原债务人自身的除外。

合同法的这些规定，主要是为了保护债权人的合法权利不受侵害，义务的转让必须经过债权人同意才能够发生效力。

(3) 合同权利义务的概括转让

合同权利义务的概括转让，是指合同当事人的一方在不改变合同的内容的前提下将合同的全部权利和义务一并转让给第三人，由第三人继受全部权利和义务的行为。在生活实践中，企业的分立与合并经常会发生合同权利义务的概括转移。《合同法》第八十八条规定，"当事人一方经对方同意，可以将自己在合同中的权利和义务一并转让给第三人。"合同的权利义务的概括转让应当符合下列条件：①合同权利义务的概括转让必须以合法有效的合同存在为前提。合同尚未订立或合同关系已经解除，合同转让因失去前提而不能成立。②权利义务的概括转让包括合同的全部权利义务的转让。包括主权利和从权利、主义务和从义务的转移。但专属于债权人或债务人自身的权利义务除外。③权利义务的概括转让必须经对方的同意。为了保护合同当事人的合法权益，不因合同权利义务的转让而使另一方当事人受到损失，所以《合同法》规定，合同的权利义务的概括转让必须经另一方当事人的同意，否则不产生法律效力。

此外，根据《合同法》的规定，合同权利义务的概括转让同样适用合同权利不得转让的三种情形。

关于合同中权利和义务概括转让不得违反法律规定，比如根据《招标投标法》第四十八条规定，中标人应当按照合同约定履行义务，完成中标项目。中标人不得向他人转让中标项目，也不得将中标项目肢解后分别向他人转让。中标人按照合同约定或者经招标人同意，可以将中标项目的部分非主体、非关键性工作分包给他人完成。接受分包的人应当具备相应的资格条件，并不得再次分包。中标人应当就分包项目向招标人负责，接受分包的人就分包项目承担连带责任。

经过招标采购活动订立的合同，不得向他人进行概括转让，主要是基于以下几点原因：

第一，经过招标投标程序订立的合同是经过公示程序订立的合同，如果中标后允许进行概括转让，违反了招标投标法公开、公平、公正的基本原则，间接破坏了市场的竞争秩序，容易造成假投标。

第二，对其他未中标的投标人不公平。

第三，如不禁止这种行为，则容易被恶意投标人利用，进行虚假招标与投标。但是，如果中标人签订合同后在履行阶段发生并购重组、破产清算等法律事件时，应当由法律规定的承继人按照法定程序承继原合同中主体的权利义务。

3.5 合同的终止

3.5.1 合同终止的概念和效力

合同的终止或合同的消灭，是指依法生效的合同，因一定的法律事实的出现，使合同确立的权利义务关系消灭。这里的法律事实包括法定情形和当事人约定的情形。根据《合同法》第九十一条的规定，如出现合同中债务已经依约履行、合同解除、债务相互抵消、债务人依法将标的物提存、债权人免除债务或者债权债务同归于一人中的任一情形的，合同即告终止。此为法定的合同终止，另外，当事人之间也可以通过约定的方式终止合同。

合同终止后，债权人不再享有合同权利，债务人也不必再履行合同义务。合同的终止并不是合同责任的终止。如果一方当事人严重违约而给另一方当事人造成损失时，终止合同并不能免除违约方的违约责任，也不应影响权利人行使请求损害赔偿的权利。同时，根据《合同法》第九十八条规定，如果合同终止后尚未结算清理完毕的，其中约定的结算清理条款仍然有效。同时，根据《合同法》第九十二条的内容，合同的权利义务终止后，当事人应当遵循诚实信用原则，根据交易习惯履行通知、协助、保密等义务。

3.5.2 合同的解除

合同的解除，是合同成立生效后，因当事人一方或双方的意思表示，使合同关系归于消灭的行为。合同的解除可以概括分为法定解除和约定解除。

(1) 法定解除和约定解除

法定解除是指根据《合同法》第九十四条的规定，"有下列情形之一的，当事人可以解除合同：（一）因不可抗力致使不能实现合同目的；（二）在履行期限届满之前，当事人一方明确表示或者以自己的行为表明不履行主要债务；（三）当事人一方迟延履行主要债务，经催告后在合理期限内仍未履行；（四）当事人一方迟延履行债务或者有其他违约行为致使不能实现合同目的；（五）法律规定的其他情形。"约定解除是指当事人在合同中约定出现何种情形可以解除合同。法定解除与约定解除的区别在于：法定解除中的解除权发生条件以及其具体条件的行使、效力和消灭均由法律直接规定，而约定解除权的发生条件是由双方当事人协商约定的。

(2) 关于建设工程施工合同的解除

"最高人民法院《关于审理建设工程施工合同纠纷案件适用法律问题的解释》对于发包人和承包人的合同解除权分别做出了规定。"同时该司法解释规定了在承包人有过错的情况下，发包人请求解除建设工程施工合同的情形。例如：承包人在合同约定的期限内没有完工，且在发包人催告的合理期限内仍未完工的；承包人已经完成的工程质量不合格，且拒绝修复的；或者在工程施工承包过程中擅自将己方承包的建设工程非法转包或违法分包等。

另外，上述司法解释也规定了发包人有违约行为或违法行为时承包人的法定解除权，比如：发包人如未按约定支付工程价款的；提供的主要建筑材料、建筑构配件和设备不符合强制性标准；不履行合同约定的协助义务的，承包人有权向法院或者仲裁机构请求解除建设工程施工合同。

3.6 缔约过失责任和违约责任

3.6.1 缔约过失责任

1. 缔约过失责任的概念

缔约过失责任，是指在合同订立过程中，一方当事人故意或者过失地违反法律规定的先合同义务，造成对方当事人信赖利益的损失时，依法应当承担的民事赔偿责任。我国

《合同法》第四十二条对缔约过失责任作出了较为详尽的规定："当事人在订立合同过程中有下列情形之一，给对方造成损失的，应当承担损害赔偿责任：（一）假借订立合同，恶意进行磋商；（二）故意隐瞒与订立合同有关的重要事实或者提供虚假情况；（三）有其他违背诚实信用原则的行为。"第四十三条也规定："当事人在订立合同过程中知悉的商业秘密，无论合同是否成立，不得泄露或者不正当地使用。泄露或者不正当地使用该商业秘密给对方造成损失的，应当承担损害赔偿责任。"

2. 缔约过失责任的特征

缔约过失责任相对于其他民事责任来说，有以下特点：

（1）缔约过失责任是产生于合同成立前的特定时间内的民事责任

合同的订立，包括要约和承诺两个阶段，要约发出并经承诺后，合同即成立生效。合同生效后违反合同义务产生的责任属合同责任即违约责任，故不存在缔约过失责任问题；而在合同成立生效前产生的责任，由于当事人之间还没有合同关系，当事人之间不存在违反合同义务的问题，故不存在违约责任，在符合法律规定要件时应当成立缔约过失责任。因此，缔约过失责任只存在于合同成立生效前这个阶段。

（2）缔约过失责任是以诚实信用原则为基础的民事责任

缔约过失责任是违反义务的法律后果。这种义务不是合同义务，而是先合同义务。根据诚实信用原则，缔约当事人在缔约的过程中负有一定的先合同义务，如互相协作、互相照顾、互相保护、互相告知、互相忠诚、不得隐瞒瑕疵、不得欺诈等义务。应该说，依诚实信用原则所产生的先合同义务，是缔约过失责任的本质所在。基于诚实信用原则，从事缔结合同磋商的人应尽交易上的必要注意，维护相对人的利益，如若违反，则应就所造成的损害负赔偿责任，而违约责任是当事人在合同中约定的责任，具有约定性。只有当缔约人一方违背了其应负有的这些义务并破坏了缔约关系时，才能由其承担缔约过失责任。

（3）缔约过失责任是以补偿缔约相对人的损害后果为特征的民事责任

缔约过失责任保护的是一种信赖利益的损失，即行为人赔偿相对人的损失应当是相对人基于信赖而受到的损失，相对人不能因赔偿而获得额外的利润。信赖是缔约各方基于订立合同的目的而处于信任、互助所处的状态，其利益损失应是这种状态因对方违反义务而改变所造成的损失。缔约过失责任只承担赔偿损害这一民事行为也是区别于违约责任与侵权责任的一个重要方面。违约责任赔偿合同履行当事人可得的利益和损失，侵权责任赔偿因侵害他人合法权益而给受害人造成的损失，且二者的责任承担方式具有多样性，并非只有赔偿损失一种。

3. 缔约过失责任与违约责任的区别

缔约过失责任与违约责任是两种性质完全不同的民事责任，但由于二者都有民事责任的一般特征，有许多相同之处，往往使人们混淆。缔约过失责任与违约责任主要有以下四个方面的区别：

第一，产生的依据不同。缔约过失责任是在订立合同中基于合同不成立、合同无效或被撤销的情形而产生的责任，缔约一方当事人违背以诚实信用原则所应负的通知、说明、协力、忠实、照顾等先合同义务，此时合同并未生效，即未发生合同之效力，因此，缔约过失责任产生的根据是先合同义务。而违约责任则只能产生于已生效的合同，合同已生效，债务人应按合同约定的义务履行，对约定义务的违反，债务人应承担违约责任，因此，违约责任产生的根据是合同义务。

第二，责任发生的时间不同。缔约过失责任只产生在订立合同过程中，包括合同成立。在这个过程中，因一方当事人的过错致使合同不能成立，即仍处在要约或承诺阶段；或合同虽已成立但因其合同标的违法而无效；或因合同虽已成立但因其意思表示的不真实，法律行为不能发生法律效力而被撤销时，当事人已经为订立合同花费了一定的费用或为签订此合同而丧失了其他利益机会，这样立法上为平衡当事人的利益，出于对信赖利益的保护而创制了缔约过失责任制度。而违约责任只能发生在合同成立后且已生效，如合同已成立但不生效，此时并没有产生合同义务，因而不产生违约责任，只能产生缔约过失责任。合同生效后，债务人开始履行义务，如对合同义务的不履行或履行不符合约定，此时才产生违约责任。

第三，归责原则不同。缔约过失责任的归责原则应该是过错责任原则，即当事人在订立合同过程中因合同未成立、合同无效或合同被撤销，致使对方信赖利益遭受损失时，应以其过错作为确定责任的要件及确定责任范围的依据。这里包括两层含义：一方面，过错责任原则要求以主观过错作为过错方承担缔约过失责任的构成要件，即确定其承担缔约过失责任不仅要有违反先合同义务的行为致使对方信赖利益受损，而且缔约方主观上也要有过错；另一方面，这种过错必须与信赖利益的损失之间有因果关系，以此来确定缔约过失责任的范围。违约责任的归责原则是严格责任原则，即违反合同义务的当事人无论主观上有无过错，均应承担违约责任。

第四，承担责任的形式不同。缔约过失责任的承担责任形式只能是赔偿损失，依《合同法》第四十二条的规定，当事人在订立合同过程中给对方造成损失的，应当承担损害赔偿责任。违约责任承担的形式则很多，而合同法规定的违约责任承担方式则至少包括继续履行、采取补救措施、赔偿损失、支付违约金、定金罚则等等。

4. 招投标中的缔约过失责任

在招标采购的过程中，招标人与投标人双方均可能产生缔约过失责任的情形。

(1) 招标人变更或者修改招标文件后未通知所有招标文件收受人

《招标投标法》第二十三条规定："招标人对已发出的招标文件进行必要的澄清或者修改的，应当在招标文件要求提交投标文件截止时间至少十五日前，以书面形式通知所有招标文件收受人。"招标人在不符合该条规定的情况下，擅自变更或者修改招标文件而未全面履行通知义务的，应当承担缔约过失责任。招标文件属于要约邀请，不具有合同法上的效力，但这并不意味着招标文件可以不受法律规范的调整。从维护交易公正和交易安全的角度出发，如果违背诚实信用原则的要约邀请产生了不良的法律后果，要约邀请人就应当承担相应的民事责任。对于招标文件，其内容和形式足以使投标人产生一定的信赖，投标人为此进行投标，并且支付了一定的人力、物力和财力。如果由于招标人的过失，甚至是恶意行为致使投标人遭受信赖利益的损失，招标人即应承担缔约过失责任。

(2) 招标人与投标人恶意串通

《招标投标法》第三十二条明确规定："投标人不得与招标人串通投标，损害国家利益、社会公共利益或者他人的合法权益。"第五十三条还进一步规定，投标人与招标人串通投标谋取中标的，中标无效，并应承担相应责任。招标人与投标人恶意串通属于不正当的竞争行为，不仅会损害国家和社会公共利益，还会给其他投标人造成损失，理应承担缔约过失责任。这种恶意串通行为主要有以下一些表现形式：招标人在开标前，私下开启投标人的投标文件，并泄露给特定的投标人；招标人在审查评选标书时，对不同的投标人实行差别对待；招标人与投标人相互勾结，投标人在公开招标中压低标价，中标后再给投标人以额外补偿；招标人向特定的投标人泄漏其标底等等。

(3) 招标人违反随附义务

根据诚实信用原则的要求，在合同订立过程中，当事人负有告知、通知、保护、照顾、协作、注意等义务。违反这些义务，给另一方当事人造成损失的，应当承担缔约过失责任。在招投标过程中，招标人违反随附义务的行为包括：招标人隐瞒真实情况，如虚构立项批复、资金来源保证等；招标人发现标书错误却没有给予适当确认，恶意地利用标书错误进行授标等等。

(4) 投标人以虚假手段骗取中标

《招标投标法》第五十四条规定："投标人以他人名义或者以其他方式弄虚作假，骗取中标的，中标无效，给招标人造成损失的，依法承担赔偿责任；构成犯罪的，依法追究刑事责任。"即投标人以虚假手段骗取中标，给招标人造成损失的，应当承担缔约过失责任。在招标投标活动中，投标人的虚假手段包括不如实填写投标申请书，隐瞒足以对招标人授标产生重大影响的自身实际情况（如企业信誉、经营情况、管理水平等）；虚报企业资质等级，或者假借其他企业的资质等级；以他人名义投标等等。

3.6.2 违约责任

根据《合同法》的有关规定，违约责任是指合同当事人一方不履行合同义务或者履行合同义务不符合约定时，依照法律规定或者合同的约定所应承担的法律责任。违约责任是发生在合同法律关系当事人之间，以存在生效合同为前提。

1. 违约责任的构成要件

违约责任的构成要件包括违约行为和无免责事由两个方面。违约行为是指合同当事人违反合同义务的行为。违约行为据其形态大致可分为四类：

(1) 不履行

不履行包括履行不能和拒绝履行。履行不能是指在客观上无法履行，如标的灭失等。拒绝履行是应当履行义务一方明确表示不履行行为。

(2) 履行迟延

履行迟延指合同当事人未能按照合同约定的期限履行。履行迟延又可分为三种情况：第一，因债务人原因的迟延履行，例如在建筑材料买卖合同之中基于供货关系而存在卖方未按时履行合同而迟延交货的情形。第二，因债权人原因的迟延履行。因债权人的原因造成的延长履行包括两种情况，一种是债权人负有配合履行的义务而不配合造成债务人履行迟延；另一种是没有合理原因，债权人拒绝接受债务人到期履行的义务。第三，因非双方当事人的原因导致履行迟延。

(3) 履行不完全

履行不完全是指瑕疵给付，主要是指给付在数量上不完全、不符合质量要求、履行地点不当、履行方法不符合约定等。当债务人履行有瑕疵而造成了债权人的人身或财产的损失时，将有可能导致违约责任与侵权责任的竞合，即由同一行为引起的违约责任和侵权责任。

(4) 预期违约

预期违约是指在合同履行期限到来之前，一方当事人明确表示将不履行合同，或者以其行为表明不可能履行合同。预期违约包括明示和默示两种情况。

违约责任的另一构成要件是不存在法定和约定的免责事由。法定的免责事由一般是指法律规定的不可抗力的情形。约定的免责事由是指当事人在不违背法律的强制性规定的前提下，可以在合同中约定免除合同责任的事由。但是，《合同法》第五十三条规定，合同中的免责条款在下列情形出现时属于无效免责条款：造成对方人身伤害的；因故意或者重大过失造成对方财产损失的。

2. 违约责任的形式

违约责任的形式就是指承担违约责任的方式。《合同法》第一百零七条规定，当事人一方不履行合同义务或者履行合同义务不符合约定的，应当承担继续履行、采取补救措施或者赔偿损失等违约责任。同时，《合同法》规定的违约责任也包括支付违约金和定金责任。

支付违约金，是指当事人一方违反合同约定时，向对方支付一定数额的金钱或财物。违约金可分为惩罚性违约金和赔偿性违约金、约定违约金和法定违约金。

定金是我国《担保法》中规定的一种担保方式，是指当事人一方向对方给付一定数额的金钱作为债权的担保。定金包括有成约定金、履约定金等多种，主要由其担保的事项决定。定金对于债权的担保作用主要体现为定金罚则，给付定金的一方不履行约定的债务的，无权要求返还定金；收受定金的一方不履行约定的债务的，应当双倍返还定金。定金在法律适用时应当予以注意的是，"定金"不能与"订金"混淆，订金并非一个规范的法律概念，实际上它具有预付款的性质，是当事人的一种支付手段，并不具备担保性质。只有定金才具有特定的罚则含义。另外法律规定，合同中约定的定金的金额不得超过合同总价的20%。

3.7 合同争议解决

合同争议是指合同当事人之间对合同内容以及合同履行的情况而产生的各种分歧。实践中，当事人经常对合同约定的权利义务和合同履行是否完全产生争议。对于合同履行中出现的争议，当事人可以自愿的选择解决方式，不受其他人和任何组织的影响。对于争议解决的方式，当事人可以在签订合同时就选择，并把确定的方式以合同条款形式写入合同中，也可以在发生争议后针对解决方式达成协议。

根据《合同法》第一百二十八条的规定，发生合同争议时，当事人可以通过协商或者调解的方式解决。当事人不愿协商、调解或者协商、调解不成的，可以根据仲裁协议向仲裁机构申请仲裁，当事人没有订立仲裁协议或者仲裁协议无效的，可以向人民法院起诉。结合国内和国际纠纷解决机制的实践，合同争议的解决方式主要包括协商、调解、仲裁和诉讼。

(1) 协商

协商是指合同当事人自行组织谈判或者以其他自由方式就争议事项达成一致意见的一种纠纷解决方式。协商是争议双方自行解决争议的方式，不仅不破坏双方缔约的友情和商业联系,又是一种低成本、高效率的解决方式。

(2) 调解

调解是指当事人在独立第三方的主持下,自愿进行协商,通过教育疏导,促成各方就争议达成协议、解决纠纷的办法。根据调解主体的不同,可以将调解分为专家调解和机构调解,其中机构调解可以分为调解机构调解、仲裁机构调解、人民法院调解。我国的调解方式中还存在一种比较特殊的方式即为人民调解。

人民调解是指在人民调解委员会主持下进行的调解活动。人民调解委员会是村民委员会和居民委员会下设的调解民间纠纷的群众性自治组织,在基层人民政府和基层人民法院指导下进行工作。

仲裁中调解是在仲裁过程中仲裁机构按照当事人自愿原则组织进行的协调活动,在当事人同意的情况下,可以由仲裁员充当调解员,并可以应当事人的要求出具调解书,该调解书具有法律的执行力。仲裁中调解在建设工程纠纷中得到了积极有效的应用。

法院调解又称诉中调解,是指在法院审判人员的主持下,双方当事人就民事权益争议自愿、平等地进行协商,达成协议,解决纠纷的诉讼活动。法院调解后双方所达成的调解协议经法院确认,即具有法律上的效力。

(3) 仲裁

仲裁的实质是根据当事人自愿达成的仲裁协议根据,按照仲裁协议约定选用的仲裁机构和仲裁规则,由一名或三名仲裁员组成的仲裁庭对争议进行裁决公断的争议解决方式。通过仲裁形式的仲裁裁决,对当事人具有约束力,且具有法律强制执行力。目前我国有相当一部分的建设工程合同与国际工程合同文本中都采用仲裁作为解决当事人争议的方式。在我国比较有特色的仲裁机构为北京仲裁委员会。与诉讼相比,仲裁具有一裁终局、专业性强与保密性好的特点。

(4) 诉讼

诉讼作为解决争议的最终手段,是指当事人将争议提交给国家司法机关,通过法定的诉讼程序对民事纠纷进行解决。诉讼程序在诉讼的整个过程中都必须遵循法定顺序、方式和步骤。诉讼程序经过长时间的发展成为了有效的"公力救济"的手段,其自身所具有的程序性、强制性和确定性的特点对合同争议的解决起到了重要的作用。

思考题:
1. 要约和要约邀请的异同。
2. 合同成立和合同生效的异同。
3. 合同一般应包含的内容。
4. 缔约过失责任和违约责任的异同。

第4章 招标投标法

4.1 招标投标法的概述

4.1.1 招标投标概念

招标投标的概念存在着不同的理解和表述。一般情形下,国际性组织通常将招标投标视为一个整体的行为,比如,世界银行颁布的《国际复兴开发银行贷款和国际开发协会信贷采购指南》,将招标投标视为"Bidding"。而我国的通行观点则与许多大陆法系国家相同,将招标投标进行分别定义。所谓"招标",是指招标人为采购货物或服务、发包建设工程或进行其他活动,根据目的、标准和条件的不同,公开或邀请不特定或一定数量的自然人、法人或其他组织投标,而招标人则按照法定及约定的程序和标准择优选定签约对象的一系列行为和活动。所谓"投标",是指符合招标人规定的投标资格的潜在投标人,按照招标人的要求,向招标人书面提出报价、回应相应订约条件、作出成约意思表示的行为。

这里需要说明的是,除《中华人民共和国招标投标法》中的规定外,人们对于招标投标的理解仍较为宽泛,除招标采购之外,通常还包括以招标方式出售,即"标卖",如我国《房地产管理法》第十三条规定,土地使用权出让可以采用招标方式。

4.1.2 《招标投标法》的立法背景

《中华人民共和国招标投标法》(以下称"《招标投标法》")是列入八届全国人大常委会和九届全国人大常委会立法规划的一类立法项目。原国家计划委员会于1994年6月开始起草工作,1998年国务院机构改革后,国务院法制办会同国家计委就这部法律涉及的几个重要问题进一步征求了国务院有关部门的意见,多次召开有关部门和专家座谈会,并到一些地方进行了调查研究,经反复研究、修改,形成了《中华人民共和国招标投标法(草案)》,并已于1999年3月17日经国务院第十五次常务会议讨论通过。1999年8月30日,第九届全国人民代表大会常务委员会第十一次会议审议通过了我国第一部《招标投标法》,自2000年1月1日起施行。2000年的《招标投标法》共6章、68条,除总则和附则外,分别对招标、投标、开标、评标、中标以及招标投标活动中各方当事人的法律责任进行了规定。

2000年1月1日起实施的《招标投标法》虽然对规范招标投标活动的规则以及招标投标的市场秩序发挥了重要作用,但是,随着市场经济的不断发展,许多新情况、新现象、新问题鳞次栉比地出现在招标投标活动中,《招标投标法》中的一些规定显得较为原则化,缺乏具体准确的规范。我国作为大陆法系成员国家,判例不能成为法官作出裁量或判决的依据，因此，为了进一步规范招标投标活动，加强对招标投标活动的监督，保护国家利益、社会公共利益和招标投标活动当事人的合法权益，国务院着手制定《招标投标法实施条例》（以下简称称《实施条例》），并已于2011年11月30日经国务院第一百八十三次常务会议审议通过，并于2012年2月1日起施行。

4.1.3 《招标投标法》的立法目的

我国《招标投标法》开篇即阐明了本法的立法目的和宗旨，第一条规定，"为了规范招标投标活动，保护国家利益、社会公共利益和招标投标活动当事人的合法权益，提高经济效益，保证项目质量，制定本法。"

在20世纪80年代初期，我国才先后开始逐步在利用国外贷款、机电设备进口、建设工程发包、科研课题分配、出口商品配额分配等领域推行招标投标制度。从我国多年的实践中总结的经验来看，实行这一制度，对于推进投资融资体制改革，创造公平竞争的市场环境，提高经济效益，保证工程质量，遏制项目发包中的腐败现象，具有显著的效果和重大的意义。

我国目前的招标投标活动确实仍旧存在一些较为突出的问题，主要表现在以下几个方面：第一，推行招标投标制度的力度不够，有些发包人不愿意采用招标的方式，抑或千方百计地规避公平的招标。第二，招标投标程序的执行存在不规范、不统一的现象，暴露的漏洞较多，部分招标采购项目仅具招标之名而未行招标之事。第三，现阶段的招标投标活动中存在着较为严重的非正当交易和腐败现象，包括虚假招标、泄露标底、串通投标、投标贿赂，中标人擅自肢解项目、转包、违法分包、吃拿卡要、权钱交易等违法犯罪行为时有发生。第四，政府机关及相关管理部门不适当地或过多过少地干预招标投标活动，某些招标人既是管理者，又是经营者；某些行政机关随意改变中标结果，指定中标人。第五，行政监督体制不健全，部门之间职责不清晰，个别地方和部门自定章法，我行我素，各行其是，在一定程度上助长了地方保护主义和利益团体保护主义。以上所述问题，都应当通过完善立法制度、增强执法力度的方式加以解决。在国家面临经济增长压力而加大投资力度，加快基础设施建设，拉动国民经济持续增长的大形势下，提高资金使用效率，确保工程质量，更加成为我们的当务之急。

4.1.4 《招标投标法》的适用范围

1. 适用范围

《招标投标法》第二条规定，"在中华人民共和国境内进行招标投标活动，适用本法。"

（1）空间效力范围：中华人民共和国境内，即中华人民共和国领土和主权所及的全部领域内，包括我国陆地、河流、湖泊、内海、领海以及它们的底床、底土和上空（领空）。依据法律空间效力范围的普遍原则，法律应适用于其制定机关所管辖的全部领域，法律本身对其空间效力范围作出限制性规定的除外。《招标投标法》由全国人民代表大会常务委员会制定，其效力自然及于中华人民共和国领土和主权所及的全部领域。当然，根据《中华人民共和国香港特别行政区基本法》第十八条及《中华人民共和国澳门特别行政区基本法》第十八条之规定，只有列入这两个基本法附件三的法律，才能在这两个特别行政区适用。而由于《招标投标法》并没有列入这两个基本法的附件三，因此，《招标投标法》不适用于香港和澳门两个特别行政区内的招标投标活动。

(2) 调整对象：凡是在我国境内进行的招标投标活动，无论是属于依法必须招标的项目，还是属于当事人自愿采用招标方式进行采购的项目，均应适用《招标投标法》的规定。

2. 依法必须招标的项目

《招标投标法》第三条规定，"在中华人民共和国境内进行下列工程建设项目包括项目的勘察、设计、施工、监理以及与工程建设有关的重要设备、材料等的采购，必须进行招标：

（一）大型基础设施、公用事业等关系社会公共利益、公众安全的项目；

（二）全部或者部分使用国有资金投资或者国家融资的项目；

（三）使用国际组织或者外国政府贷款、援助资金的项目。

前款所列项目的具体范围和规模标准，由国务院发展计划部门会同国务院有关部门制订，报国务院批准。

法律或者国务院对必须进行招标的其他项目的范围有规定的，依照其规定。"

依据《实施条例》第二条之规定，"招标投标法第三条所称工程建设项目，是指工程以及与工程建设有关的货物、服务。

前款所称工程，是指建设工程，包括建筑物和构筑物的新建、改建、扩建及其相关的装修、拆除、修缮等；所称与工程建设有关的货物，是指构成工程不可分割的组成部分，且为实现工程基本功能所必需的设备、材料等；所称与工程建设有关的服务，是指为完成工程所需的勘察、设计、监理等服务。"

依法必须进行招标的工程建设项目的具体范围和规模标准，由国务院发展改革部门会同国务院有关部门制订，报国务院批准后公布施行。依法必须招标的项目分为《招标投标法》已明确规定的项目和依照法律或者国务院规定必须进行招标的其他项目。2000年4月4日经国务院批准，2000年5月1日国家发展计划委员会发布的《工程建设项目招标范围和规模标准规定》，对《招标投标法》第三条第二款（一）至（三）项进行了列举解释：

第一，关系社会公共利益、公众安全的基础设施项目的范围包括：（一）煤炭、石油、天然气、电力、新能源等能源项目；（二）铁路、公路、管道、水运、航空以及其他交通运输业等交通运输项目；（三）邮政、电信枢纽、通信、信息网络等邮电通信项目；（四）防洪、灌溉、排涝、引（供）水、滩涂治理、水土保持、水利枢纽等水利项目；（五）道路、桥梁、地铁和轻轨交通、污水排放及处理、垃圾处理、地下管道、公共停车场等城市设施项目；（六）生态环境保护项目；（七）其他基础设施项目。

第二，关系社会公共利益、公众安全的公用事业项目的范围包括：（一）供水、供电、供气、供热等市政工程项目；（二）科技、教育、文化等项目；（三）体育、旅游等项目；（四）卫生、社会福利等项目；（五）商品住宅，包括经济适用住房；（六）其他公用事业项目。

第三，使用国有资金投资项目的范围包括：（一）使用各级财政预算资金的项目；（二）使用纳入财政管理的各种政府性专项建设基金的项目；（三）使用国有企业事业单位自有资金，并且国有资产投资者实际拥有控制权的项目。

第四，国家融资项目的范围包括：（一）使用国家发行债券所筹资金的项目；（二）使用国家对外借款或者担保所筹资金的项目；（三）使用国家政策性贷款的项目；（四）国家授权投资主体融资的项目；（五）国家特许的融资项目。

第五，使用国际组织或者外国政府资金的项目的范围包括，（一）使用世界银行、亚洲开发银行等国际组织贷款资金的项目；（二）使用外国政府及其机构贷款资金的项目；（三）使用国际组织或者外国政府援助资金的项目。

第六，上述各类工程建设项目，包括项目的勘察、设计、施工、监理以及与工程建设有关的重要设备、材料等的采购，达到下列标准之一的，必须进行招标：

（一）施工单项合同估算价在200万元人民币以上的；

（二）重要设备、材料等货物的采购，单项合同估算价在100万元人民币以上的；

（三）勘察、设计、监理等服务的采购，单项合同估算价在50万元人民币以上的；

（四）单项合同估算价低于第（一）、（二）、（三）项规定的标准，但项目总投资额在3000万元人民币以上的。

3. 例外情形

《招标投标法》第六十六条规定，"涉及国家安全、国家秘密、抢险救灾或者属于利用扶贫资金实行以工代赈、需要使用农民工等特殊情况，不适宜进行招标的项目，按照国家有关规定可以不进行招标。"

对以上条款解释如下：

第一，涉及国家安全、国家秘密的项目，例如，某些国防工程建设项目，由于其自身所具有的特殊保密性要求，我国法律法规禁止将项目的有关情况予以公开，因此，不宜采用招标方式进行采购。

第二，抢险救灾的项目，例如，洪水、瘟疫、地震时搭建的建设工程具有时间紧迫性的要求，而采用招标方式进行采购，应严格按照法定的程序选定中标人，所需的时间往往较长，因此，不适宜采用招标方式进行采购。

第三，属于利用扶贫资金实行以工代赈、需要使用农民工的项目，依据国家发展与改革委员会2005年《国家以工代赈管理办法》之规定，"以工代赈，是指政府投资建设基础设施工程，受赈济者参加工程建设获得劳务报酬，以此取代直接救济的一种扶持政策。现阶段，以工代赈是一项农村扶贫政策。国家安排以工代赈投入建设农村小型基础设施工程，贫困农民参加以工代赈工程建设，获得劳务报酬，直接增加收入。"同时，依据国务院1997年《国家扶贫资金管理办法》之规定，"国家扶贫资金是指中央为解决农村贫困人口温饱问题，支持贫困地区经济发展而专项安排的资金。""以工代赈资金，重点用于修建县、乡公路（不含省道、国道）和为扶贫开发项目配套的道路，建设基本农田（含畜牧草场、果林地），兴修农田水利，解决人畜饮水问题等。"扶贫资金中的以工代赈资金具有特定的用途，主要只能用于向参加有关项目建设的贫困农民工支付劳动报酬。因此，使用以工代赈资金建设的项目，应当按照国家有关规定，优先照顾使用特定贫困地区的农民工，不能以招标投标的方式，来规避某些贫困地区的工人，而选择其他人中标。

第四，因其他特殊情况不适宜进行招标的项目，主要是指承包商、供应商或者服务提供者少于3家的；需要采用不可替代的专利或者专有技术的；采购人自身具有相应资质，能够自行建设、生产或者提供的；由于涉及被采购标的具有专利、专卖或独家经营等原因无法进行招标投标方式采购的项目。《实施条例》第九条规定,"除招标投标法第六十六条规定的可以不进行招标的特殊情况外,有下列情形之一的,可以不进行招标:(一)需要采用不可替代的专利或者专有技术;(二)采购人依法能够自行建设、生产或者提供;(三)已通过招标方式选定的特许经营项目投资人依法能够自行建设、生产或者提供;(四)需要向原中标人采购工程、货物或者服务,否则将影响施工或者功能配套要求;(五)国家规定的其他特殊情形。

招标人为适用前款规定弄虚作假的,属于招标投标法第四条规定的规避招标。"

招标人对招标项目划分标段的,应当遵守招标投标法的有关规定,不得利用划分标段限制或者排斥潜在投标人。依法必须进行招标的项目的招标人不得利用划分标段规避招标。

4.1.5 《招标投标法》的基本原则

我国《招标投标法》第五条规定了招标投标活动中应当遵循的基本原则,即公开、公平、公正和诚实信用的原则。

(1) 公开原则

所谓"公开"主要是指在招标投标活动中,招标活动的信息要公开,开标的程序要公开,评标的标准和程序要公开及中标的结果要公开。

公开招标的招标人应当通过符合国家规定的公共媒体对外发布资格预审公告和招标公告;邀请招标的招标人应当向3个以上的特定法人或其他组织发出邀请书;招标人按照招标公告或投标邀请书中载明的方式向潜在投标人提供招标文件,主要包括引导潜在投标人正确进行投标的信息、开标的程序、评标的标准和程序、其他为保证招标投标活动公开透明的相关信息。招标投标活动应被置于公开透明的环境中,也为招标投标活动的参与者及社会各界的监督提供了重要条件。从这个意义上讲,公开原则是公平原则和公正原则的基础和前提。

(2) 公平原则

招标投标活动中,要求招标人严格按照法律规定及招标文件规定的条件和程序进行招标,平等地对待每一个潜在投标人,不应以多重标准要求不同的潜在投标人,不得厚此薄彼。依法必须进行招标的项目,其招标投标活动不受地区或者部门的限制。任何单位和个人不得违法限制或者排斥本地区、本系统以外的法人或者其他组织参加投标,不得以任何方式非法干涉招标投标活动。《实施条例》第六条规定,"禁止国家工作人员以任何方式非法干涉招标投标活动。"

(3) 公正原则

招标投标活动中的所有参与者行为均应当公正,特别是招标人。在评标时,评标标准应当明确、严格,对所有投标人一视同仁,实行统一标准。《招标投标法》及其配套规定对招标、投标、开标、评标、中标、签订合同等都明确规定了具体程序和法定时限,以及重新招标、废标和否决投标的情形。评标委员会必须按照招标文件中事先确定并公布的评标标准和方法进行评审、打分、推荐中标候选人,招标文件中没有规定的标准和方法不得作为评标和中标的依据。

(4) 诚实信用原则

诚实信用，是我国民事法律规范的基本原则，也是民事主体进行民事活动的基本原则之一，在我国《民法通则》及《合同法》等基础法律中均有规定。招标投标活动作为市场经济的产物，是以订立采购合同为目的的，应当秉承这一市场经济的行为准则。招标投标活动的当事人应当本着主观善意心理，诚实守信，不得故意隐瞒事实真相，不得言而无信、背信弃义、弄虚作假，应当以个体利益与社会利益和谐共赢为出发点，保证交易安全，促进市场繁荣。

4.2 招标

4.2.1 招标人

《招标投标法》第八条规定，"招标人是依照本法规定提出招标项目、进行招标的法人或者其他组织。"

所谓"招标项目"，是指采用招标方式进行采购的工程、货物或服务项目。发包工程建设项目的招标人，一般是指项目投资人；国家投资建设的工程项目，招标人通常为依法设立的经营性的建设项目的项目法人或者非经营性建设项目的项目建设单位。采购货物招标的招标人，一般是指货物的买方，而非最终使用者。采购服务项目的招标人，一般是指该服务项目的需求方。

招标人须是法人或其他组织，自然人不能成为招标人。

法人，是招标投标活动中最为常见的招标人。根据我国《民法通则》规定，法人是具有民事权利能力和民事行为能力，依法独立享有民事权利和承担民事义务的组织。法人应当具备下列条件：①依法成立；②有必要的财产或者经费；③有自己的名称、组织机构和场所；④能够独立承担民事责任。法人包括企业法人、事业单位法人、机关法人和社会团体法人。各种所有制形式的有限责任公司和股份有限公司，国有独资公司，公司以外其他类型的国有企业和集体所有制企业，依法取得法人资格的中外合作经营企业、外资企业以及有独立经费的各级国家机关和依法取得法人资格的事业单位、社会团体等，都具有作为招标人参加招标投标活动的权利能力。

《招标投标法》中规定的其他组织是指除法人以外的其他实体，包括不具备法人资格的联营体、合伙企业、个人独资企业和外国企业以及企业的分支机构等，这些企业和机构也可以作为招标人参加招标投标活动。为了切实保障招标投标活动中各方当事人的权益，出于招标采购的项目通常标的大、投资高、影响范围广、招标人责任较大的考虑，《招标投标法》没有赋予自然人成为招标人的权利。然而，个人投资的项目可以通过依法成立项目公司的方式进行招标采购。

4.2.2 招标条件

《招标投标法》第九条规定，"招标项目按照国家有关规定需要履行项目审批手续的，应当先履行审批手续，取得批准。

招标人应当有进行招标项目的相应资金或者资金来源已经落实，并应当在招标文件中如实载明。"

对以上条款解释如下：

第一，依法必须招标的项目，应当遵守 2004 年《国务院关于投资体制改革的决定》及《国家发展改革委关于改进和完善报请国务院审批或核准的投资项目管理办法》、《企业投资项目核准暂行办法》、《外商投资项目核准暂行管理办法》、《国家发展改革委关于实行企业投资项目备案制指导意见的通知》、《国家发展改革委关于审批地方政府投资项目的有关规定》等相关文件的要求办理审批、核准和备案手续，否则，招标人不得进行招标。同时，依据国家发展和改革委员会 2001 年第 9 号令颁布的《工程建设项目可行性研究报告增加招标内容和核准招标事项暂行规定》、国务院办公厅印发的《关于国务院有关部门实施招标投标活动行政监督的职责分工的意见》和《工程建设项目自行招标试行办法》的规定，凡应报送项目审批部门审批的，必须在报送的项目可行性研究报告中增加有关招标的内容，具体包括：招标范围、招标组织形式、招标方式、招标金额等。❶

《实施条例》第七条规定，"按照国家有关规定需要履行项目审批、核准手续的依法必须进行招标的项目，其招标范围、招标方式、招标组织形式应当报项目审批、核准部门审批、核准。项目审批、核准部门应当及时将审批、核准确定的招标范围、招标方式、招标组织形式通报有关行政监督部门。"

一般来说，国家重点建设项目需由省级人民政府计划主管部门和国务院有关主管部门提出，由国务院计划主管部门批准，有些还需报国务院批准；国家试行的特许权试点项目，由所在省（区、市）的计划部门会同行业主管部门提出项目预可行性研究报告，经行业主管部门初审后由国家发展与计划部门批准，必要时由国家发展与计划部门初审后报国务院审批；地方重点建设项目根据其重要性和规模分别由省级人民政府和省级人民政府的计划主管部门审批。❷

第二，本条第二款的规定是对招标采购项目进行招标投标活动并最终完成招标项目的物质保障。招标项目所需的相应资金或资金来源是否已经到位落实，不仅影响到招标项目的实施，更对投标人以及项目的最终使用人或受益者的利益有着莫大的关系。如果招标人为建设工程招标项目准备的资金得不到保证，那么，投标人为获得中标甚至完成项目而进行的准备工作，投入的人力、物力均有可能付诸东流，不仅会导致项目无法开工或中途停工，更将损害社会公共利益。

我国建设工程领域目前普遍存在的"空手套白狼"项目，即房地产项目开发者，仅持有有限资金，利用招标人的优势地位，在招标过程中要求投标人垫资施工，拖欠工程款，以不确定的销售回款作为工程款的来源，给我国建设工程市场及招标投标制度造成了极大的危害。

第三，根据《实施条例》的相关规定，招标人可以依法对工程以及与工程建设有关的货物、服务全部或者部分实行总承包招标。以暂估价形式包括在总承包范围内的工程、货物、服务属于依法必须进行招标的项目范围且达到国家规定规模标准的，应当依法进行招标。

---

❶ 陈川生、沈力编著《招标投标法律法规解读评析评标专家指南（修订本）》，电子工业出版社，2010 年 5 月出版

❷ 何红锋《招标投标法研究》，南开大学出版社，2004 年 4 月第 1 版

暂估价，是指总承包招标时不能确定价格而由招标人在招标文件中暂时估定的工程、货物、服务的金额。

对技术复杂或者无法精确拟定技术规格的项目，招标人可以分两阶段进行招标。

第一阶段，投标人按照招标公告或者投标邀请书的要求提交不带报价的技术建议，招标人根据投标人提交的技术建议确定技术标准和要求，编制招标文件。第二阶段，招标人向在第一阶段提交技术建议的投标人提供招标文件，投标人按照招标文件的要求提交包括最终技术方案和投标报价的投标文件。

招标人要求投标人提交投标保证金的，应当在第二阶段提出。

4.2.3 招标方式

1. 公开招标与邀请招标

根据《招标投标法》第十条之规定，招标分为公开招标和邀请招标。

（1）公开招标

公开招标也可以称为无限竞争性招标，是指招标人以招标公告的方式邀请不特定的法人或其他组织参加投标，其允许所有符合招标公告或资格预审公告规定条件的潜在投标人参加投标竞争。

（2）邀请招标

邀请招标也可称为有限竞争性招标，是指招标人以投标邀请书的方式邀请特定的法人或其他组织参加投标，即只允许收到招标人发出的投标邀请的潜在投标人参加投标竞争。

2. 邀请招标的情形

《招标投标法》第十一条规定，"国务院发展计划部门确定的国家重点项目和省、自治区、直辖市人民政府确定的地方重点项目不适宜公开招标的，经国务院发展计划部门或者省、自治区、直辖市人民政府批准，可以进行邀请招标。"

对以上规定解释如下：

第一，国务院发展计划部门确定的国家重点项目，是从国家大中型基本建设项目中确定的对国民经济和社会发展有重大影响的重点骨干项目，主要包括：基础设施、基础产业和支柱产业中的大型项目，高科技并能带动行业技术进步的项目，跨地区并对国民经济发展或者区域经济发展有重大影响的项目及对社会发展有重大影响的项目等等。地方重点项目，是指由各省级地方人民政府根据当地的具体情况确定的对当地的经济和社会发展有重大影响的项目。

第二，不适宜公开招标的项目，是指由于项目性质或招标难度等原因无法采用公开招标方式进行采购。如因项目的技术要求复杂或有特殊的专业要求，只有少数几家可供选择的潜在投标人；或者采用公开招标方式采购不符合经济合理性要求的，如因重点项目规模不大，与公开招标所需的费用与时间不成比例，需要通过限制投标者人数来达到节约与效率的目的。

第三，不同类型招标项目则由不同部门审批邀请招标。首先，《实施条例》第八条对于哪些项目可以采用邀请招标作出了明确的规定，"国有资金占控股或者主导地位的依法必须进行招标的项目，应当公开招标；但有下列情形之一的，可以邀请招标：

（一）技术复杂、有特殊要求或者受自然环境限制，只有少量潜在投标人可供选择；

(二)采用公开招标方式的费用占项目合同金额的比例过大。

有前款第二项所列情形,属于《实施条例》第七条(见4.2.2)规定的项目,由项目审批、核准部门在审批、核准项目时作出认定;其他项目由招标人申请有关行政监督部门作出认定。"

例如,《工程建设项目施工招标投标办法》第十一条规定,"全部使用国有资金投资或国有资金投资占控股或者占主导地位的并需审批的工程建设项目的邀请招标,应当经项目审批部门批准,但项目审批部门只审批立项的,由有关行政监督部门审批"。《机电产品国际招标投标实施办法》规定,采用邀请招标方式的项目,应当向商务部备案。

4.2.4 招标组织形式

根据我国《招标投标法》第十二条之规定,招标组织形式分为自行招标与委托招标。"招标人有权自行选择招标代理机构,委托其办理招标事宜。任何单位和个人不得以任何方式为招标人指定招标代理机构。

招标人具有编制招标文件和组织评标能力的,可以自行办理招标事宜。任何单位和个人不得强制其委托招标代理机构办理招标事宜。

依法必须进行招标的项目,招标人自行办理招标事宜的,应当向有关行政监督部门备案。"

对以上条款解释如下:

第一,招标人有权决定是否委托招标代理机构代为招标,有权决定由哪一家招标代理机构代理招标人进行招标。招标人与招标代理机构之间应本着平等自愿的原则建立委托代理关系,签订书面委托合同。2005年,国家工商管理总局和建设部还专门制定印发了《工程建设项目招标代理合同示范文本》以规范建设工程领域的招标代理合同。

任何单位和个人,包括招标人的上级主管部门、领导部门,不得采取包括制定规章、作出行政命令或决定、召开会议、批条子、口头指示等任何方式向招标人进行明示、暗示或施加压力,使招标人被迫委托特定招标代理机构代理招标。

第二,招标人自行编制招标文件和组织评标的,应当具有相应的能力。依据《实施条例》第十条规定,"招标人具有编制招标文件和组织评标能力,是指招标人具有与招标项目规模和复杂程度相适应的技术、经济等方面的专业人员。"工程建设项目招标人自行招标的,依据《工程建设项目自行招标试行办法》第四条之规定,应当具有项目法人资格(或者法人资格);具有与招标项目规模和复杂程度相适应的工程技术、概预算、财务和工程管理等方面专业技术力量;有从事同类工程建设项目招标的经验;设有专门的招标机构或者拥有3名以上专职招标业务人员;熟悉和掌握招标投标法及有关法规规章。

第三,为防止招标人滥用自行招标的权利,在不具备自行招标能力的情况下擅自组织招标,或在招标活动中任意变更招标程序、评标程序或评标标准,《招标投标法》要求必须进行招标项目的招标人自行招标的,应当向有关行政监督部门进行备案,以供备查与纠正。对自愿招标的项目,招标人自行招标的,则无须备案。

随着招标投标市场网络信息化的日益发展以及环保意识的逐渐增强,电子招标投标已经渐渐走入实际的招标投标活动当中。《实施条例》第五条规定,"设区的市级以上地方人民政府可以根据实际需要，建立统一规范的招标投标交易场所，为招标投标活动提供服务。招标投标交易场所不得与行政监督部门存在隶属关系，不得以营利为目的。

国家鼓励利用信息网络进行电子招标投标。"

4.2.5 招标代理机构

1. 招标代理机构概述

《招标投标法》第十三条第一款规定，"招标代理机构是依法设立、从事招标代理业务并提供相关服务的社会中介组织。"在我国，根据服务对象的不同，中介组织可以是企业，也可以是事业单位，比如政府采购中心，承担着国家机关事业单位和社会团体的财政性资金采购，属于非营利事业单位。而在招标投标活动中的招标代理机构应为企业法人，根据法律规定，一般认为招标代理机构为受招标人委托组织进行招标投标活动的代理人，其仍为即代表了发包人，招标代理机构为招标人提供的服务为招标投标活动的咨询服务工作，招标人与招标代理机构之间的法律关系应当属于委托合同法律关系。

根据《招标投标法》第十三条第二款之规定，"招标代理机构应当具备下列条件：（一）具有从事招标代理业务的营业场所和相应资金；（二）有能够编制招标文件和组织评标的相应专业力量；（三）有符合法律法规规定条件、可以作为评标委员会成员人选的技术、经济等方面的专家库。"

关于招标代理机构的执业能力，《实施条例》第十二条规定，"招标代理机构应当拥有一定数量的取得招标职业资格的专业人员。取得招标职业资格的具体办法由国务院人力资源社会保障部门会同国务院发展改革部门制定。"

2. 招标代理机构代理范围

《招标投标法》第十五条规定，"招标代理机构应当在招标人委托的范围内办理招标事宜，并遵守《招标投标法》关于招标人的规定。"招标代理机构接受招标人委托从事招标代理业务，组织招标活动，具体业务活动包括帮助招标人或受其委托拟定招标方案、编制招标文件，依据招标文件的规定，审查投标人的资质，编制招标标底、组织投标人踏勘现场和答疑、组织开标、组织评标和定标、草拟中标合同等等；提供与招标代理业务相关的服务即指提供与招标活动有关的咨询、代书及其他服务性工作。

根据《实施条例》第十三条之规定，"招标代理机构在其资格许可和招标人委托的范围内开展招标代理业务，任何单位和个人不得非法干涉。招标代理机构不得在所代理的招标项目中投标或者代理投标，也不得为所代理的招标项目的投标人提供咨询。"显而易见的是，作为招标代理机构，其当然地不能双方代理或咨询，同时作为重大利害关系人，也不得参与竞标。

关于建设工程招标代理机构编制招标标底，依据2001年《建筑工程施工发包与承包计价管理办法》的规定，结合国家、行业相关标准与实践，建设工程项目施工招标在编制标底时一般应遵循以下规定："①标的价格应当由具有编制招标文件能力的招标人或其委托的具有相应资质的工程造价咨询机构、招标代理机构编制；②根据招标文件和国家公布的统一工程项目划分、统一计量单位、统一计算规则以及图纸，并参照国家制定的基础定额和行业、地方规定的技术标准规范以及要素市场的价格，确定工程量和编制标底价格；③标底的计价内容、计价依据与招标文件的规定一致；④标的价格作为招标单位的期望价，应力求与市场的实际变化吻合，有利于竞争和保证工程质量；⑤标的价格应由成本、利润、税金等组成，一般应控制在批准的总概算及投资包干的限额内；⑥一个工程只能有一个标底；⑦标底必须严格保密，不得泄露。❶"

3. 招标代理机构的权利义务

《实施条例》第十四条规定，"招标人应当与被委托的招标代理机构签订书面委托合同，合同约定的收费标准应当符合国家有关规定。"

招标代理机构接受招标人的委托，代理其进行招标活动，通常具有以下权利：有权收取招标代理费；有权要求招标人对招标工作提供协助；对潜在投标人进行资格审查；可以对已经发出的招标文件进行必要的澄清或者修改；有权拒绝接收投标截止时间后送达的投标文件；有权代替招标人主持开标等。

招标代理机构在完成招标代理工作时，应当严格履行招标程序，维护招标人和投标人的合法权益；依据双方约定完成招标代理工作；不得向他人透露已获取招标文件的潜在投标人的名称、数量以及可能影响招标投标公平性的其他情况；对标底严格保密（如果有）；保证评标过程严格保密；履行其他双方约定的义务。

为了规范工程建设项目招标代理机构的代理活动，2007年3月1日实施的《工程建设项目招标代理机构资格认定办法》规定，"工程招标代理机构在工程招标代理活动中不得有下列行为：（一）与所代理招标工程的招投标人有隶属关系、合作经营关系以及其他利益关系；（二）从事同一工程的招标代理和投标咨询活动；（三）超越资格许可范围承担工程招标代理业务；（四）明知委托事项违法而进行代理；（五）采取行贿、提供回扣或者给予其他不正当利益等手段承接工程招标代理业务；（六）未经招标人书面同意，转让工程招标代理业务；（七）泄露应当保密的与招标投标活动有关的情况和资料；（八）与招标人或者投标人串通，损害国家利益、社会公共利益和他人合法权益；（九）对有关行政监督部门依法责令改正的决定拒不执行或者以弄虚作假方式隐瞒真相；（十）擅自修改经招标人同意并加盖了招标人公章的工程招标代理成果文件；（十一）涂改、倒卖、出租、出借或者以其他形式非法转让工程招标代理资格证书；（十二）法律、法规和规章禁止的其他行为。"

4. 招标代理机构资质

为了促使我国建设工程市场健康有序发展，进一步规范招标代理市场，提高招标代理服务水平，加强对招标代理机构的监督，我国制定了招标代理机构资格认定制度。《招标投标法》第十四条规定，"从事工程建设项目招标代理业务的招标代理机构，其资格由国务院或者省、自治区、直辖市人民政府的建设行政主管部门认定。具体办法由国务院建设行政主管部门会同国务院有关部门制定。从事其他招标代理业务的招标代理机构，其资格认定的主管部门由国务院规定。

招标代理机构与行政机关和其他国家机关不得存在隶属关系或者其他利益关系。"

本条款仅对招标代理机构的管理做出了原则性的规定。《实施条例》规定招标代理机构不得涂改、出租、出借、转让资格证书。而《实施条例》第十一条规定，"招标代理机构的资格依照法律和国务院的规定由有关部门认定。国务院住房城乡建设、商务、发展改

---

❶ 张培忠主编，《建筑与招投标法规教程》，山东人民出版社，2005年8月

革、工业和信息化等部门，按照规定的职责分工对招标代理机构依法实施监督管理。"

例如，针对建设工程领域的招标代理活动，建设部于2007年1月11日颁布了《工程建设项目招标代理机构资格认定办法》，并于同年3月1日起施行，对从事工程的勘察、设计、施工、监理以及与工程建设有关的重要设备（进口机电设备除外）、材料采购招标代理业务的招标代理机构的资格认定进行了具体规定。

申请工程招标代理资格的机构应当具备下列条件：①是依法设立的中介组织，具有独立法人资格；②与行政机关和其他国家机关没有行政隶属关系或者其他利益关系；③有固定的营业场所和开展工程招标代理业务所需设施及办公条件；④有健全的组织机构和内部管理的规章制度；⑤具备编制招标文件和组织评标的相应专业力量；⑥具有可以作为评标委员会成员人选的技术、经济等方面的专家库；⑦法律、行政法规规定的其他条件。

工程招标代理机构等级分为甲级、乙级和暂定级。

甲级招标代理机构，可以承担各类工程的招标代理业务，除具备法律法规规定的招标代理机构的一般条件外，还应具备下列条件：①取得乙级工程招标代理资格满3年；②近3年内累计工程招标代理中标金额在16亿元人民币以上（以中标通知书为依据）；③具有中级以上职称的工程招标代理机构专职人员不少于20人，其中具有工程建设类注册执业资格人员不少于10人（其中注册造价工程师不少于5人），从事工程招标代理业务3年以上的人员不少于10人；④技术经济负责人为本机构专职人员，具有10年以上从事工程管理的经验，具有高级技术经济职称和工程建设类注册执业资格；⑤注册资金不少于200万元。甲级工程招标代理机构资格由国务院建设主管部门认定。

乙级招标代理机构，只能承担工程总投资1亿元人民币以下的工程招标代理业务，除具备一般条件外，还应具备以下条件：①取得暂定级工程招标代理资格满1年；②近3年内累计工程招标代理中标金额在8亿元人民币以上（以中标通知书为依据）；③具有中级以上职称的工程招标代理机构专职人员不少于12人，其中具有工程建设类注册执业资格人员不少于6人（其中注册造价工程师不少于3人），从事工程招标代理业务3年以上的人员不少于6人；④技术经济负责人为本机构专职人员，具有8年以上从事工程管理的经历，具有高级技术经济职称和工程建设类注册执业资格；⑤注册资本金不少于100万元。

新设工程招标代理机构符合法定条件的，即除具备一般条件外，还应具备①中级以上职称的工程招标代理机构专职人员不少于12人，其中具有工程建设类注册执业资格人员不少于6人（其中注册造价工程师不少于3人），从事工程招标代理业务3年以上的人员不少于6人；②技术经济负责人为本机构专职人员，具有8年以上从事工程管理的经历，具有高级技术经济职称和工程建设类注册执业资格；③注册资本金不少于100万元的条件方可以申请暂定级工程招标代理资格，且只能承担工程总投资6000万元人民币以下的工程招标代理业务。

乙级、暂定级工程招标代理机构资格由工商注册所在地的省、自治区、直辖市人民政府建设主管部门认定。

4.2.6 招标公告和投标邀请书

1. 招标公告

招标公告是指招标人采用公开招标方式进行采购，通过公共媒介向所有潜在投标人发出的广泛通告，目的在于使得潜在投标人获得公平竞争的机会。《招标投标法》第十六条规定，"招标人采用公开招标方式的，应当发布招标公告。依法必须进行招标的项目的招标公告，应当通过国家指定的报刊、信息网络或者其他媒介发布。

招标公告应当载明招标人的名称和地址、招标项目的性质、数量、实施地点和时间以及获取招标文件的办法等事项。"

招标人应当保证招标公告内容真实、完整，招标人或招标代理机构的主要负责人应当在招标公告上签名并加盖公章。发布招标公告时，招标人或招标代理机构应向指定的媒体提供营业执照、项目批准文件的复印件等材料。

依法必须进行招标的项目的资格预审公告和招标公告，应当在国务院发展改革部门依法指定的媒介发布。在不同媒介发布的同一招标项目的资格预审公告或者招标公告的内容应当一致。指定媒介发布依法必须进行招标的项目的境内资格预审公告、招标公告，不得收取费用。编制依法必须进行招标的项目的资格预审文件和招标文件，应当使用国务院发展改革部门会同有关行政监督部门制定的标准文本。

招标人终止招标的，应当及时发布公告，或者以书面形式通知被邀请的或者已经获取资格预审文件、招标文件的潜在投标人。已经发售资格预审文件、招标文件或者已经收取投标保证金的，招标人应当及时退还所收取的资格预审文件、招标文件的费用，以及所收取的投标保证金及银行同期存款利息。

为了规范招标公告发布行为，保证潜在投标人平等、便捷、准确地获取招标信息，原国家发展计划委员会制定了《招标公告发布暂行办法》，自2000年7月1日起施行。

2. 投标邀请书

《招标投标法》第十七条第一款规定，"招标人采用邀请招标方式的，应当向三个以上具备承担招标项目的能力、资信良好的特定的法人或者其他组织发出投标邀请书。"投标邀请书应当载明与招标公告相同内容的事项。

在目前我国的招标投标活动实践中，"陪标"现象屡见不鲜，即某一投标人组织其他符合投标条件的投标人（陪标人），以"陪太子读书"的方式，故意把陪标人的投标文件做得漏洞频频、瑕疵百出，甚至导致废标，从而使该组织陪标的投标人最终中标。频发的陪标现象严重违背了招标投标的本质意义，使其流于形式，破坏了招标投标市场的公平竞争环境。这一现象的改善需要我国立法机构加快完善制度建设，监督执法机关加大监督管理力度。

4.2.7 资格审查

《招标投标法》第十八条规定，"招标人可以根据招标项目本身的要求，在招标公告或者投标邀请书中，要求潜在投标人提供有关资质证明文件和业绩情况，并对潜在投标人进行资格审查；国家对投标人的资格条件有规定的，依照其规定。"

1. 资格审查的内容

招标人对投标人进行资格审查，审查内容主要包括：

第一，投标人投标合法性审查，包括投标人主体资格、权利能力、行为能力、经营状态、财产保全情况等；是否曾经有过相互串通投标等违法行为记录；是否正处于被暂停参加投标的处罚期限内等。

第二，对投标人投标能力的审查，主要包括如下几个方面：

①了解投标人的基本情况，即投标人的名称、住所、电话，经营等级和资本，至少近三年的财务状况，正在履行的合同，目前的剩余能力等；②审查投标人的从业经验与信誉，并着重于考察历史业绩和交易评价，以及在招标前一个时期内的专业业绩如何和以往的履约情况等；③审查投标人的财务状况，主要包括其是否具备完成项目所需的充足的流动资金、是否持有或有能力持有招标人认可的商业银行提供的担保文件以及其资产负债情况；④审查投标人的人力资源实力，主要是对投标人承担招标项目的主要人员的学历、从业资格、工作经历、管理经验进行审查，判断其是否配有足够的专业人员具体从事项目的实施；⑤审查完成项目的设备配备情况及技术能力，主要包括其是否具有实施招标项目的相应设备、机械，并是否处于良好的工作状态，是否有技术支持能力等。

2. 资格审查的公平公正原则

由于资格审查的结果可能直接导致潜在投标人投标或中标权利的丧失，因此，假若招标人滥用这一权利，将会直接侵害潜在投标人的合法权益，影响招标的公正性。《招标投标法》第十八条第二款规定，"招标人不得以不合理的条件限制或者排斥潜在投标人，不得对潜在投标人实行歧视待遇。"实践中，有的招标人超过招标项目的自身要求，故意抬高项目的技术指标，从而达到排斥其他潜在投标人而让某一特定的投标人中标的目的；有的招标人在招标预审文件中规定对本地区的潜在投标人和其他地区的投标人适用不同的资格评审标准，造成对其他地区投标人的歧视待遇；还有的招标人不公开资格预审程序和标准，暗箱操作，使资格审查处于不公开不透明的状态。

3. 资格审查方式

招标人对投标人的资格审查可以分为资格预审和资格后审两种方式。

（1）资格预审

资格预审是指招标人在发出招标公告或投标邀请书以前或者开始初期，先发出资格预审的公告或邀请，要求潜在投标人提交资格预审的申请及有关证明资料，对潜在投标人的资质、业绩、信誉、技术、资金等方面进行审查，经资格预审合格的，方可参加正式的投标竞争。招标人采用资格预审办法对潜在投标人进行资格审查的，应当发布资格预审公告、编制资格预审文件。实践中，对于大型或复杂的土建工程或成套设备采购，在正式招标前，一般都采用资格预审的办法确定潜在投标人。例如，联合国《贸易法委员会货物、工程和服务采购示范法立法指南》对资格预审作出说明："资格预审是为了在采购过程的早期阶段剔除资格条件不适合履行合同的供应商和承包商。这种程序可能对于购买复杂或者高价值货物或者工程特别有用，甚至对于价值较低但却涉及高度专业化货物或工程的采购事宜，也可能是很有帮助的。"[1]

资格预审方式通过招标人在招标前对潜在投标人进行筛选，预选出有资格参加投标的人，从而大大减少了招标的工作量，有利于提高招标的工作效率，降低招标成本，也为潜在投标人节约了资金，有利于吸引实力雄厚的投标人前来投标，从而帮助招标人了解潜在投标人对项目投标的兴趣，以便于及时修正招标要求，扩大竞争，选择最为适合的供应商或承包商。因此，资格预审在实践中已成为招标人对投标人进行资格审查的主要方式。

---

[1] 朱建元、金林主编，《政府采购的招标与投标》，人民法院出版社，2000年出版

依据《实施条例》之相关规定,招标人应当按照资格预审公告、招标公告或者投标邀请书规定的时间、地点发售资格预审文件或者招标文件。资格预审文件或者招标文件的发售期不得少于 5 日。招标人发售资格预审文件、招标文件收取的费用应当限于补偿印刷、邮寄的成本支出,不得以营利为目的。招标人应当合理确定提交资格预审申请文件的时间。依法必须进行招标的项目提交资格预审申请文件的时间,自资格预审文件停止发售之日起不得少于 5 日。

资格预审应当按照资格预审文件载明的标准和方法进行。国有资金占控股或者主导地位的依法必须进行招标的项目,招标人应当组建资格审查委员会审查资格预审申请文件。资格审查委员会及其成员应当遵守招标投标法和本条例有关评标委员会及其成员的规定。资格预审结束后,招标人应当及时向资格预审申请人发出资格预审结果通知书。未通过资格预审的申请人不具有投标资格。

通过资格预审的申请人少于 3 个的,应当重新招标。

此外,潜在投标人或者其他利害关系人对资格预审文件有异议的,应当在提交资格预审申请文件截止时间 2 日前提出;对招标文件有异议的,应当在投标截止时间 10 日前提出。招标人应当自收到异议之日起 3 日内作出答复;作出答复前,应当暂停招标投标活动。

(2) 资格后审

资格后审是指招标人在投标人提交投标文件后或经过评标已有中标人选后,再对投标人或中标人选是否有能力履行合同义务进行审查。审查的内容与资格预审的内容是一致的。评标委员会应按照招标文件规定的评审标准和方法对投标人的资格进行审查。对资格后审不合格的投标人,评标委员会应当对其投标作废标处理,不再进行详细评审。

《工程建设项目施工招标投标办法》第十八条规定,"采取资格后审的,招标人应当在招标文件中载明对投标人资格要求的条件、标准和方法。"《工程建设项目货物招标投标办法》第十六条规定,"资格后审一般在评标过程中的初步评审开始时进行。"

4.2.8 招标文件

1. 招标文件的编制及其内容

招标文件是招标投标活动中最重要的法律文件,不仅规定了完整的招标程序,而且还提出了各项具体的技术标准和交易条件,规定了拟订立的合同的主要内容,是投标人准备投标文件和参加投标的依据,评审委员会评标的依据,也是拟订合同的基础。《招标投标法》第十九条规定,"招标人应当根据招标项目的特点和需要编制招标文件。招标文件应当包括招标项目的技术要求、对投标人资格审查的标准、投标报价要求和评标标准等所有实质性要求和条件以及拟签订合同的主要条款。国家对招标项目的技术、标准有规定的,招标人应当按照其规定在招标文件中提出相应要求。招标项目需要划分标段、确定工期的,招标人应当合理划分标段、确定工期,并在招标文件中载明。"《实施条例》第二十五条规定,"招标人应当在招标文件中载明投标有效期。投标有效期从提交投标文件的截止之日起算。"

对以上各条款解释如下:

第一,招标人应当根据招标项目的特点和需要编制招标文件。招标文件中规定的关于招标项目的各项技术指标、标准以及合同条件，直接影响着投标人所报的投标价格，投标价格的高低则决定着本次招标能否本着节约的原则继续进行，同时也在一定程度上对潜在投标人的投标兴趣和承受能力产生影响。

第二，招标文件应写明招标人对投标人的所有实质性要求和条件，其中包括：

①投标须知，写明：招标的资金来源；对投标人的资格要求；资格审查标准；招标文件和投标文件的澄清程序；对投标文件的内容、使用语言的要求；投标报价的具体项目范围及使用币种；投标保证金的规定；投标的程序、截止日期、有效期；开标的时间、地点；投标书的修改与撤回的规定；评标的标准及程序等所有实质性要求。

②如果招标项目是工程建设项目，招标文件中还应包括工程技术说明书，即按照工程类型和合同方式用文字说明工程技术内容的特点和要求，通过附工程技术图纸和设计资格及工程量清单等对投标人提出详细、准确的技术要求。

第三，招标文件中应当包括招标人就招标项目拟签订合同的主要条款。

货物采购合同主要条款包括：采购双方的权利、义务；运输、保险及验收的规定；价格调整程序、付款条件、方式及支付币种的规定；履约保证金的数额、使用币种及支付方式；合同中止、解除的条件及后续处理；解决合同纠纷的程序；违约责任。国际货物买卖还应规定合同适用的法律等等。

对于工程建设项目施工合同，按照国际上广泛采用的"菲迪克条款"的规定，主要内容包括：①一般性规定；②关于工程师和工程师代理的规定；③合同文件和图纸；④承包商应尽义务的规定，包括按合同组织并完成工程、执行工程师多项指令，开工、竣工手续，购置材料，雇佣劳务，按时交足履约保证金，接受业主和工程师的监督及未能如约完成工程进度的处置措施等；⑤承包商因破产而使合同不能执行及违约的处置办法；⑥涉及双方责任的规定，如保险、损失赔偿、工程变更、追加或取消工程、货币及汇率、争端解决等；⑦招标人的责任，包括未如约支付工程费用应负赔偿责任及支付由于招标人的原因导致工程量变更所增加的工程费用等。合同内容因不同的招标内容还应包括各自的特殊条款。

第四，任何一种形式的招标，招标人都应对招标项目提出相应的技术规格和标准，根据招标标的的要求，一般可采用国际或国内公认的标准，如ISO标准、IEC标准、我国的国家标准或行业标准等。

第五，招标人应当合理地划分标段或标包、确定履约期限，必须符合项目施工的科学流程，以节约资金、保证质量为基本前提条件。由于合同履行期限是影响价格的重要因素，也是因迟延履约承担违约责任的重要依据，因此，履约期限要符合实际情况，确保招标项目按期按质完成。招标人决定划分标段招标的，对标段的划分及履约期限的确定应在招标文件中载明，告知投标人。

2. 招标文件内容要求

采用招标采购的主要目的在于通过广泛地发布招标采购信息，争取更多潜在供应商或承包商的竞争，以择优确定最终的合作者。因此，招标文件中的任何内容都不得载有倾向某一或某些特定潜在投标人及排斥其他潜在投标人的歧视性内容。

实践中，某些招标人与投标人相互串通，以在招标文件中提出某些特殊要求的方法，使某些并非最佳人选的投标人甚至使完全不具备承担招标项目能力的投标人中标。如此一来，轻则使招标项目迟延完成，或因质量不符合要求而返工，造成资金的大量浪费，重则在工程、货物交付使用后发生重大质量事故，造成国家财产和人民生命安全的巨大损失。

为维护招标投标的公平竞争性，《招标投标法》第二十条明确规定，"招标文件不得要求或者标明特定的生产供应者以及含有倾向或者排斥潜在投标人的其他内容。"

《实施条例》第二十三条规定，"招标人编制的资格预审文件、招标文件的内容违反法律、行政法规的强制性规定，违反公开、公平、公正和诚实信用原则，影响资格预审结果或者潜在投标人投标的，依法必须进行招标的项目的招标人应当在修改资格预审文件或者招标文件后重新招标。"招标人有下列行为之一的，属于以不合理条件限制、排斥潜在投标人或者投标人：①就同一招标项目向潜在投标人或者投标人提供有差别的项目信息；②设定的资格、技术、商务条件与招标项目的具体特点和实际需要不相适应或者与合同履行无关；③依法必须进行招标的项目以特定行政区域或者特定行业的业绩、奖项作为加分条件或者中标条件；④对潜在投标人或者投标人采取不同的资格审查或者评标标准；⑤限定或者指定特定的专利、商标、品牌、原产地或者供应商；⑥依法必须进行招标的项目非法限定潜在投标人或者投标人的所有制形式或者组织形式；⑦以其他不合理条件限制、排斥潜在投标人或者投标人。

3. 招标文件的澄清与修改

招标人在编制招标文件时，应当尽可能考虑到招标项目的各项要求，并在招标文件中作出相应的规定，力求使所编制的招标文件做到内容准确、完整，含义明确，但有时也难免出现招标文件内容的疏漏或者意思表述不明确、含糊不清的地方或者因情况变化需对已发出的招标文件作必要的修改、调整等情况。在上述情况下，允许招标人对招标文件作必要的修改，这应属对招标人权益的合理保护，也有利于保证招标项目投资的合理和有效使用。允许招标人对已发出的招标文件在遵守法定条件的前提下可作必要的澄清或修改，也是国际上通行的做法，联合国贸易法委员会制定的《采购示范法》、《世界银行信贷采购指南》、《亚洲开发银行贷款采购准则》等也都有类似的规定：

①招标人对于已经发出的招标文件可以进行必要的澄清或者修改。

②招标人如需对招标文件进行必要的澄清或者修改的，应当在招标文件要求提交投标文件截止时间至少 15 日前将澄清和修改内容通知招标文件收受人。

③招标人对已发出的招标文件进行必要的澄清或者修改的，应当以书面形式通知所有招标文件收受人。

④招标人对于已发出的招标文件所进行的澄清或者修改的内容视为招标文件的组成部分，与已发出的招标文件具有同等的效力。

《实施条例》第二十一条规定，招标人可以对已发出的资格预审文件或者招标文件进行必要的澄清或者修改。澄清或者修改的内容可能影响资格预审申请文件或者投标文件编制的，招标人应当在提交资格预审申请文件截止时间至少 3 日前，或者投标截止时间至少 15 日前，以书面形式通知所有获取资格预审文件或者招标文件的潜在投标人；不足 3 日或者 15 日的，招标人应当顺延提交资格预审申请文件或者投标文件的截止时间。

4. 招标文件的发售

招标人应当按照资格预审公告、招标公告或者投标邀请书规定的时间、地点发售资格预审文件或者招标文件。资格预审文件或者招标文件的发售期不得少于 5 日。招标人发售资格预审文件、招标文件收取的费用应当限于补偿印刷、邮寄的成本支出，不得以营利为目的。

5. 投标保证金

投标保证金，是指投标人按照招标文件的要求向招标人出具的，以一定金额表示的投标责任担保，用以保证投标人投标被接受后对其投标书中规定的责任不得撤销或者反悔。否则，招标人将有权对投标保证金予以没收。

《实施条例》第二十六条规定，"招标人在招标文件中要求投标人提交投标保证金的，投标保证金不得超过招标项目估算价的2％。投标保证金有效期应当与投标有效期一致。依法必须进行招标的项目的境内投标单位，以现金或者支票形式提交的投标保证金应当从其基本账户转出。招标人不得挪用投标保证金。"

4.2.9 组织踏勘

为使投标人更好地了解招标工程建设项目，组织投标人进行现场踏勘可以更为直观地观察项目实施场地和周围环境情况，以获取更多更准确的信息并据此做出投标策略和报价决定。投标人在拿到招标文件后对项目实施现场进行踏勘，还可以针对招标文件中的有关规定和数据进行详细的测量、核对，询问招标人，以使投标文件更加符合招标文件的要求。

《招标投标法》第二十一条规定，"招标人根据招标项目的具体情况，可以组织潜在投标人踏勘项目现场。"

所谓"现场踏勘"主要包括项目现场勘测及相关市场调查两个方面。踏勘人员可以由报价技术人员、负责项目实施的经理及投标单位领导决策人员组成。通过现场踏勘，投标人通常要达到以下目的：①掌握现场的自然地理条件包括气象、水文、地质等情况及这些因素对项目实施的影响；②了解现场所在地材料的供应品种及价格、供应渠道，设备的生产、销售情况；③了解现场所在地的空运、海运、河运、陆运等交通运输及运输工具买卖、租赁的价格等情况；④掌握当地的人工工资及附加费用等影响报价的情况；⑤现场的地形、管线设置情况，水、电供应情况，三通一平情况等等；⑥国际招标还应了解项目实施所在国的政治、经济现状及前景，有关法律、法规规定等情况。

同时，《实施条例》第二十八条规定，"招标人不得组织单个或者部分潜在投标人踏勘项目现场。"

4.2.10 保密义务

招标投标是一种市场经济条件下的订约前置行为，招标人和投标人作为交易双方，各自都有不同的经济利益。作为竞争对手的投标人之间更存在着利益冲突。这些利益冲突将集中体现在价格之上。比如，招标人的目的在于通过招标过程中的竞争，选择到质量最好，效益最高，价格最低的项目承办人，而投标人则希望自己所报价格既能获得招标人的满意而中标，又能为自己带来较多的利润。投标人为实现自己的目的进行正当的投标竞争，是法律所提倡并予以保护的。然而，现实中依然存在一些采取不正当的手段进行投标竞争，例如，部分投标人联合串通投标，使投标价格的竞争受到限制；有些投标人为瓜分某一招标领域的市场，通过在价格上串通，联手促使某一投标人中标，甚至在某一区域或领域形成群体垄断、轮流坐庄的局面等。采取不正当手段进行竞争的投标人往往要千方百计地了解公开信息以外的其他信息，比如潜在投标人的名称、数量，探听招标项目的标底等，以达到串通投标的目的。一旦这些信息泄露，势必给不正当竞争者造成可乘之机，一方面会损害招标人的利益，使招标活动难以达到预期的目的，另一方面也会因不公平竞争而使正当竞争的投标人在招标中处于不利的地位，进而遭受利益损失。

因此，招标人在招标过程中应履行法定保密义务，包括：

第一，招标人不得向他人透露已获取招标文件的潜在投标人的名称、数量以及可能影响公平竞争的有关招标投标的其他情况。其中"招标人"包括招标单位、招标代理机构和参与招标工作的所有知情人员；"他人"指任何人。对可能影响公平竞争的信息予以保密是招标人的法定义务，招标人不得违反。我国目前绝大多数大型招标项目所使用的资金均为国有资金，因此规定招标人的信息保密义务对规范招标人行为、保证招标质量、维护国家的根本利益更具有重要意义。

第二，招标人设有标底的，标底必须保密。《实施条例》第二十七条规定，招标人可以自行决定是否编制标底。一个招标项目只能有一个标底且标底必须保密。接受委托编制标底的中介机构不得参加受托编制标底项目的投标，也不得为该项目的投标人编制投标文件或者提供咨询。招标人设有最高投标限价的，应当在招标文件中明确最高投标限价或者最高投标限价的计算方法。招标人不得规定最低投标限价。标底即招标项目的底价，是招标人发包工程、采购货物、采购服务的预算。如果投标人的投标报价超出了标底限额幅度过大，则不能获得中标。当标底处于保密状态时，所有投标人都处于平等的竞争地位，各自能根据自己的情况提出自己的投标报价。而一旦标底被部分投标人掌握，则该投标人可以根据标底情况将报价订得高出标底一个合理的幅度，还仍然能保证很高的中标概率，从而增加未来的收益。这对其他投标人来说，显然是不公平的。

4.3 投标

4.3.1 投标人

1. 投标人概述

《招标投标法》第二十五条规定，"投标人是响应招标、参加投标竞争的法人或者其他组织。

依法招标的科研项目允许个人参加投标的，投标的个人适用本法有关投标人的规定。"

投标人参加依法必须进行招标的项目的投标，不受地区或者部门的限制，任何单位和个人不得非法干涉。可以参加招标项目投标竞争的主体包括以下三类：

（1）法人

参加投标竞争的法人应为企业法人或事业单位法人。法人组织对招标人通过招标公告、投标邀请书等方式发出的要约邀请作出响应，直接参加投标竞争的（具体表现为按照招标文件的要求向招标人递交了投标文件），即成为《招标投标法》所称的投标人。

（2）法人以外的其他组织

这类组织是指经合法成立、有一定的组织机构和财产，但又不具备法人资格的组织，主要包括合伙企业，合伙型联营企业，不具有法人资格的中外合作经营企业、外资企业，法人依法设立的分支机构等。上述组织成为投标人也需要具备相应招标、参加投标竞争的条件。

（3）个人

即《民法通则》规定的自然人（公民）。个人作为投标人，只限于科研项目依法进行招标的情况。从实践中看，对科学技术研究和开发项目的招标，除可以由科研机构等单位参加投标外，有些科研项目的依法招标活动，允许由科研人员或者其组成的课题组参加投标竞争，也是很有必要的。个人参加依法进行的科研项目招标的投标的，"适用本法有关投标人的规定"，即个人在参加依法招标的科研项目时享有《招标投标法》规定的投标人权利，同时应履行《招标投标法》规定的投标人的义务。

《实施条例》第三十四条规定，与招标人存在利害关系可能影响招标公正性的法人、其他组织或者个人，不得参加投标。单位负责人为同一人或者存在控股、管理关系的不同单位，不得参加同一标段投标或者未划分标段的同一招标项目投标。违反前两款规定的，相关投标均无效。

2. 投标人条件

为了保证招标项目的顺利实施，维护招标人、项目使用人以及国家、社会利益，不具备相应投标资格条件的承包商、供应商不能参加有关招标项目的投标。招标人也应当依据招标文件、《招标投标法》及其相关规定，对投标人进行必要的资格审查，不具备规定资格条件的投标人，不能中标。

《招标投标法》第二十六条规定，"投标人应当具备承担招标项目的能力；国家有关规定对投标人资格条件或者招标文件对投标人资格条件有规定的，投标人应当具备规定的资格条件。"

对以上条款解释如下：

第一，投标人应当具备承担招标项目的能力是指投标人在资质、资金、技术、人员、装备等方面，要具备与完成招标项目的需要相适应的能力或者条件。例如，轨道交通建设施工项目的投标人，应当具备承担轨道交通施工的相应资质和能力。

第二，国家有关规定对投标人资格条件或者招标文件对投标人资格条件有规定的，投标人应当具备规定的资格条件。例如，《建筑法》第十二条、第十三条规定，"从事建筑活动的建筑施工企业、勘察单位、设计单位和工程监理单位，应当具备下列条件：（一）有符合国家规定的注册资本；（二）有与其从事的建筑活动相适应的具有法定执业资格的专业技术人员；（三）有从事相关建筑活动所应有的技术装备；（四）法律、行政法规规定的其他条件。""从事建筑活动的建筑施工企业、勘察单位、设计单位和工程监理单位，按照其拥有的注册资本、专业技术人员、技术装备和已完成的建筑工程业绩等资质条件，划分为不同的资质等级，经资质审查合格，取得相应等级的资质证书后，方可在其资质等级许可的范围内从事建筑活动。"

建设部发2007年9月1日实施的《建筑业企业资质管理规定》，对从事土木工程、建筑工程、线路管道设备安装工程、装修工程的新建、扩建、改建等活动的企业资质进行了规定。建筑业企业资质分为施工总承包、专业承包和劳务分包三个序列。

①取得施工总承包资质的企业（以下简称施工总承包企业），可以承接施工总承包工程。施工总承包企业可以对所承接的施工总承包工程内各专业工程全部自行施工，也可以

将专业工程或劳务作业依法分包给具有相应资质的专业承包企业或劳务分包企业。

②取得专业承包资质的企业（以下简称专业承包企业），可以承接施工总承包企业分包的专业工程和建设单位依法发包的专业工程。专业承包企业可以对所承接的专业工程全部自行施工，也可以将劳务作业依法分包给具有相应资质的劳务分包企业。

③取得劳务分包资质的企业（以下简称劳务分包企业），可以承接施工总承包企业或专业承包企业分包的劳务作业。

施工总承包资质、专业承包资质、劳务分包资质序列按照工程性质和技术特点分别划分为若干资质类别。各资质类别按照规定的条件划分为若干资质等级。建筑业企业资质等级标准和各类别等级资质企业承担工程的具体范围，由国务院建设主管部门会同国务院有关部门制定。

4.3.2 投标文件

1. 编制投标文件的要求

根据《招标投标法》第二十七条之规定，投标人编制投标文件应符合下列要求：

第一，投标人应按照招标文件的要求编制投标文件。招标文件是由招标人编制并发出的希望投标人向自己发出要约的意思表示，从合同法的角度上看，招标文件的性质应属于要约邀请。招标文件通常应包括如下内容：编制投标书的说明；投标人的资格条件；投标人需要提交的资料；招标项目的技术要求；投标的价格；投标人提交投标文件的方式、地点、截标的具体日期；对投标担保的要求；评标标准；与投标人联系的具体地址和人员等。投标人只有按照招标文件载明的要求编制自己的投标文件，实质性响应招标文件的要求，才能增加中标的可能性。

第二，投标文件应当对招标文件提出的实质性要求和条件作出响应。这是指投标文件的内容应当对招标文件规定的实质要求和条件（包括招标项目的技术要求、投标报价要求和评标标准等）一一作出相对应的回答，不能存有遗漏或重大的偏离，否则将被视为废标，失去中标的可能。

第三，编制工程建设项目施工投标文件，除符合上述两项基本要求外，还应当包括：拟派出的项目负责人和主要技术人员的简历；近3年承建工程建设施工项目的业绩；拟用于完成招标项目的机械设备；近两年的财务会计报表及下一年的财务预测报告等投标人的财务状况；全体员工人数特别是技术员工数量；现有的主要施工任务，包括在建或者尚未开工的工程；工程计划进度等。

第四，投标人根据招标文件载明的项目实际情况，拟在中标后将中标项目的部分非主体、非关键性工作进行分包的，应当在投标文件中载明。

2. 投标文件的补充、修改与撤回

从《合同法》的角度分析，在以招标投标方式订立合同过程中，投标人发出投标报价应当属于要约行为。投标文件是投标人希望与招标人订立合同的意思表示，依据《招标投标法》规定，投标人有权补充、修改或者撤回投标文件。

《招标投标法》第二十九条之规定，"投标人在招标文件要求提交投标文件的截止时间前，可以补充、修改或者撤回已提交的投标文件，并书面通知招标人。补充、修改的内容为投标文件的组成部分。"

根据《合同法》规定，"撤回要约的通知应当在要约到达受要约人之前或者与要约同时到达受要约人"。而依据《招标投标法》第二十九条规定，投标人只要是"在招标文件要求提交投标文件的截止时间前"撤回投标文件就属于合法有效，也就是说，投标人撤回投标文件，不完全受《合同法》关于"撤回要约的通知应当在要约到达受要约人之前或者与要约同时到达受要约人"规定的限制。因为投标人的投标虽然可能在规定的时间前送达招标人，但依据《招标投标法》的规定，在招标文件规定的提交投标文件的截止时间前，招标人不得开启投标文件，因此，招标人尚未知晓投标文件的内容，不会受到投标文件内容的影响，此时应当允许投标人补充、修改或者撤回投标文件。这对招标人和其他投标人也并无不利影响，反而体现了对投标人意志的尊重，增加投标竞争的实际意义。

《实施条例》第三十五条规定，"投标人撤回已提交的投标文件，应当在投标截止时间前书面通知招标人。招标人已收取投标保证金的，应当自收到投标人书面撤回通知之日起5日内退还。投标截止后投标人撤销投标文件的，招标人可以不退还投标保证金。"

《实施条例》的第三十六条规定，"未通过资格预审的申请人提交的投标文件，以及逾期送达或者不按照招标文件要求密封的投标文件，招标人应当拒收。"

招标人应当如实记载投标文件的送达时间和密封情况，并存档备查。

投标人补充、修改或撤回投标文件的，应当以书面形式通知招标人。需要注意的是，《合同法》并没有对通知形式作出具体的要求，因此，可以依据《合同法》关于"通知"的规定，将通知方式理解为可以采取口头形式，也可采取书面形式；而《招标投标法》对此作出了限制性的要求，即投标人必须以书面形式通知招标人。补充、修改的内容同投标文件的其他内容具有同等的法律效力，投标人应受补充、修改的投标文件的内容的约束。

4.3.3 投标有效期

1. 编制投标文件的期限

依法必须招标的项目的招标人应当确定投标人编制投标文件所需要的合理时间。投标人在获取招标文件后，需要一定的时间组织专业技术人员编制投标文件。如果从招标文件开始发出之日起至招标文件规定的投标人提交投标文件截止之日止的时间过短，则可能会造成部分投标人因来不及编制投标文件而不得不放弃参加投标竞争，这对保证投标竞争的广泛性和竞争性显然是不利的，也不符合招标采购的初衷。相反，如果投标人编制投标文件的时间过长，则会导致拖延招标采购的进程，对招标人的利益造成损害。根据招标项目的性质不同、规模不同、复杂程度不同，投标人编制投标文件所需的合理时间也不尽相同，法律法规不可能对此作出具体的统一规定。这就需要由招标人或招标代理机构根据招标项目的具体情况在招标文件中作出合理的规定。从保证法定强制招标项目投标竞争的广泛性出发，《招标投标法》第二十四条对各类法定强制招标项目的投标人编制投标文件的最短时间作了限制性规定，即自招标文件开始发出之日起至投标人提交投标文件截止之日止，最短不得少于20日，且从第一份招标文件开始发出之日起算，而不是指向每一个别投标人发出招标文件之日。

2. 送达投标文件

《招标投标法》第二十八条规定，"投标人应当在招标文件要求提交投标文件的截止时间前，将投标文件送达投标地点。招标人收到投标文件后，应当签收保存，不得开启。投标人少于三个的，招标人应当依照本法重新招标。

在招标文件要求提交投标文件的截止时间后送达的投标文件，招标人应当拒收。"

（1）关于送达方式

一般情况下，送达包括派人直接将投标文件送到招标文件规定的接收投标文件的地点（直接送达）、通过邮局或快递物流公司将投标文件寄给招标人（邮寄送达）、委托他人将投标文件交到招标文件规定的接收投标文件的地点（委托送达）等方式。以上这些方式中，从投标的严肃性和安全性来讲，直接送达方式更为适宜与稳妥。

（2）关于送达要求

根据《招标投标法》第二十八条第一款的规定，送达的基本要求包括两个方面：①投标文件应当按照招标文件要求的时间送达，即在招标文件要求提交投标文件的截止时间前送达。如招标人在招标文件发出后，由于某种原因需要改变原定的提交投标文件的截止时间时（应只限于延长而不得缩短），并已按照《招标投标法》第二十三条之规定以书面方式通知招标文件的所有收受人的，送达投标文件的截止时间即可变更为改变后的时间。②投标文件应当按照招标文件要求的地点送达，也就是在招标文件规定的时间内将投标文件送达招标文件预先确定的投标地点。

（3）关于送达签收

投标人将投标文件按照招标文件规定的时间、地点送达以后，招标人应当签收。签收时应有签收的书面证明，列有签收的时间、地点、具体的签收人、签收的包数和密封状况等，同时直接送达的送达人也应当签字。签收人签收时一般要检查投标人送达的投标文件是否按照招标文件的要求进行了密封和加写了标志，如果没有按照要求密封和加写标志的，招标人或者招标代理机构应予拒收，或者告知投标人招标人不承担投标文件提前开封的责任，以防给以后的开标、评标带来不必要的争议。招标人签收后，应当妥善保存投标文件，直至开标前不得启封。

（4）关于重新招标

提交投标文件的截止日期届满后，投标人少于三个的，招标人应当重新招标。这里需要说明的是，《招标投标法》规定的"投标人少于三个"，是指两个、一个或者没有的情况，不包括三个本数。因投标人少于三个而进行重新招标的情形，应从以下几个方面理解：①通过资格预审的潜在投标人不足三个的；②在投标截止时间之前，提交投标文件的投标人少于三个人的；③同意延长投标有效期的投标人少于三个的；④评标委员会否决不合格投标或者界定为废标的投标文件后，有效投标不足三个，而明显缺乏竞争，导致否决全部投标的。

提交投标文件的截止日期届满后，投标人少于三个的，不能保证必要的竞争程度，原则上应当重新招标。如果确因招标项目的特殊情况，即使重新进行招标，也无法保证有三个以上的承包商、供应商参加投标的，可按国家有关规定采取其他采购方式。

（5）关于送达拒收

根据《招标投标法》第二十八条第二款的规定，投标人送达投标文件时已经超过了招标文件所确定的提交投标文件的截止时间，招标人应当拒收。主要原因在于：一方面投标人超过规定的时间送达投标文件，过错属于投标人，由此产生的不利法律后果当然由过错人自行承担；另一方面，开标的时间应与提交投标文件的截止时间相一致，如果在开标后仍允许接收迟交的投标文件，则可能会给蓄意投机的投标人在掌握了已开标的其他投标人的投标的情况后再对己方的投标文件进行修改留下可乘之机，这显然是有悖于招标投标活动的公平公正原则的。

4.3.4 联合体投标

《招标投标法》第三十一条规定，"两个以上法人或者其他组织可以组成一个联合体，以一个投标人的身份共同投标。

联合体各方均应当具备承担招标项目的相应能力；国家有关规定或者招标文件对投标人资格条件有规定的，联合体各方均应当具备规定的相应资格条件。由同一专业的单位组成的联合体，按照资质等级较低的单位确定资质等级。

联合体各方应当签订共同投标协议，明确约定各方拟承担的工作和责任，并将共同投标协议连同投标文件一并提交招标人。联合体中标的，联合体各方应当共同与招标人签订合同，就中标项目向招标人承担连带责任。

招标人不得强制投标人组成联合体共同投标，不得限制投标人之间的竞争。"

1. 联合体投标概述

《实施条例》第三十七条规定，"招标人应当在资格预审公告、招标公告或者投标邀请书中载明是否接受联合体投标。招标人接受联合体投标并进行资格预审的，联合体应当在提交资格预审申请文件前组成。资格预审后联合体增减、更换成员的，其投标无效。联合体各方在同一招标项目中以自己名义单独投标或者参加其他联合体投标的，相关投标均无效。"

本条规定应从以下几个方面理解：

第一，联合体承包的联合各方可以为法人或者法人之外的其他组织，其组织形式可以是两个以上法人组成的联合体、两个以上非法人组织组成的联合体、或者是法人与其他组织组成的联合体。

第二，联合体是联合各方为共同投标并在中标后共同完成中标项目而组成的临时性组织，不具有法人资格。如果投标人属于长期合资经营的合资公司、合伙企业等法人或其他组织形式的"联合体"，则不属于《招标投标法》所称的联合体。组成投标联合体的目的是增强投标竞争能力，弥补联合各方技术力量的相对不足，提高共同完成项目的可靠性与经济性，同时还可分散联合体各方的投标风险。

第三，联合体的组成应完全取决于联合各方的意愿，是属于各方自愿的共同的一致的法律行为，招标人不能强迫投标人组成联合体共同投标。联合各方在以联合体名义投标之前应当签订联合体协议。

第四，联合体对外"以一个投标人的身份共同投标"。联合体虽然不是一个法人组织，但是对外投标应以所有组成联合体各方的共同的名义进行，不能以其中一个主体或者两个主体（多个主体的情况下）的名义进行，即由联合体各方"共同与招标人签订合同"。

2. 联合体投标的条件

根据《招标投标法》之规定，联合体投标的各方应具备一定的条件，主要包括：

第一，联合体各方均应具备承担招标项目的相应能力，这是对于联合体投标各方的基本要求。所谓"承担招标项目的相应能力"，是指完成招标项目所需要的技术、资金、设备、管理等方面的能力。不具备承担招标项目的相应能力的各方组成的联合体，招标人不得确定其为中标人。

第二，国家有关规定或者招标文件对投标人资格条件有规定的，联合体各方均应当具备规定的相应资格条件。为了保证"联合体各方均应具备承担招标项目的相应能力"的规定得以落实，《招标投标法》对联合体投标各方作出了进一步规定。所谓投标人的"资格条件"分为两类：第一类是"国家有关规定"确定的资格条件，主要包括三个方面：即《招标投标法》和其他有关法律的规定，比如《招标投标法》第二十六条的规定；行政法规的规定；国务院有关行政主管部门的规定。第二类是招标文件规定的投标人资格条件，招标文件要求的条件一般应包括国家规定的基本条件和国家规定的条件以外的其他特殊条件。关于投标人的"资格条件"，《招标投标法》第二十六条已有具体的规定，而第三十一条又继续强调关于投标人资格条件规定的目的在于，不能因为投标人以联合体形式投标，就降低对投标人的要求，因此，本规定对招标人和投标人均具有约束力。

第三，由同一专业的单位组成的联合体，按照资质等级较低的单位确定资质等级，目的是防止投标联合体中资质等级较低的一方借用资质等级较高的一方的名义取得中标人资格，造成中标后不能保证招标采购的货物或建设工程项目的质量，乃至影响到整个项目的价值以及对社会公共利益造成损害。

3. 联合体投标的内外部关系

（1）内部关系

联合体投标的内部关系以协议的形式确定。联合体各方在确定组成共同投标的联合体时，应当依据《招标投标法》和《合同法》的相关规定，以书面形式订立联合投标协议。通常情况下，联合投标协议内容应当主要包括两项特殊要求：一项是应在联合投标协议中约定联合体各方拟承担的具体工作；另一项是联合体各方应承担的责任，主要目的在于区分联合各方在中标后对中标项目有什么样的权利、义务和违反义务后应当承担的责任等内容。前述两项特殊要求均应在联合投标协议中明确约定。

（2）外部关系

共同投标的联合体的对外关系主要包括两个方面：第一，中标的联合体各方应当共同与招标人签订中标合同。所谓共同签订中标合同，是指联合体各方均应参加合同的订立，并应在合同书上签字或者盖章。第二，"就中标项目向招标人承担连带责任"，包括两层含义：一是指在同一类型的债权、债务关系中，联合体的任何一方均有义务履行招标人提出的债权要求。二是指招标人可以要求联合体的任何一方履行全部的义务，被要求的一方不得以"内部订立的权利义务关系"为由而拒绝履行。当然，就联合体的内部关系上来讲，代他人履行义务的一方，仍有求偿权，即依据联合体内部的约定，要求其他联合体投标人承担其按照联合投标协议约定应当承担的义务和债务。

4.3.5 投标限制性规定

对投标的限制分为对投标人的限制和对投标行为的限制。对投标人的限制，在《实施条例》第三十四条明确作出了规定，即对于与招标人有利害关系的投标人在影响投标公正性的前提下，对于单位负责人为同一人的投标人以及对于存在控股和管理关系的投标人等作出了投标限制的规定。对于投标行为的规范，法律法规的规定非常多，具体有：

1. 禁止串通投标

《招标投标法》第三十二条规定,"投标人不得相互串通投标报价,不得排挤其他投标人的公平竞争,损害招标人或者其他投标人的合法权益。

投标人不得与招标人串通投标,损害国家利益、社会公共利益或者他人的合法权益。

禁止投标人以向招标人或者评标委员会成员行贿的手段谋取中标。"

我国《反不正当竞争法》第十五条规定,"投标者不得串通投标,抬高标价或者压低标价。投标者和招标者不得相互勾结,以排挤竞争对手的公平竞争。"

对以上规定解释如下:

第一,投标人不得相互串通投标报价,不得排挤其他投标人的公平竞争,损害招标人或者其他投标人的合法权益。例如,国家工商行政管理局 1998 年 1 月发布的《关于禁止串通招标投标行为的暂行规定》第二条规定,"串通招标投标,是指招标者与投标者之间或者投标者与投标者之间采用不正当手段,对招标投标事项进行串通,以排挤竞争对手或者损害招标者利益的行为。"所谓"投标人相互串通投标报价"是指投标人彼此之间以口头或者书面的形式,就投标报价的形式互相通气,共享信息以达到避免相互竞争,共同损害招标人利益的行为。其行为方式主要包括以下情况:投标者之间相互约定,一致抬高或者压低投标报价;投标者之间相互约定,在招标项目中轮流以高价位或者低价位中标;投标者之间先进行内部竞价,内定中标人,然后再参加投标;投标者之间其他串通投标行为。

第二,投标人不得与招标人串通投标,损害国家利益、社会公共利益或者他人的合法权益。投标人"与招标人串通投标",是指投标人与招标人在招标投标活动中,以不正当的手段从事私下交易致使招标投标流于形式,共同损害国家利益、社会公共利益或者他人的合法权益的行为。依据国家工商行政管理局《关于禁止串通招标投标行为的暂行规定》第四条之规定,投标人与招标人相互勾结,以排挤竞争对手的行为主要包括以下情况:①招标者在公开开标前,开启标书,并将投标情况告知其他投标者,或者协助投标者撤换标书,更改报价;②招标者向投标者泄露标底;③投标者与招标者商定,在招标投标时压低或者抬高标价,中标后再给投标者或者招标者额外补偿;④招标者预先内定中标者,在确定中标者时以此决定取舍;⑤招标者和投标者之间其他串通招标投标行为。

为此,《实施条例》第三十九条至第四十一条规定,"禁止投标人相互串通投标。有下列情形之一的,属于投标人相互串通投标:(一)投标人之间协商投标报价等投标文件的实质性内容;(二)投标人之间约定中标人;(三)投标人之间约定部分投标人放弃投标或者中标;(四)属于同一集团、协会、商会等组织成员的投标人按照该组织要求协同投标;(五)投标人之间为谋取中标或者排斥特定投标人而采取的其他联合行动。"

"有下列情形之一的,视为投标人相互串通投标:(一)不同投标人的投标文件由同一单位或者个人编制;(二)不同投标人委托同一单位或者个人办理投标事宜;(三)不同投标人的投标文件载明的项目管理成员为同一人;(四)不同投标人的投标文件异常一致或者投标报价呈规律性差异;(五)不同投标人的投标文件相互混装;(六)不同投标人的投标保证金从同一单位或者个人的账户转出。"

"禁止招标人与投标人串通投标。有下列情形之一的,属于招标人与投标人串通投标:(一)招标人在开标前开启投标文件并将有关信息泄露给其他投标人;(二)招标人直接或者间接向投标人泄露标底、评标委员会成员等信息；（三）招标人明示或者暗示投标人压低或者抬高投标报价；（四）招标人授意投标人撤换、修改投标文件；（五）招标人明示或者暗示投标人为特定投标人中标提供方便；（六）招标人与投标人为谋求特定投标人中标而采取的其他串通行为。"

2. 禁止投标行贿

《招标投标法》第三十二条明文规定，"禁止投标人以向招标人或者评标委员会成员行贿的手段谋取中标。"《招标投标法》规定的"行贿"，是指投标人以谋取中标为目的，给予招标人（包括其工作人员）或者评标委员会成员财物（包括有形财物和其他好处）的行为。

通过行贿获取中标的行为直接破坏了招标投标活动公平竞争的基本法则和目的，损害了其他投标人的利益。由于投标人以行贿方式获取的项目多为全部或部分利用国有资金投资的大额项目，这种贪腐行为无疑将损害国家利益和社会公共利益。为此，法律严格禁止此类行为，违反本条规定的相关责任者将依法承担相应的法律责任。

3. 禁止低于成本竞标

《招标投标法》第三十三条规定，"投标人不得以低于成本的报价竞标。"法律规定投标人不得以低于成本的报价竞标，主要出于两方面的因素：第一，为了避免某些投标人盲目地以低于成本的报价中标，此后为挽回其低价中标的损失，在履约过程中采用以次充好、滥竽充数、粗制滥造、偷工减料等违法手段降低成本，给货物或工程质量造成极大隐患，进而危害招标人或使用人的利益；第二，为了维持正常的招标投标活动的竞争秩序，防止产生投标人以低于其成本的报价进行不正当竞争，损害其他以合理报价进行竞争的投标人的利益。所谓"低于成本"，是指低于投标人为完成招标项目所需支出的个别成本。由于每个投标人的企业规模、资金实力、管理水平、技术能力及相关履约条件存在着不同情况，即使完成同样的招标项目，不同的投标人的个别成本也不可能完全相同。管理水平越高、技术越先进的投标人，其生产、经营成本越低，有条件以较低的报价参加投标竞争，这是其竞争实力强的表现。竞争实力较弱的投标人，应不断提升管理水平与业务能力，不得以恶意低价中标的方式，干扰招标投标活动，阻碍其他投标人中标。

4. 禁止虚假竞标

《招标投标法》第三十二条规定，"投标人不得以他人名义投标或者以其他方式弄虚作假，骗取中标。"

在招标投标活动的实践中，"以他人名义投标"多表现为一些不具备法定的或者投标文件规定的资格条件的单位或者个人，采取"挂靠"甚至直接冒名顶替的方法，以其他具备资格条件的企业、事业单位的名义进行投标竞争。这些行为严重扰乱了招标投标的正常秩序和竞争环境，损害了招标人的利益。如果"以他人名义"投标的投标人中标，其管理能力、技术能力及履约能力的缺陷将会严重影响中标项目的质量，不仅损害招标人的利益，更会给国家利益和社会公共利益造成危害。

所谓"以其他方式弄虚作假，骗取中标"，主要包括现实中存在的提交虚假的营业执照以及虚假的资格证明文件，如伪造资质证书；虚报资质等级、虚报曾完成的工作业绩等弄虚作假的情况。招标投标活动中任何形式的弄虚作假行为都严重违背法律规定的诚实信用的基本原则，破坏了招标投标活动的正常秩序，使其不能达到遴选中标人的基本目的，使之丧失了招标投标存在的现实意义。

为此,《实施条例》第四十二条规定,"使用通过受让或者租借等方式获取的资格、资质证书投标的,属于招标投标法第三十三条规定的以他人名义投标。"

投标人有下列情形之一的,属于招标投标法第三十三条规定的以其他方式弄虚作假的行为:

①使用伪造、变造的许可证件;
②提供虚假的财务状况或者业绩;
③提供虚假的项目负责人或者主要技术人员简历、劳动关系证明;
④提供虚假的信用状况;
⑤其他弄虚作假的行为。"

4.4 开标、评标和中标

4.4.1 开标

1. 开标时间和地点

(1) 开标时间

《招标投标法》第三十四条规定,"开标应当在招标文件确定的提交投标文件截止时间的同一时间公开进行。"《实施条例》第四十四条规定,"招标人应当按照招标文件规定的时间、地点开标。投标人少于3个的,不得开标;招标人应当重新招标。投标人对开标有异议的,应当在开标现场提出,招标人应当当场作出答复,并制作记录。"

开标时间应当在提供给所有投标人的招标文件中事先确定,以使所有投标人都能事先知道开标的准确时间,计划投标工作进度,以便届时参加开标,并确保开标过程的公开、透明。

开标时间应与提交投标文件的截止时间相一致。《招标投标法》将开标时间规定为提交投标文件截止时间的同一时间,目的在于防止招标人或者投标人利用提交投标文件的截止时间以后与开标时间之前的一段时间差进行暗箱操作。比如,投标人可能会利用这段时间差与招标人或招标代理机构相互串通,对其投标文件的实质性内容进行更改等。关于开标的具体时间,实践中可能会有两种情况:第一,如果开标地点与接受投标文件的地点相一致,则开标时间与提交投标文件的截止时间应一致;第二,如果开标地点与提交投标文件的地点不一致,则开标时间与提交投标文件的截止时间应有合理的间隔。《招标投标法》关于开标时间的规定,与国际通行做法大体是一致的。如联合国《贸易法委员会货物、工程和服务采购示范法》规定,开标时间应为招标文件中规定作为投标截止日期的时间,即应在提交标书的最后截止日公开开标。《世界银行采购指南》规定,开标时间应该和招标通告中规定的截标时间相一致或随后马上宣布。其中"马上"一词的含义可以理解为,当提交投标文件的地点和开标地点不一致时,应当留出合理的时间把投标文件运送到公开开标的地点。

开标应当公开进行,即开标活动都应当向所有提交投标文件的投标人公开,应当使所有提交投标文件的投标人到场参加开标。通过公开开标,投标人可以发现竞争对手的优势和劣势,可以判断自己中标的可能性大小,以决定下一步应采取什么行动。法律这样规定是为了保护投标人的合法权益,只有公开开标,才能体现和维护公开透明、公平公正的原则。

(2) 开标地点

为了使所有投标人都能够届时出席开标活动并保证开标的公开透明,根据《招标投标法》第三十四条规定,开标地点应当为招标文件中预先确定的地点,以便使所有投标人都能事先为参加开标活动做好充分的准备,如根据情况选择适当的交通工具,并提前做好机票、车票的预订工作以及计划出行路线等。如果确有特殊原因,招标人需要变动开标地点,则应当按照《招标投标法》第二十三条的规定对招标文件作出修改,作为招标文件的补充文件,书面通知每一个提交投标文件的投标人。

2. 开标参加人

《招标投标法》第三十五条规定,"开标由招标人主持,邀请所有投标人参加。"

招标人自行办理招标事宜的,应自行主持开标;招标人委托招标代理机构办理招标事宜的,可以由招标代理机构按照其与招标人订立的《委托招标合同》的约定负责主持开标活动。对依法必须进行招标的项目,相关行政监督机关可以派人参加开标以监督开标过程严格按照法定程序进行,但是,行政监督机关不得代替招标人或招标代理机构主持开标。

招标人主持开标,应当严格按照法定程序和招标文件的规定进行,包括:应按照招标文件规定的开标时间公布开标开始;核对出席开标的投标人身份和出席人数;安排投标人或其代表检查投标文件密封情况后指定工作人员监督拆封;组织唱标、记录;维护开标活动的正常秩序等。

招标人应邀请所有投标人参加开标,以确保开标在所有投标人的参与和监督下,按照公开、透明的原则进行,以避免在开标过程中可能发生"暗箱操作"的风险。如此既有利于保障投标人的合法权益,也可以表明招标人在开标形式上合法、公开和清白。参加开标是每一个投标人的法定权利,招标人不得以任何理由排斥、限制任何投标人参加开标。

3. 开标程序与要求

《招标投标法》第三十六条规定,"开标时,由投标人或者其推选的代表检查投标文件的密封情况,也可以由招标人委托的公证机构检查并公证;经确认无误后,由工作人员当众拆封,宣读投标人名称、投标价格和投标文件的其他主要内容。

招标人在招标文件要求提交投标文件的截止时间前收到的所有投标文件,开标时都应当当众予以拆封、宣读。

开标过程应当记录,并存档备查。"

(1) 开标程序

《招标投标法》规定了开标程序应当主要经过以下三个步骤:

①由投标人或者投标人推选的代表检查投标文件的密封情况,当然也可以由招标人委托的公证机构检查投标文件密封情况并进行公证。一般来说,当投标人数较少时,通常由投标人自行检查投标文件的密封情况,而当投标人数较多时,由投标人推举代表进行检查,以节省时间,提高效率。招标人也可以根据开标会议与会情况来委托公证机构进行现场检查并进行公证。公证机构是依法设立的、不以营利为目的的、独立行使公证职能且承担民事责任的证明机构。投标人或者投标人推选的代表或者招标人委托的公证机构经检查发现密封被破坏的投标文件,应作为废标处理。

②经检查确认无误的投标文件,工作人员应当众启封。投标人或者投标人推选的代表

或者招标人委托的公证机构对投标文件的密封情况进行检查以后，确认密封情况良好，没有问题，则可以由现场的工作人员于在场所有人的监督之下当众打开投标文件。

③宣读投标人名称、投标价格和投标文件的其他主要内容，即"唱标"，是指拆封以后，招标人或招标代理机构的工作人员应当高声唱读投标人的名称、投标价格以及投标文件中的其他主要内容，包括投标报价有无折扣或者价格修改等，如果招标文件要求或者允许提交替代方案的，还应包括替代方案投标的总金额。例如，建设工程项目投标文件的其他主要内容还应包括：工期、质量、投标保证金等事项。唱标的目的在于，使全体投标者了解其他投标人的报价和自己在其中的顺序，了解其他投标人的基本情况，监督开标程序的公正性以充分体现公开开标的透明度，并在一定程度上保证评标程序的公正。

(2) 开标要求

招标人在招标文件要求提交投标文件的截止时间前收到的所有投标文件，开标时都应当当众予以拆封，宣读，不能遗漏，否则将构成对投标人的不公正待遇。如果招标文件要求的提交投标文件的截止时间以后收到的投标文件，则应不予开启，原封退回。依据《招标投标法》的规定，对于截止时间以后收到的投标文件应当拒收。因为，如果对于截止时间以后收到的投标文件也进行开标的话，则有可能造成招标投标的舞弊行为，同时也是一种违法行为。

(3) 开标过程应记录并存档备查

为了保证开标过程透明和公正，维护投标人利益的必要措施，《招标投标法》要求对开标过程进行记录，可以保障权益受到侵害的投标人行使要求复查的权利，也有利于确保招标人尽可能地完善招标过程，使开标程序更加正规化，并有助于相关行政主管部门进行检查。

对开标过程进行记录，主要是对开标过程中的重要事项进行记载，开标时间、开标地点、开标时具体参加单位与人员、唱标的内容、开标过程是否经过公证等都要记录在案。记录以后，应当作为档案保存起来，以方便查询。投标人提出的正当查询要求都应当允许。对开标过程进行记录、存档备查是国际上的通行作法，《联合国贸易法委员会货物、工程和服务采购示范法》、《世界银行采购指南》、《亚行采购准则》以及瑞士和美国的有关法律都对此作了规定。

4.4.2 评标

1. 评标委员会组成及成员资格

《招标投标法》第三十七条规定，"评标由招标人依法组建的评标委员会负责。依法必须进行招标的项目，其评标委员会由招标人的代表和有关技术、经济等方面的专家组成，成员人数为五人以上单数，其中技术、经济等方面的专家不得少于成员总数的三分之二。

前款专家应当从事相关领域工作满八年并具有高级职称或者具有同等专业水平，由招标人从国务院有关部门或者省、自治区、直辖市人民政府有关部门提供的专家名册或者招标代理机构的专家库内的相关专业的专家名单中确定；一般招标项目可以采取随机抽取方式，特殊招标项目可以由招标人直接确定。

与投标人有利害关系的人不得进入相关项目的评标委员会；已经进入的应当更换。

评标委员会成员的名单在中标结果确定前应当保密。"

《实施条例》第四十五条规定，"国家实行统一的评标专家专业分类标准和管理办法。

具体标准和办法由国务院发展改革部门会同国务院有关部门制定。省级人民政府和国务院有关部门应当组建综合评标专家库。"第四十六条规定,"除招标投标法第三十七条第三款规定的特殊招标项目外,依法必须进行招标的项目,其评标委员会的专家成员应当从评标专家库内相关专业的专家名单中以随机抽取方式确定。任何单位和个人不得以明示、暗示等任何方式指定或者变相指定参加评标委员会的专家成员。

依法必须进行招标的项目的招标人非因招标投标法和本条例规定的事由,不得更换依法确定的评标委员会成员。更换评标委员会的专家成员应当依照前款规定进行。

评标委员会成员与投标人有利害关系的,应当主动回避。

有关行政监督部门应当按照规定的职责分工,对评标委员会成员的确定方式、评标专家的抽取和评标活动进行监督。行政监督部门的工作人员不得担任本部门负责监督项目的评标委员会成员。"

依据《实施条例》的相关规定,《招标投标法》第三十七条第三款所称特殊招标项目,是指技术复杂、专业性强或者国家有特殊要求,采取随机抽取方式确定的专家难以保证胜任评标工作的项目。

评标是招标投标活动中最为关键的阶段是指按照国家规定和招标文件规定的评标标准和方法,对所有投标人的投标文件进行评价比较和分析,从中选出最佳投标人的过程。其是否做到真正意义的公平、公正决定了整个招标投标活动的公平性与公正性。同时,评标的质量也决定着能否从众多投标人中选出真正适合承接项目的中标者。

本节以上所引法律条款,可从以下几方面理解:

第一,评标工作应当由招标人依法组建的评标委员会负责,即由招标人按照《招标投标法》及相关法律法规的规定,挑选出符合条件的人员组成评标委员会,负责所有投标文件的评审工作。对于依法必须招标的项目,评标委员会的组成必须符合《招标投标法》第三十七条第二款、第三款的规定;而对依法必须招标项目以外的自愿招标项目的评标委员会的组成,《招标投标法》未进行规定,招标人可以自行决定。招标人组建的评标委员会应当按照招标文件中规定的评标标准和方法进行评标工作,对招标人负责,从投标人中评选出最符合招标文件各项要求的投标者,并推荐给招标人,最大限度地维护、实现招标人的利益。

第二,为了确保评标工作的质量,《招标投标法》对依法必须进行招标项目的评标委员会的组成作了强制性规定:

①评标委员会可以由下列人员组成:招标人的代表、相关技术方面的专家、经济方面的专家、其他方面的专家。招标人根据招标采购项目的不同情况,除上述技术、经济方面的专家外,还可以聘请其他方面的专家参加评标委员会。比如,某些大型的或国际性的招标采购项目中,招标人会聘请法律方面的专家加入评标委员会,以对投标文件的合法性进行审查。

②评标委员会成员人数须为5人以上单数。评标委员会成员人数过少,不利于集思广益,从经济、技术各方面对投标文件进行全面的分析比较,以保证评审结论的科学性、合理性。相反,如评标委员会成员人数过多,则会影响评审的工作效率,增加招标人的评审费用,甚至延误招标人与最终中标人的订约时机。评审委员会成员人数应为单数,以便于在各成员评审意见不一致时,可按照少数服从多数的原则产生评标委员会的评审结论,推荐中标候选人或直接确定中标人。

③评标委员会成员中，有关技术、经济等方面的专家的人数不得少于成员总数的2/3，使得各方面专家的人数在评标委员会成员中占绝对多数，充分发挥专家在评标活动中的权威作用，以保证评审结论的科学性和合理性。

④参加评标委员会的专家应当同时具备以下条件：从事相关领域工作满8年；具有高级职称或者具有同等专业水平。所谓具有高级职称，即指经国家规定的职称评定机构评定，取得高级职称证书，包括高级工程师，高级经济师，高级会计师，正、副教授，正、副研究员等。特殊情况下，对于某些专业水平已达到与本专业具有高级职称的人员相当的水平，并有着丰富的实践经验，但因某些原因尚未取得高级职称的专家，也可以成为评标委员会成员。

第三，为了保证评标专家的客观立场，避免评标过程受到外界干扰，依法必须进行招标项目的评标委员会成员，应当按下列方式确定：

由招标人从国务院有关部门或者省、自治区、直辖市人民政府有关部门提供的专家名册中相关专业的专家名单中确定。招标项目是由招标人提出的，评标委员会应由招标人依法组建，因此，参加评标委员会的专家也应由招标人来确定。《招标投标法》对招标人选择专家的范围作了限制，即应当从国务院有关部门或省级人民政府有关部门提供的专家名册中选定。国务院有关部门和省级人民政府有关部门应当建立各行业有关专业的专家名册，进入名册的专家应当是经政府有关部门通过一定的程序选择的在专业知识、实践经验和人品等方面比较优秀的专家。依据《评标委员会和评标方法暂行规定》及《评标专家和评标专家库管理暂行办法》的规定，评标专家应当具备以下条件：①从事相关专业领域工作满八年并具有高级职称或同等专业水平；②熟悉有关招标投标的法律法规并具有与招标项目相关的实践经验；③能够认真、公正、诚实、廉洁地履行职责；④身体健康，能够承担评标工作。

按照《招标投标法》第十三条的规定，"招标代理机构应当有符合法定条件的专家库，招标人也可以从招标代理机构的专家库中挑选进入评标委员会的专家。"

对于一般招标项目，可以采取随机抽取的方式确定；而对于特殊招标项目，由于其专业要求较高，技术要求复杂，则可以由招标人在相关专业的专家名单中直接确定。

第四，与投标人有利害关系的人，包括投标人的亲属、与投标人有隶属关系的人员或者中标结果的确定涉及其利益的其他人员。与投标人有利害关系的人只是不能进入相关项目的评标委员会，而非相关行业的招标项目的评标委员会。与投标人有利害关系的人已经进入相关项目评标委员会的，经审查发现以后，应当按照法律规定更换，评标委员会的成员自己也应当主动回避、退出。

第五，评标委员会成员的名单在中标结果确定前应当保密，以防止有些投标人对评标委员会成员采取行贿等手段以谋取中标。

2. 评标委员会基本准则

《招标投标法》第四十四条规定，"评标委员会成员应当客观、公正地履行职务，遵守职业道德，对所提出的评审意见承担个人责任。

评标委员会成员不得私下接触投标人，不得收受投标人的财物或者其他好处。

评标委员会成员和参与评标的有关工作人员不得透露对投标文件的评审和比较、中标候选人的推荐情况以及与评标有关的其他情况。"

本条规定应从以下几个方面进行理解：

第一，"评标委员会成员应当客观、公正地履行职务"是指评标委员会在评审投标文件时，应当实事求是，不带有主观偏见，严格按照招标文件确定的标准和方法，综合各方面的因素，客观公正地分析、评价投标文件。评标委员会成员在评标过程中要以独立的地位，不偏不倚地对待每个投标人，要严格按照招标文件规定的程序和方法评审每个投标人的投标文件，不能厚此薄彼，区别对待。评标委员会的评审过程更应严格遵守并体现公正的基本原则。

第二，评标委员会成员必须遵守职业道德。所谓职业道德是人们在职业工作中应当遵循的基本道德，是从事一定职业的人员在工作岗位上同社会中的其他成员发生联系的过程中逐渐形成和发展的，是一般社会道德在职业工作中的具体体现。在招标投标活动中主要体现为评标委员会对招标人和投标人应当认真负责地完成评标工作，客观、公正地履行职务就是其职业道德的体现。在评标过程中，评标委员会的成员需要对投标文件提出评审意见，评标委员会成员是否能够客观、公正地履行职务，遵守职业道德，对于整个招标投标活动都具有重大影响。也正因为如此，评标委员会成员要对其提出的评审意见负责，承担个人责任。评标委员会成员不遵守职业道德，违反其履行职务时应遵守的法律法规或其他规章规定的，依法将受到行政处罚，甚至被追究刑事责任。

第三，评标委员会成员不得私下接触投标人，以防止其与投标人相关串通，影响评标的公正性。评标委员会成员不得收受投标人的财物或者其他好处。所谓好处，在实践中可以以多种形式表现，如暗中给予、收受信息费、顾问费、劳务费、报销巨额费用、赠送贵重礼品、邀请出国考察、进行权力交易，甚至色情贿赂等。评标委员会成员收受投标人的任何馈赠或者其他好处，都属于法律规定予以禁止的行为。

第四，评标委员会成员对评标过程应当保密，不得透露评标的有关情况。评标委员会成员和参与评标的工作人员由于其工作的特殊性，对评标的相关情况较为了解，尤为需要注意保密义务的履行。如果评标委员会成员和参与评标的工作人员随意泄露投标文件的评审和比较、中标候选人的推荐情况以及投标人不希望其他竞争对手知道的任何贸易资料或者其他资料等，则对被泄密的投标人来讲是极为不公平的；另外，这也会使评标委员会成员滥用评标程序，使人们失去对评标过程的信任，无疑有悖于招标投标活动的初始目的。值得注意的是，《招标投标法》并未规定评标委员会成员和参与评标的工作人员对于评标过程的脱密期，即可以终止履行保密义务的期限。

而在国际上，有些国际性组织的招标采购制度中却作出了相应的规定，如《世界银行信贷采购指南》规定，公开开标之后直到宣布授予合同之前，有关检查、评标和授标的建议等情况均不得向投标商或者其他与该程序无关的人员泄露。《亚洲开发银行贷款采购准则》规定，公开开标之后，在未宣布将合同授予中标人之前，不可将有关审标、解释和评标以及授标建议有关的情况，透露给任何与这些情况无关的人。

除了对于评标委员应遵守的职业道德的规定外，《实施条例》第四十八条规定，"招标人应当向评标委员会提供评标所必需的信息，但不得明示或者暗示其倾向或者排斥特定投标人。

招标人应当根据项目规模和技术复杂程度等因素合理确定评标时间。超过1/3的评标委员会成员认为评标时间不够的，招标人应当适当延长。

评标过程中，评标委员会成员有回避事由、擅离职守或者因健康等原因不能继续评标的，应当及时更换。被更换的评标委员会成员作出的评审结论无效，由更换后的评标委员会成员重新进行评审。"

有下列情形之一的，评标委员会应当否决其投标：①投标文件未经投标单位盖章和单位负责人签字；②投标联合体没有提交共同投标协议；③投标人不符合国家或者招标文件规定的资格条件；④同一投标人提交两个以上不同的投标文件或者投标报价，但招标文件要求提交备选投标的除外；⑤投标报价低于成本或者高于招标文件设定的最高投标限价；⑥投标文件没有对招标文件的实质性要求和条件作出响应；⑦投标人有串通投标、弄虚作假、行贿等违法行为。

3. 评标过程保密且不受非法干预与影响

《招标投标法》第三十八条规定，"招标人应当采取必要的措施，保证评标在严格保密的情况下进行。

任何单位和个人不得非法干预、影响评标的过程和结果。"

从实际情况看，招标应当采取的必要保密措施一般包括：①对于评标委员会成员的名单对外应当保密，以避免某些投标人在得知评标委员会成员的名单以后，采取不正当手段对评标委员会的成员施加压力或影响，造成评标结果的不公正；②为评标委员会进行评标工作提供较为安静、不易受外界干扰的评标地点和环境，并对该评标地点进行保密，不给某些企图以不正当手段影响评标结果的投标人或外界因素以可乘之机，为评标委员会成员公正、客观、高效地完成评标工作创造良好的客观条件。

为了防止有些行政主管部门贪图私人利益、小团体利益、地方利益或由于其他原因，利用权力向评标委员会施加压力，我国法律明确规定，任何单位和个人不得非法干预、影响评标的过程和结果。在目前我国的招标投标活动实践中，确实存在着非法干预招标投标活动的情况。例如，地方政府、政府有关行政主管部门、政府部门领导人出于地方保护、行业垄断、政绩需要、私人利益的目的，对于招标文件中明确规定的评标标准和评标方法不屑一顾，利用其掌握的行政权力，干扰招标人或招标代理机构的活动，以威胁或其他明示或暗示的方法（如批条子、打电话），强迫评标委员会按自己的意图而不是按招标文件规定的中标标准推荐中标候选人，只能推荐本地方或本部门的投标人中标，招标人也只能确定由本地方、本部门的投标人中标。任何单位和个人不得违反法律规定，将自己的意图转达给评标委员会，使评标委员会成员在评标时对施加影响者的意见予以考虑，或者直接推荐施加影响者所提的中标候选人作为评标委员会推荐的中标候选人供招标人选择。评标委员会的成员不应代表各自的单位或组织，也不应受任何单位或个人的干扰。

4. 投标人对投标文件的澄清

《招标投标法》第三十九条规定，"评标委员会可以要求投标人对投标文件中含义不明确的内容作必要的澄清或者说明，但是澄清或者说明不得超出投标文件的范围或者改变投标文件的实质性内容。"

《实施条例》第五十二条规定，"投标文件中有含义不明确的内容、明显文字或者计算错误，评标委员会认为需要投标人作出必要澄清、说明的，应当书面通知该投标人。投标人的澄清、说明应当采用书面形式，并不得超出投标文件的范围或者改变投标文件的实质性内容。评标委员会不得暗示或者诱导投标人作出澄清、说明，不得接受投标人主动提出的澄清、说明。"

以上两条规定说明：

第一，评标委员会可以要求投标人对投标文件中含义不清楚、含混、模糊、混淆的内容作必要的澄清或者说明，以便客观地对投标文件进行审查和比较，准确地了解投标人的真实成约意思表示。当评标委员会要求投标人对其投标文件中含义不明确的内容加以澄清或者说明时，投标人应当如实地对投标文件进行澄清或者说明。投标人未作出必要澄清或说明，评标委员会无法判定其确切含义的投标文件，评标委员会可以将其作为废标处理，至此，投标人也将彻底因此丧失中标资格。评标委员会要求投标人进行澄清和说明的，只限于投标文件中含义不明确的内容，即投标文件中意思表示不清，可能会产生歧义或容易造成误解的内容。对于投标文件中含义清晰、明确的内容，评标委员会不得要求投标人再作出解释、阐述，并不得以任何明示或暗示的方式要求个别投标人以澄清或说明为借口，表达与其投标文件意思表示不同的新意见，从而达到修改投标文件的目的。

第二，投标人对于投标文件的澄清或者说明不得超出投标文件的范围或者改变投标文件的实质性内容。首先，投标人对于投标文件的澄清或者说明只能限于投标文件已经载明的内容，不得超出投标文件的范围。我国法律法规禁止投标人因其投标文件编写不完整，以图借评标过程中澄清、说明的机会补充甚至修改投标文件的内容的行为。其次，投标人对于投标文件的澄清或者说明不得改变投标文件的实质性内容。所谓"实质性内容"，包括投标文件中记载的投标报价、主要技术参数、交货或履行期限等主要内容。如果投标人对其投标文件的澄清或说明超出了投标文件的范围或者改变了投标文件的实质内容，实际上是对自己的投标文件作了补充或修改。而依据《招标投标法》第二十九条之规定，投标人只有权在提交投标文件的截止时间前对投标文件进行补充或修改。如果允许某些投标人在开标后的评标阶段再利用澄清、说明的机会对自己的投标文件进行补充、修改，显然是违反评标的公平、公正原则的。

5. 评标标准与评标结果

《招标投标法》第四十条规定，"评标委员会应当按照招标文件确定的评标标准和方法，对投标文件进行评审和比较；设有标底的，应当参考标底。评标委员会完成评标后，应当向招标人提出书面评标报告，并推荐合格的中标候选人。

招标人根据评标委员会提出的书面评标报告和推荐的中标候选人确定中标人。招标人也可以授权评标委员会直接确定中标人。

国务院对特定招标项目的评标有特别规定的，从其规定。"

《实施条例》第四十九条规定，"评标委员会成员应当依照招标投标法和本条例的规定，按照招标文件规定的评标标准和方法，客观、公正地对投标文件提出评审意见。招标文件没有规定的评标标准和方法不得作为评标的依据。"

评标委员会成员不得私下接触投标人，不得收受投标人给予的财物或者其他好处，不得向招标人征询确定中标人的意向，不得接受任何单位或者个人明示或者暗示提出的倾向或者排斥特定投标人的要求，不得有其他不客观、不公正履行职务的行为。

《实施条例》第五十三条规定，"评标完成后，评标委员会应当向招标人提交书面评标报告和中标候选人名单。中标候选人应当不超过3个，并标明排序。

评标报告应当由评标委员会全体成员签字。对评标结果有不同意见的评标委员会成员应当以书面形式说明其不同意见和理由，评标报告应当注明该不同意见。评标委员会成员拒绝在评标报告上签字又不书面说明其不同意见和理由的，视为同意评标结果。"

对以上条款解释如下：

第一，为保证招标投标活动符合公开、公平、公正的原则，评标委员会对投标人提交的投标文件进行评审、比较的唯一标准和评审方法，只能是每一个投标人事先已经获得的招标文件中载明的评标标准和方法。招标人或评标委员会都不能在评标过程中对评标标准和方法进行修改。招标文件规定以外的评标标准和方法亦不能成为评标的依据。招标文件中规定采用评分法评标的，应按招标文件的规定，将各项评分因素按其重要性确定得分标准，按此标准对每个投标者提供的报价和其他评分因素进行评分，按得分较高者确定中标候选人。招标文件规定采用各项因素评议法的，应按招标文件的规定综合考虑各种评标因素，并将这些因素尽可能用货币形式表示，计算出各个因素的评标价，将综合评标价较低的确定为中标候选人。

评标委员会对投标文件进行评审和比较，包括对投标文件的评估、审查和比较。对投标文件的审查，主要是对投标文件是否符合招标文件的要求进行审查，即投标文件是否已经实质上响应招标文件的要求。所谓"实质上响应招标文件的要求"，是指投标文件应与招标文件的所有实质性条款、条件和规定相符，无显著差异或保留。如果投标文件未能实质上响应招标文件的要求，评标委员会将予以拒绝，且不允许投标人通过修正或撤销其投标文件不符合招标文件要求的内容，从而成为具有响应性的投标。对投标文件的评估，主要是评标委员会对投标报价和投标的技术方面进行评估。在评估投标报价时应对报价进行校核，看其是否有计算上或累计上的算术错误。对于工程建设项目的技术评估，主要是对投标人所报的施工方案或施工组织设计、施工进度计划、施工人员和施工机械设备的配备，施工技术能力、以往履行合同情况，临时设施的布置和临时用地情况等进行评估；对于设备采购项目的技术评估，主要是从执行设计上要求的能力、数量控制、质量控制、进度控制等方面进行评估。对投标文件的比较，主要是指评标委员会依据评标原则、评标办法，对投标人的报价、工期、质量、主要材料用量、施工方案或组织设计、以往业绩、社会信誉、优惠条件等方面进行综合评价与比较，以便能够公正、合理地选出中标者。

第二，所谓"标底"，是指招标人根据招标项目的具体情况所编制的完成招标项目所需的基本概算。标底价格由成本、利润、税金等组成，一般应控制在批准的总概算及投资包干的限额内。标底只能作为评标的参考，不得以投标报价是否接近标底作为中标条件，也不得以投标报价超过标底上下浮动范围作为否决投标的条件。评标委员会在对投标文件进行评审和比较时，如果招标人设有标底的，应当参考标底。但招标人或评标委员会对于超过标底过多的投标一般不予考虑。

对低于标底的投标，则应采取区别对待态度。从竞争角度考虑，价格的竞争是投标竞争的最重要的因素之一，在其他各项条件均满足招标文件要求的前提下，当然应以价格最低的中标，将低于标底的最低价投标排除在中标范围之外，不符合一般逻辑与通行作法。在我国目前的招标投标实践中，某些地方和部门为防止某些投标人以不正当的手段以过低的投标报价夺取中标的行为，规定对低于标底一定幅度的投标视为废标，不予考虑。《招标投标法》既考虑到招标投标应遵循的公平竞争要求，又考虑到我国的现实情况，对标底的作用采取了淡化的处理办法，可以作为评标的参考。

第三，按照《实施条例》第五十三条的规定，评标委员会完成评标后，应当向招标人提出书面评标报告，并推荐合格的中标候选人。评标报告是指评审阶段的综合性结论报告。评标报告的内容应对评标情况（包括评标委员会组成及评标委员会人员名单、评标工作的依据）作出说明，并提出推荐中标候选人的意见。评标委员会经过认真的评选之后，应向招标人推荐符合《招标投标法》规定的中标条件的中标候选人。候选人的人数一般应不少于2～3人，以便于招标人从中选择一名最符合其要求的投标人作为中标者。另依据《实施条例》第五十四条之规定，"依法必须进行招标的项目，招标人应当自收到评标报告之日起3日内公示中标候选人，公示期不得少于3日。投标人或者其他利害关系人对依法必须进行招标的项目的评标结果有异议的，应当在中标候选人公示期间提出。招标人应当自收到异议之日起3日内作出答复；作出答复前，应当暂停招标投标活动。"

此外，国有资金占控股或者占主导地位的依法必须进行招标的项目，招标人应当确定排名第一的中标候选人为中标人。排名第一的中标候选人在出现放弃中标、因不可抗力不能履行合同、不按照招标文件要求提交履约保证金，或者被查实存在影响中标结果的违法行为等情形时，由于其已不符合中标条件，招标人可以按照评标委员会提出的中标候选人名单排序依次确定其他中标候选人为中标人，也可以重新招标。

第四，"招标人根据评标委员会提出的书面评标报告和推荐的中标候选人确定中标人"，即由招标人以评标委员会提供的评标报告为依据，对评标委员会推荐的中标候选人进行比较，从中确定中标人。同时，招标人也可以授权评标委员会直接确定中标人。

第五，"国务院对特定招标项目的评标有特别规定的，从其规定"，所谓"特定招标项目"，主要指使用世界银行和亚洲开发银行等国际金融机构或外国政府贷款、援助资金的项目。此类招标项目的具体评标办法，可能与一般招标项目的评标办法有所不同，国务院如果对于特定招标项目的评标办法有特别规定的，应当按照国务院的规定执行。

6. 中标条件

《招标投标法》第四十一条规定，"中标人的投标应当符合下列条件之一：（一）能够最大限度地满足招标文件中规定的各项综合评价标准；（二）能够满足招标文件的实质性要求，并且经评审的投标价格最低；但是投标价格低于成本的除外。"

投标文件的评价标准应当在招标文件中全部载明，评标委员会在对投标文件进行评审时，应当按照招标文件中规定的评标标准进行综合性评价和比较。比如，按综合评价标准对建设工程项目的投标进行评审时，应当对投标人的报价、工期、质量、主要材料用量、施工方案或者组织设计、以往业绩、社会信誉等方面进行综合评定，以能够最大限度地满足招标文件规定的各项要求的投标作为中标。以综合评价标准最优作为中标条件的，在评价方法中通常采用打分的办法，在对各项评标因素进行打分后，以累计得分最高的投标作为中标。

"能够满足招标文件的实质性要求，并且经评审的投标价格最低；但是投标价格低于成本的除外"，主要包括两个方面的含义：①能够满足招标文件的实质性要求。这是投标文件能够中标的前提条件。②经评审的投标价格最低，是指对投标文件中的各项评标因素应尽量折算为货币价值量，加上投标报价进行综合评审、比较之后，确定评审价格最低的投标（通常称为最低评标价），以该投标为中标。需要指出的是，中标的是经过评审的最低投标价，而不是指报价最低的投标。

7. 否决所有投标

《招标投标法》第四十二条规定，"评标委员会经评审，认为所有投标都不符合招标文件要求的，可以否决所有投标。

依法必须进行招标的项目的所有投标被否决的，招标人应当依照本法重新招标。"

评标委员会按照招标文件中规定的评标标准，对所有投标文件的各项指标进行评审后，如果认为所有的投标都不能符合招标文件的要求，则有权否决所有投标，将所有投标都作为废标处理。通常表现为以下几种情况：①最低评标价大大超过标底或合同估价，招标人无力接受；②所有投标人在实质上均未响应投标文件的要求；③投标人过少，没有达到预期的竞争性。

对于依法必须进行招标的项目，如果所有的投标都被否决，招标人不能再从落选的投标中进行挑选，也不能找另外的人进行一对一的谈判，自己确定中标人。而是应当按照《招标投标法》规定的招标程序，重新进行招标。当然，如果属于招标文件规定不当的，招标人应当在重新修改招标文件后再进行新的招标。而确因时间较紧来不及进行新的招标或确有其他特殊情况不宜再进行招标的，经相关部门批准也可采用其他采购方式。对于招标人自愿选择招标采购方式的项目，招标人可以重新招标，也可以采用其他采购方式。

4.4.3 中标

1. 中标通知书及其效力

《招标投标法》第四十五条规定，"中标人确定后，招标人应当向中标人发出中标通知书，并同时将中标结果通知所有未中标的投标人。

中标通知书对招标人和中标人具有法律效力。中标通知书发出后，招标人改变中标结果的，或者中标人放弃中标项目的，应当依法承担法律责任。"

中标通知书是指招标人在确定中标人后向中标人发出的通知其中标的书面凭证。中标通知书的内容应当简明扼要，告知中标人已经中标，并确定签订合同的时间、地点即可。招标人应同时对所有未中标的投标人也发出书面通知。投标人提交投标保证金的，招标人还应当退还。

中标通知书在法律性质上应当属于招标人的承诺。依据《合同法》第二十一条的规定，承诺是指受要约人同意要约的意思表示。依据《招标投标法》的规定，中标通知书在发出后即对中标人产生法律效力，而依据《合同法》的规定，中标通知书作为订立合同过程中的承诺，应于到达要约人时生效。目前对于中标通知书的效力产生时间问题，理论界还存在争议。实践中，多以中标通知书到底中标人之日起生效。

除不可抗力因素之外，中标通知书发出后，招标人改变中标结果的，如宣布本次中标的投标文件为废标而改由其他投标人中标的，或随意宣布取消项目招标的，应当适用定金罚则双倍返还中标人提交的投标保证金，若给中标人造成的损失超过适用定金罚则返还的投标保证金数额的，招标人还应当对超过的部分予以赔偿。招标人未收取投标保证金的，也应当赔偿由此给中标人造成的损失。如果中标人自愿放弃中标项目，包括以声明方式或以自己的行为表明不承担该招标项目的，则招标人不予退还其已经提交的投标保证金；给招标人造成的损失超过投标保证金数额的，还应当对超过部分予以赔偿；未提交投标保证金的，对招标人的损失应当承担损害赔偿责任。上述情形下，招标人和中标人承担的法律责任属于缔约过失责任。所谓缔约过失责任，依照我国《合同法》的规定，是指当事人在订立合同过程中，因违背诚实信用原则而给对方造成损失的损害赔偿责任。

《实施条例》规定，中标候选人的经营、财务状况发生较大变化或者存在违法行为，招标人认为可能影响其履约能力的，应当在发出中标通知书前由原评标委员会按照招标文件规定的标准和方法审查确认。

2. 签订中标合同与履约保证金

《招标投标法》第四十六条规定，"招标人和中标人应当自中标通知书发出之日起三十日内，按照招标文件和中标人的投标文件订立书面合同。招标人和中标人不得再行订立背离合同实质性内容的其他协议。

招标文件要求中标人提交履约保证金的，中标人应当提交。"

《实施条例》也做了相同规定，并规定招标人最迟应当在书面合同签订后5日内向中标人和未中标的投标人退还投标保证金及银行同期存款利息。

（1）招标采购合同的成立与生效时间

从合同法的理论出发，合同应自承诺生效时成立，通常情况下，合同成立即生效。但我国《合同法》第三十二条规定："当事人采用合同书形式订立合同的，自双方当事人签字或者盖章时合同成立。"依据《招标投标法》规定，招标人编制的招标文件中也必须有拟签订合同的主要合同条款，而中标人的投标文件也应对招标文件的实质性要求和条件作出响应，即，在投标人发出的要约中也已经包含中标后订立书面合同的内容。招标文件中通常也会对中标后双方订立合同书的相关事宜作出规定。况且，《招标投标法》规定招标人和中标人自中标通知书发出之日起30日内按照招标文件和中标人的投标文件订立书面合同也属于强制性规定，与合同法的相关规定的精神是一致的。因此，招标投标合同的成立生效时间应当是招标人和中标人订立书面合同的时间。但也有学者认为，如果招标人和投标人没有按照《招标投标法》的规定签订书面合同，那么，招标采购合同应自中标通知书即承诺到达投标人时即为成立。

所谓"实质性内容"，是指投标价格、投标方案等用于投标竞争的实质性内容。假设招标人和中标人可以再行订立背离合同实质性内容的其他协议，则违背了招标投标活动的初衷，整个招标过程也就失去了现实意义，对其他投标人来讲也是极为不公平的。

（2）履约保证金

所谓履约保证金，是指招标人要求投标人在接到中标通知后，提交的履行合同各项义务的担保。履行担保一般有三种形式：银行保函、履约担保书和保留金。《实施条例》第五十八条规定，"招标文件要求中标人提交履约保证金的，中标人应当按照招标文件的要求提交。履约保证金不得超过中标合同金额的10%。"

银行保函是由商业银行开具的一种担保证明，通常分为有条件的银行保函和无条件的银行保函。有条件的保函是指在投标人没有实施合同或者未履行合同义务时，由招标人出具证明说明情况，并由担保人对已执行合同部分和未执行部分加以鉴定，确认后才能收兑银行保函，由招标人得到保函中的款项。在建设工程行业领域里，通常偏向于使用这种形式的保函。无条件的保函是指招标人不需要出具任何证明和理由，即只要看到承包人违约，就可对银行保函进行收兑。

履约担保书的担保是指当中标人在履行中标合同的过程中出现违约情形时，由开出担保书的担保公司或者保险公司用该项担保金去完成施工任务或者向招标人支付该项保证金。工程采购项目保证金提供担保书形式的，其金额一般为合同价的30%～50%。

保留金是指在合同支付条款中，规定一定比例的款项保留在招标人处，待双方约定的条件成就时方予返还的款项。如果中标的承包商或者供应商没有按照中标合同的约定履行义务，招标人将有权扣除这部分支付金额作为损失补偿。

履约保证金额的多少往往取决于招标项目的类型与规模，基本上应能够保证中标人违约时，招标人所遭受的损失能够得到补偿。通常在招标文件的投标须知中，招标人应当明确规定使用哪一种形式的履约担保。中标人应当按照招标文件中的规定提交履约担保。

国际上，对于履约保证金也有类似规定。比如《世行采购指南》规定，工程的招标文件要求一定金额的保证金。其金额足以抵偿借款人在承包商违约时所遭受的损失。该保证金应当按照借款人在招标文件中的规定以适当的格式和金额采用履约担保书或者银行保函形式提供。担保书或者银行保函的金额将根据提供保证金的类型和工程的性质和规模有所不同。

3. 中标后招标人的书面报告

《招标投标法》第四十七条规定，"依法必须进行招标的项目，招标人应当自确定中标人之日起十五日内，向有关行政监督部门提交招标投标情况的书面报告。"

招标投标活动及其当事人应当接受有关行政监督部门依法对招标投标活动实施的监督。有关行政监督管理部门有权依法查处招标投标活动中的违法行为，但前提是要了解招标投标活动的真实情况，即除了对招标投标活动的不同阶段分别进行监督之外，还要对招标投标活动的整个流程深入了解。招标投标活动的复杂特殊性也决定了有关行政监督管理部门不可能对每个项目都主动进行全过程监督，因此，《招标投标法》规定招标人在确定中标人之日起15日内，向有关行政监督管理部门提交书面报告。该书面报告的内容应当主要包括招标过程、投标过程、评标过程和签订合同等招标投标的情况。非依法必须进行招标的项目，招标人不必向有关行政监督部门提交招标投标情况的书面报告。

4. 不得转让或违法分包中标项目

（1）禁止转让中标项目

招标采购是一种特殊的订立合同的方式。招标人通过招标投标活动选择了适合自己需要的中标人并与之订立合同。中标人应当全面履行合同约定的义务，完成中标项目。所谓中标人全面履行合同约定的义务，是指中标人应当按照合同约定的有关招标项目的质量、数量、工期、服务、造价及结算办法等要求，全面履行其义务，不得转让中标项目或将中标项目肢解后进行转让。因为中标项目的转让行为具有很大的风险性与危害性，某些中标人将其承包的中标项目压价后转让给他人，从中谋取不正当利益，导致实际用于中标项目的费用大为减少，不得不偷工减料，最后很可能造成重大质量安全责任事故。为此，《招标投标法》第四十八条规定："中标人应当按照合同约定履行义务，完成中标项目。中标人不得向他人转让中标项目，也不得将中标项目肢解后分别向他人转让。"

实践中实行招标的项目多为工程建设项目和与工程建设有关的重要设备、材料等的采购项目，所以《招标投标法》与《建筑法》关系密切。在禁止转让中标项目方面，《招标投标法》、《建筑法》和《合同法》在立法精神上是一致的。《建筑法》第二十八条规定："禁止承包单位将其承包的全部建筑工程转包给他人，禁止承包单位将其承包的全部建筑工程肢解以后以分包的名义分别转包给他人。"《合同法》第二百七十二条规定："承包人不得将其承包的全部建设工程转包给第三人或者将其承包的全部建设工程肢解以后以分包的名义分别转包给第三人。"不同的法律分别从不同的角度对招投标工程项目的转让（《建筑法》和《合同法》称之为"转包"）和肢解转让作出了禁止性规定。

（2）禁止违法分包

中标项目的分包，是指中标人将该中标项目中的某一部分或某几部分，另行发包给其他单位实施。原则上说，中标合同所约定的中标人的义务都应当由中标人自行完成；但是，对一些招标项目，如大中型建设工程和结构复杂的建设工程来说，允许中标人在遵守一定条件的前提下，将自己总承包工程项目中的部分劳务工程或者自己不擅长的专业工程项目分包给其他承包人，以扬长避短，发挥各自的优势，这对提高工作效率，降低工程造价，保证工程质量以及缩短工期等方面，均产生积极影响。因此，《招标投标法》第四十八条也规定，"中标人按照合同的约定或者经招标人同意，可以将中标项目的部分非主体、非关键性工作分包给他人完成。"

但是对中标项目进行分包是有条件的。《招标投标法》中对分包中标项目行为进行限制的内容主要包括：①中标人只能将中标项目的非主体性、非关键性的工作分包给具有相应资质和能力的单位；②为防止中标人擅自将应当亲自完成的任务分包出去或者将部分项目内容分包给中标人所不信任的承包单位，分包的工程必须是中标合同中明确约定的可以分包的工程，合同中没有约定的，必须经招标人认可；③中标人在取得招标项目之后不得以分包的形式转手转让，损害招标人的利益，破坏市场秩序；④分包最多只能进行一次，不得进行多次转包或分包。

另外，《建筑法》第二十九条规定："建筑工程总承包单位可以将承包工程中的部分工程发包给具有相应资质条件的分包单位；但是，除总承包合同中约定的分包外，必须经建设单位认可。施工总承包的，建筑工程主体结构的施工必须由总承包单位自行完成。建筑工程总承包单位按照总承包合同的约定对建设单位负责；分包单位按照分包合同的约定对总承包单位负责。总承包单位和分包单位就分包工程对建设单位承担连带责任。禁止总承包单位将工程分包给不具备相应资质条件的单位。禁止分包单位将其承包的工程再分包。"《合同法》第二百七十二条规定，"承包人不得将其承包的全部建设工程转包给第三人或者将其承包的全部建设工程肢解以后以分包的名义分别转包给第三人。禁止承包人将工程分包给不具备相应资质条件的单位。禁止分包单位将其承包的工程再分包。建设工程主体结构的施工必须由承包人自行完成。"

（3）中标人和分包人就分包项目对招标人承担连带责任

在中标人对中标项目进行分包的情况下，存在中标合同与分包合同两个不同的合同关系。依据《招标投标法》和《合同法》的相关规定，中标人应当就中标合同的履行向招标人承担全部责任，即使中标人根据合同的约定或者经招标人同意，将中标合同范围内的部分非主体、非关键性工作分包给他人的，中标人也得对分包的工作向招标人负责。分包合同是中标人与分包人之间订立的合同，分包人与招标人之间并不存在直接的合同权利义务关系。但是，为了维护招标人的权益并适当加重分包人的责任，《招标投标法》第四十八条规定："中标人应当就分包项目向招标人负责，接受专业分包的人就分包项目承担连带责任。"《建筑法》第二十九条规定："建筑工程总承包单位按照总承包合同的约定对建设单位负责；分包单位按照分包合同的约定对总承包单位负责。总承包单位和分包单位就分包工程对建设单位承担连带责任。"《合同法》第二百七十二条规定，"第三人就其完成的工作成果与总承包人或者勘察、设计、施工承包人向发包人承担连带责任。"据此，因分包出现的问题，招标人既有权要求中标人承担责任，也可以直接要求分包人承担责任。

5. 中标无效

《招标投标法》第六十四条规定，"依法必须进行招标的项目违反本法规定，中标无效的，应当依照本法规定的中标条件从其余投标人中重新确定中标人或者依照本法重新进行招标。"

（1）中标无效的主要情形

①《招标投标法》第五十条规定的招标代理机构违法泄露应当保密的、与招标投标活动有关的情况和资料或者与招标人投标人串通损害国家利益、社会公共利益或者他人合法权益，并影响中标结果的，中标无效。②《招标投标法》第五十二条规定的，依法必须进行招标的项目的招标人向他人透露可能影响公平竞争的有关招标投标的情况，并影响中标结果的，中标无效。③《招标投标法》第五十三条规定的，投标人相互串通投标或者投标人与招标人串通投标的，中标无效。④《招标投标法》第五十四条规定的，投标人以他人名义投标或者以其他方式弄虚作假骗取中标的，中标无效。⑤《招标投标法》第五十五条规定的，依法必须进行招标的项目的招标人违法与投标人就投标价格、投标方案等实质性内容进行谈判，并影响中标结果的，中标无效。⑥《招标投标法》第五十七条规定的，招标人在评标委员会依法推荐的中标候选人以外确定中标人的，依法必须进行招标的项目在所有投标被评标委员否决后自行确定中标人的，中标无效。

（2）中标无效后的处理办法《实施条例》第八十二条规定，"依法必须进行招标的项目的招标投标活动违反招标投标法和本条例的规定，对中标结果造成实质性影响，且不能采取补救措施予以纠正的，招标、投标、中标无效，应当依法重新招标或者评标。"

依法必须进行招标的项目在中标无效后的处理办法有两种：

①根据《招标投标法》规定的中标条件从其余的投标人中重新确定中标人。即在招标投标活动中出现违法行为，导致中标无效后，招标人应当依据《招标投标法》第四十一条规定的中标条件重新确定中标人。在前中标人是招标人授权评标委员会直接确定的情况下，评标委员会应当根据法律规定的中标条件重新推荐中标候选人或者根据招标人委托重新确定新的中标人；在前中标人是招标人在评标委员会推荐的中标候选人中确定的情况下，招标人可以在剩余的中标候选人中根据法律规定的中标条件直接确定新的中标人。

②根据《招标投标法》，招标人应当重新进行招标。其含义是指在招标投标活动中出现违法行为导致中标无效的情况下，根据实际情况，从剩余的投标人中重新确定中标人有可能违反公平、公开、公正原则，从而产生不公平的结果时，招标人应当重新进行招标。在这种情况下，招标人应当重新发布招标通告和发出投标邀请书，按照《招标投标法》规定的程序和方法进行一次新的招标。

4.5 招标投标争议的解决

4.5.1 招标异议或投诉

《招标投标法》第六十五条规定，"投标人和其他利害关系人认为招标投标活动不符合本法有关规定的,有权向招标人提出异议或者依法向有关行政监督部门投诉。"

对本条款的解释如下:

第一,对招标投标活动提出异议或者进行投诉的主体,应为与本次招标投标活动有直接利害关系的人,即由于本次招标投标活动违反《招标投标法》规定的规则和程序,已经或即将可能受到利益直接损害的人,包括投标人和其他利害关系人。"其他利害关系人",主要是指有意参加投标竞争,但因招标人或招标代理机构的违法行为,如限制、排斥本地区或本部门以外的供应商、承包商参加依法必须进行招标的项目的投标,而不能参加投标竞争或明显具有不利竞争地位,最终丧失可能取得中标利益的潜在投标人。其他与该项招标投标活动无直接利害关系的人,有权对招标投标活动中的违法行为进行监督和举报。举报与所谓"提出异议或投诉"的主要区别在于:异议人或者投诉人在行使提出异议或者投诉权利的同时,还须负担相应的义务。例如,异议人或投诉人必须在法定期限内具名提出明确的违法事实及遭受的相关损害,而举报人则没有类似的限制。

第二,提出异议或进行投诉的事由,是招标投标活动中不符合《招标投标法》规定的行为。提出异议或投诉的主体为招标投标活动的利害关系人,其提出异议或投诉的事由,应当是使异议人或投诉人的利益受到损害的招标投标中的违法行为,包括招标人违反法律的规定,对投标人实行歧视待遇的行为;招标人与投标人之间或部分投标人相互之间进行串通投标的行为;招标人不按招标文件规定的评标标准确定中标人的行为;招标人违反开标、评标程序的行为等。然而,某些行为尽管违反《招标投标法》规定,但不涉及直接损害特定的投标人或潜在投标人的利益的,不属于法定的提出异议或投诉的事由,如,违反《招标投标法》第三条或者第四条的规定,对必须进行招标的项目不进行招标的,任何公民、法人或其他组织都可进行举报,但不属于《招标投标法》第六十五条的提出异议或投诉的范围。

第三,在招标投标活动当中,既要保障投标人和其他利害关系人提出异议或投诉的权利,又要不影响招标投标活动的正常进行,这就需要对提出异议或投诉以及处理异议和投诉规定必要的程序,包括提出异议或投诉的时限、招标人对异议的答复时限、有关行政监督机关对投诉的处理和答复时限、当事人对异议或投诉的处理或答复不服时的救济措施等。《招标投标法》对异议和投诉的具体程序未作规定,需要由国务院或国务院有关主管部门作出相应的规定。

根据《实施条例》第六十条规定,投标人或者其他利害关系人认为招标投标活动不符合法律、行政法规规定的,可以自知道或者应当知道之日起10日内向有关行政监督部门投诉。投诉应当有明确的请求和必要的证明材料。就本条例中第二十二条(资格预审文件异议)、第四十四条(开标异议)、第五十四条(依法必须招标项目评标结果异议)规定事项投诉的,应当先向招标人提出异议,异议答复期间不计算在前款规定的期限内。

《实施条例》第六十一条规定:"投诉人就同一事项向两个以上有权受理的行政监督部门投诉的,由最先收到投诉的行政监督部门负责处理。行政监督部门应当自收到投诉之日起3个工作日内决定是否受理投诉,并自受理投诉之日起30个工作日内作出书面处理决定;需要检验、检测、鉴定、专家评审的,所需时间不计算在内。投诉人捏造事实、伪造材料或者以非法手段取得证明材料进行投诉的,行政监督部门应当予以驳回。"

《实施条例》第六十二条规定:"行政监督部门处理投诉,有权查阅、复制有关文件、资料,调查有关情况,相关单位和人员应当予以配合。必要时,行政监督部门可以责令暂停招标投标活动。行政监督部门的工作人员对监督检查过程中知悉的国家秘密、商业秘密,应当依法予以保密。"

例如,国家发展和改革委员会、建设部、铁道部、交通部、信息产业部、水利部、中国民用航空总局2004年第11号令《工程建设项目招标投标活动投诉处理办法》规定,"负责受理投诉的行政监督部门应当自受理投诉之日起三十日内,对投诉事项做出处理决定,并以书面形式通知投诉人、被投诉人和其他与投诉处理结果有关的当事人。情况复杂,不能在规定期限内做出处理决定的,经本部门负责人批准,可以适当延长,并告知投诉人和被投诉人。"

4.5.2 招标投标争议的行政复议与行政诉讼

行政复议与行政诉讼都是认为行政机关行使职权的行为侵犯其合法权益的公民、法人和其他组织,维护自身合法权益的救济途径。因此,能够通过行政复议与行政诉讼解决的招标投标争议有严格的限制。行政复议与行政诉讼解决的是行政主体与民事主体之间因招标投标活动而产生的争议,规范行政复议行为的法律主要是1999年4月29日第九届全国人民代表大会常务委员会第九次会议通过的《中华人民共和国行政复议法》;规范行政诉讼行为的法律主要是1989年4月4日第七届全国人民代表大会第二次会议通过的《中华人民共和国行政诉讼法》。

行政复议与行政诉讼都应当针对具体行政行为,具体行政行为是相对于抽象行政行为的。所谓抽象行政行为是指行政机关制定和发布具有普遍约束力的规范性文件的行为;所谓具体行政行为是指行政主体将具有普遍约束力的行政法规范或规则适用于特定事件或特定人而作出的特定处理。在招标投标活动中,行政主体与民事主体之间的争议主要表现为以下三个方面:第一,招标投标有关行政监督机关对招标人、投标人以及相关单位直接负责的主管人员和其他直接责任人员进行行政处罚,被处罚人不服的;第二,招标投标有关行政监督机关对招标投标中的一些行为作出了行政决定,如决定中标无效,该行政行为的相对人不服的;第三,招标投标有关行政监督机关对招标投标中的投诉作出了处理决定,投标人或其他利害关系人不服的。

4.5.3 招标投标争议的仲裁与民事诉讼

在招标投标活动中,对于民事主体之间的产生的争议,可以通过和解或调解的方式来解决,但和解或调解对于已经达成和解或调解的各方不具有法律强制力,不能直接向法院申请强制执行。那么,如此一来,解决招标投标活动中民事争议的最终途径只能是通过仲裁和诉讼。仲裁和诉讼是平行的解决民事争议的两种方式,在某个具体的招标投标争议中,争议各方只能选择仲裁或者诉讼二者之一,作为最终解决争议的方式。1994年8月31日第八届全国人民代表大会常务委员会第九次会议通过《中华人民共和国仲裁法》(以下简称《仲裁法》),用以规范仲裁活动,裁判机构为仲裁委员会;1991年4月9日第七届全国人民代表大会第四次会议通过的《中华人民共和国民事诉讼法》(以下简称《民事诉讼法》)(2007年10月28日第十届全国人民代表大会常务委员会第三十次会议修改),主要规范民事诉讼活动,裁判机构为人民法院。

(1) 仲裁

仲裁亦称"公断"，是当事人双方在争议发生前或争议发生后达成协议，自愿将争议交给第三者作出裁决，并负有自动履行义务的一种解决争议的方式。这种争议解决方式必须是自愿的，《仲裁法》第四条规定，"当事人采用仲裁方式解决纠纷，应当双方自愿，达成仲裁协议。没有仲裁协议，一方申请仲裁的，仲裁委员会不予受理。"如果当事人之间有仲裁协议，争议发生后又无法通过和解和调解解决，则应及时将争议提交仲裁机构仲裁。

仲裁应当依法独立进行，不受行政机关、社会团体和个人的干涉。仲裁实行一裁终局的制度。裁决作出后，当事人就同一争议纠纷再次申请仲裁或者向人民法院起诉的，仲裁委员会或者人民法院将不予受理。仲裁裁决被人民法院依法裁定撤销或者不予执行的，当事人就该纠纷可以根据双方重新达成的仲裁协议申请仲裁，也可以向人民法院起诉。

(2) 民事诉讼

民事诉讼是指民事活动的当事人依法请求人民法院行使审判权，审理双方之间发生的争议，作出有国家强制保证实现其合法权益、从而解决纠纷的审判活动。在招标投标活动中，当事人如未约定仲裁协议、争议发生后也无法达成仲裁协议或约定的仲裁协议依法认定无效的，则只能以诉讼作为解决争议的最终方式。

人民法院依据法律规定对民事案件独立进行审判，不受行政机关、社会团体和个人的干涉。人民法院审理民事案件，依据法律规定实行合议、回避、公开审判和两审终审制度。

4.6 招标投标法律责任的规定

4.6.1 招标投标法律责任的种类

法律责任是指在法律关系中，行为人因违反法律规定或合同约定，而应当强制承担的某种不利的法律后果。招标投标法律责任是指对招标投标活动当事人违反我国招标投标相关法律法规行为的强制性处罚，也是招标投标法律体系的重要组成部分。《招标投标法》及各部门的规章对招标投标活动中当事人违法行为的法律责任均作出了规定。从法理上看，依据招标投标活动中当事人承担法律责任的性质不同，其法律责任可分为民事法律责任、行政法律责任和刑事法律责任。

《招标投标法》第六十一条规定，"本章规定的行政处罚，由国务院规定的有关行政监督部门决定。本法已对实施行政处罚的机关作出规定的除外。"

暂停直至取消从事工程建设项目招标代理业务的招标代理机构的招标代理资格，由国务院或者省、自治区、直辖市人民政府的建设行政主管部门作出。其依据在于，《招标投标法》第十四条第一款规定："从事工程建设项目招标代理业务的招标代理机构，其资格由国务院或者省、自治区、直辖市人民政府的建设行政主管部门认定。"

吊销营业执照的行政处罚，由工商行政管理机关作出。《招标投标法》第五十三条对投标人相互串通投标或者投标人与招标人串通投标、第五十四条对投标人以他人名义投标或者以其他方式弄虚作假骗取中标、第五十八条对中标人或分包人转包或违法分包中标项目、第六十条对中标人不履行与招标人约定的合同义务的行为，均规定了由工商行政管理机关吊销营业执照的行政处罚。

4.6.2 招标投标中的监督

《招标投标法》第七条规定，"招标投标活动及其当事人应当接受依法实施的监督。有关行政监督部门依法对招标投标活动实施监督，依法查处招标投标活动中的违法行为。对招标投标活动的行政监督及有关部门的具体职权划分，由国务院规定。"

此外，《实施条例》第七十九条规定，"国家建立招标投标信用制度。有关行政监督部门应当依法公告对招标人、招标代理机构、投标人、评标委员会成员等当事人违法行为的行政处理决定。"

对以上两个条款解释如下：

第一，招标投标活动必须依法接受行政机关的监督，主要包括两个方面：①参与招标投标活动的当事人应当依法接受监督。法律一经颁布实施，除了要求当事人自觉遵守法律规定，依法行使权利作出民事法律行为之外，还要建立相应的监督制约机制，依靠国家的强制力来保证法律的贯彻实施。招标投标活动的当事人，除了要遵守《招标投标法》的规定之外，还要接受、服从、配合有关行政监督部门对招标投标活动依法实施的行政监督管理，包括向有关行政监督管理部门如实提供所需资料、接受询问调查、接受依法进行的检查等。②有关行政监督管理部门对招标投标活动的监督管理，必须依据法律、行政法规的规定进行，包括有关行政监督部门行使监督管理权必须于法有据，如其监督管理的内容、措施以及对违法行为实施行政处罚的处罚种类、自由裁量幅度等，不能擅自处罚、公报私仇、恣意妄为。对法律、行政法规规定应当进行监督管理的事项，有关行政监督管理部门必须依法实施监督管理，坚决杜绝不作为式管理。对不属于行政监督管理范围内，而应由招标投标活动当事人自主决定的事项，行政监督管理部门不得倚仗其行政权力横加干涉、违法干预，不得越权行政或滥用职权。

当事人认为行政机关的具体行政行为违法，侵害其合法权益的，可以依据《行政复议法》的规定向上级行政机关申请行政复议，或者依据《行政诉讼法》的规定，向人民法院提起行政诉讼。依据《行政诉讼法》规定，行政机关或者行政机关工作人员作出的具体行政行为侵犯公民、法人或者其他组织的合法权益造成损害的，由该行政机关或者工作人员所在的行政机关负责赔偿。行政机关赔偿损失后，应当责令有故意或者重大过失的行政机关工作人员承担部分或者全部赔偿费用。

第二，有关行政监督管理部门对招标投标活动实施监督管理的内容，主要包括：①依法必须招标的项目是否进行招标。②依法必须招标的项目的招标采购活动是否按照法定程序及规则进行，招标、投标、评标是否合法、正当、公平、正规。③依法查处招标投标活动中的违法行为。处罚措施，除责令改正外，还包括依法给予罚款、没收违法所得、取消资格、责令停业、吊销营业执照等行政处罚。

第三，对招标投标活动的具体行政监督，以及有关行政部门在招标投标监督管理中的职权划分，由国务院规定。招标投标项目涉及的范围很大，目前是由一个部门牵头，多个部门进行管理的。原则上由国家发展与改革委员会牵头，属于国家重点建设项目的招标投标，由国家发展计划部门负责管理；属于城乡建设工程项目的招标投标，由建设行政主管部门管理；属铁路、公路、港口、机场、水利等专业工程建设项目的招标投标，分别由各相关行业主管部门进行管理；进口机电设备的招标，由商务部门进行管理；通讯通信项目的招标投标，由工业与信息化部门管理。目前采取的多部门管理格局，有利于发挥各有关部门在专业管理方面的长处，充分调动行业资源，规范了各个市场的有序竞争，但也造成了多头管理难以避免的诸多矛盾和问题，易造成部门垄断的现象。

第四，《实施条例》第四条规定，"国务院发展改革部门指导和协调全国招标投标工作，对国家重大建设项目的工程招标投标活动实施监督检查。国务院工业和信息化、住房城乡建设、交通运输、铁道、水利、商务等部门，按照规定的职责分工对有关招标投标活动实施监督。

县级以上地方人民政府发展改革部门指导和协调本行政区域的招标投标工作。县级以上地方人民政府有关部门按照规定的职责分工，对招标投标活动实施监督，依法查处招标投标活动中的违法行为。县级以上地方人民政府对其所属部门有关招标投标活动的监督职责分工另有规定的，从其规定。

财政部门依法对实行招标投标的政府采购工程建设项目的预算执行情况和政府采购政策执行情况实施监督。

监察机关依法对与招标投标活动有关的监察对象实施监察。"

4.6.3 招标人的法律责任

作为招标投标活动的发起者，招标人应当以身垂范，自觉遵守《招标投标法》及招标文件的规定，若给投标人、招标代理机构或其他利害关系人造成损失的，应当承担相应的民事法律责任，赔偿损失。

《招标投标法》第四十九条规定，"违反本法规定，必须进行招标的项目而不招标的，将必须进行招标的项目化整为零或者以其他任何方式规避招标的，责令限期改正，可以处项目合同金额千分之五以上千分之十以下的罚款；对全部或者部分使用国有资金的项目，可以暂停项目执行或者暂停资金拨付；对单位直接负责的主管人员和其他直接责任人员依法给予处分。"

《招标投标法》第五十一条规定，"招标人以不合理的条件限制或者排斥潜在投标人的，对潜在投标人实行歧视待遇的，强制要求投标人组成联合体共同投标的，或者限制投标人之间竞争的，责令改正，可以处一万元以上五万元以下的罚款。"招标人有下列限制或者排斥潜在投标人行为之一的，由有关行政监督部门依照《招标投标法》第五十一条的规定处罚：①依法应当公开招标的项目不按照规定在指定媒介发布资格预审公告或者招标公告；②在不同媒介发布的同一招标项目的资格预审公告或者招标公告的内容不一致，影响潜在投标人申请资格预审或者投标。

《招标投标法》第五十二条规定，"依法必须进行招标的项目的招标人向他人透露已获取招标文件的潜在投标人的名称、数量或者可能影响公平竞争的有关招标投标的其他情况的，或者泄露标底的，给予警告，可以并处一万元以上十万元以下的罚款；对单位直接负责的主管人员和其他直接责任人员依法给予处分；构成犯罪的，依法追究刑事责任。前款所列行为影响中标结果的，中标无效。"

《招标投标法》第五十五条规定，"依法必须进行招标的项目，招标人违反本法规定，与投标人就投标价格、投标方案等实质性内容进行谈判的,给予警告,对单位直接负责的主管人员和其他直接责任人员依法给予处分。前款所列行为影响中标结果的,中标无效。"

《招标投标法》第五十七条规定,"招标人在评标委员会依法推荐的中标候选人以外确定中标人的,依法必须进行招标的项目在所有投标被评标委员会否决后自行确定中标人的,中标无效。责令改正,可以处中标项目金额千分之五以上千分之十以下的罚款;对单位直接负责的主管人员和其他直接责任人员依法给予处分。"

《招标投标法》第五十九条规定,"招标人与中标人不按照招标文件和中标人的投标文件订立合同的,或者招标人、中标人订立背离合同实质性内容的协议的,责令改正;可以处中标项目金额千分之五以上千分之十以下的罚款。"

《实施条例》第六十三条规定,"招标人有下列情形之一的,由有关行政监督部门责令改正,可以处10万元以下的罚款:(一)依法应当公开招标而采用邀请招标;(二)招标文件、资格预审文件的发售、澄清、修改的时限,或者确定的提交资格预审申请文件、投标文件的时限不符合招标投标法和本条例规定;(三)接受未通过资格预审的单位或者个人参加投标;(四)接受应当拒收的投标文件。招标人有前款第一项、第三项、第四项所列行为之一的,对单位直接负责的主管人员和其他直接责任人员依法给予处分。"

《实施条例》第六十六条规定,"招标人超过本条例规定的比例收取投标保证金、履约保证金或者不按照规定退还投标保证金及银行同期存款利息的,由有关行政监督部门责令改正,可以处5万元以下的罚款;给他人造成损失的,依法承担赔偿责任。"

《实施条例》第七十条规定,"依法必须进行招标的项目的招标人不按照规定组建评标委员会,或者确定、更换评标委员会成员违反招标投标法和本条例规定的,由有关行政监督部门责令改正,可以处10万元以下的罚款,对单位直接负责的主管人员和其他直接责任人员依法给予处分;违法确定或者更换的评标委员会成员作出的评审结论无效,依法重新进行评审。国家工作人员以任何方式非法干涉选取评标委员会成员的,依照本条例第八十一条的规定追究法律责任。"

《实施条例》第七十三条规定,"依法必须进行招标的项目的招标人有下列情形之一的,由有关行政监督部门责令改正,可以处中标项目金额千分之十以下的罚款;给他人造成损失的,依法承担赔偿责任;对单位直接负责的主管人员和其他直接责任人员依法给予处分:(一)无正当理由不发出中标通知书;(二)不按照规定确定中标人;(三)中标通知书发出后无正当理由改变中标结果;(四)无正当理由不与中标人订立合同;(五)在订立合同时向中标人提出附加条件。"

4.6.4 投标人的法律责任

投标人在招标投标活动中,因自身原因给招标人、招标代理机构或其他利害关系人造成损失的,除招标人不退还投标保证金外,还应承担超出部分的损害赔偿责任。

《招标投标法》第五十三条规定,"投标人相互串通投标或者与招标人串通投标的,投标人以向招标人或者评标委员会成员行贿的手段谋取中标的,中标无效,处中标项目金额千分之五以上千分之十以下的罚款,对单位直接负责的主管人员和其他直接责任人员处单位罚款数额百分之五以上百分之十以下的罚款;有违法所得的,并处没收违法所得;情节严重的,取消其一年至二年内参加依法必须进行招标的项目的投标资格并予以公告,直至由工商行政管理机关吊销营业执照；构成犯罪的，依法追究刑事责任。给他人造成损失的，依法承担赔偿责任。"

《实施条例》第六十七条规定，"投标人相互串通投标或者与招标人串通投标的，投标人向招标人或者评标委员会成员行贿谋取中标的，中标无效；构成犯罪的，依法追究刑事责任；尚不构成犯罪的，依照招标投标法第五十三条的规定处罚。投标人未中标的，对单位的罚款金额按照招标项目合同金额依照招标投标法规定的比例计算。

投标人有下列行为之一的，属于招标投标法第五十三条规定的情节严重行为，由有关行政监督部门取消其1年至2年内参加依法必须进行招标的项目的投标资格：（一）以行贿谋取中标；（二）3年内2次以上串通投标；（三）串通投标行为损害招标人、其他投标人或者国家、集体、公民的合法利益，造成直接经济损失30万元以上；（四）其他串通投标情节严重的行为。

投标人自本条第二款规定的处罚执行期限届满之日起3年内又有该款所列违法行为之一的，或者串通投标、以行贿谋取中标情节特别严重的，由工商行政管理机关吊销营业执照。

法律、行政法规对串通投标报价行为的处罚另有规定的，从其规定。"

《招标投标法》第五十四条规定，"投标人以他人名义投标或者以其他方式弄虚作假，骗取中标的，中标无效，给招标人造成损失的，依法承担赔偿责任；构成犯罪的，依法追究刑事责任。依法必须进行招标的项目的投标人有前款所列行为尚未构成犯罪的，处中标项目金额千分之五以上千分之十以下的罚款，对单位直接负责的主管人员和其他直接责任人员处单位罚款数额百分之五以上百分之十以下的罚款；有违法所得的，并处没收违法所得；情节严重的，取消其1年至3年内参加依法必须进行招标的项目的投标资格并予以公告，直至由工商行政管理机关吊销营业执照。"

《实施条例》第六十八条规定，"投标人以他人名义投标或者以其他方式弄虚作假骗取中标的，中标无效；构成犯罪的，依法追究刑事责任；尚不构成犯罪的，依照招标投标法第五十四条的规定处罚。依法必须进行招标的项目的投标人未中标的，对单位的罚款金额按照招标项目合同金额依照招标投标法规定的比例计算。

投标人有下列行为之一的，属于招标投标法第五十四条规定的情节严重行为，由有关行政监督部门取消其1年至3年内参加依法必须进行招标的项目的投标资格：（一）伪造、变造资格、资质证书或者其他许可证件骗取中标；（二）3年内2次以上使用他人名义投标；（三）弄虚作假骗取中标给招标人造成直接经济损失30万元以上；（四）其他弄虚作假骗取中标情节严重的行为。

投标人自本条第二款规定的处罚执行期限届满之日起3年内又有该款所列违法行为之一的，或者弄虚作假骗取中标情节特别严重的，由工商行政管理机关吊销营业执照。"

《招标投标法》第五十八条规定，"中标人将中标项目转让给他人的，将中标项目肢解后分别转让给他人的，违反本法规定将中标项目的部分主体、关键性工作分包给他人的，或者分包人再次分包的，转让、分包无效，处转让、分包项目金额千分之五以上千分之十以下的罚款；有违法所得的，并处没收违法所得；可以责令停业整顿；情节严重的，由工商行政管理机关吊销营业执照。"

《实施条例》第六十九条规定，"出让或者出租资格、资质证书供他人投标的，依照法律、行政法规的规定给予行政处罚；构成犯罪的，依法追究刑事责任。"

4.6.5 招标代理机构的法律责任

招标代理机构与招标人之间存在委托代理关系，依据《合同法》的相关规定，因招标代理行为给招标人造成损失的，包括无权代理行为、越权代理行为等，应当承担相应的民事法律责任。

《招标投标法》第五十条规定，"招标代理机构违反本法规定，泄露应当保密的与招标投标活动有关的情况和资料的，或者与招标人、投标人串通损害国家利益、社会公共利益或者他人合法权益的，处五万元以上二十五万元以下的罚款，对单位直接负责的主管人员和其他直接责任人员处单位罚款数额百分之五以上百分之十以下的罚款；有违法所得的，并处没收违法所得；情节严重的，暂停直至取消招标代理资格；构成犯罪的，依法追究刑事责任。给他人造成损失的，依法承担赔偿责任。

前款所列行为影响中标结果的，中标无效。"

《实施条例》第六十五条规定，"招标代理机构在所代理的招标项目中投标、代理投标或者向该项目投标人提供咨询的，接受委托编制标底的中介机构参加受托编制标底项目的投标或者为该项目的投标人编制投标文件、提供咨询的，依照招标投标法第五十条的规定追究法律责任。"

上述规定中所涉及的刑事责任主要根据《刑法》第二百十九条、第二百二十条关于侵犯商业秘密罪的规定。所谓侵犯商业秘密罪，是指以非法手段获取、泄露、使用他人的商业秘密，并给商业秘密的权利人造成重大损失的行为。而所谓商业秘密，是指非公开的且能为持有权利人带来经济效益，具有实用性并经权利人采取保密、保护措施的技术信息和经营信息等。招标代理机构与招标人之间存在委托代理关系，招标代理机构受托于招标人办理招标事宜。招标代理机构在招标投标活动中极有可能或不可避免地将了解到招标人和投标人的商业秘密。招标代理机构泄露应当保密的与招标投标活动有关的信息中极可能包含招标人和投标人的商业秘密。招标代理机构、招标人、投标人独立或串通侵犯他人商业秘密构成犯罪的，应当依法追究刑事责任。另根据《刑法》第二百二十条的规定，单位主体如招标代理机构、招标人均可以构成侵犯商业秘密罪的犯罪主体。

4.6.6 评标委员会的法律责任

《招标投标法》第五十六条规定，"评标委员会成员收受投标人的财物或者其他好处的，评标委员会成员或者参加评标的有关工作人员向他人透露对投标文件的评审和比较、中标候选人的推荐以及与评标有关的其他情况的，给予警告，没收收受的财物，可以并处三千元以上五万元以下的罚款，对有所列违法行为的评标委员会成员取消担任评标委员会成员的资格，不得再参加任何依法必须进行招标的项目的评标；构成犯罪的，依法追究刑事责任。"

本条规定中所指的刑事责任主要是指《刑法》第三百九十八条规定的泄露国家秘密罪和第二百一十九条规定的侵犯商业秘密罪。

我国《刑法》第三百九十八条规定："国家机关工作人员违反保守国家秘密法的规定，故意或者过失泄露国家秘密，情节严重的，处三年以下有期徒刑或者拘役；情节特别严重的,处三年以上七年以下有期徒刑。非国家机关工作人员犯前款罪的,依照前款的规定酌情处罚。"在某些招标活动中,招标投标活动中的某些信息属于国家秘密,例如国家保密局会同国家计委、国家经贸委、财政部、国内贸易部等七个部委共同制定的《经济工作中国家秘密及其密级具体范围的规定》(国保发〔1997〕5号)第三条"机密级事项"即包含了"国家大中型建设工程招标前的计划、标底和国家重点项目对外谈判方案、价格底盘,对外招标、投标的标底方案及内部协调的具体措施。"而且,其他相关行业部门如水利、交通、机械、石油、石化、林业、农业等主管机关的内部保密条例或规章也有类似的规定。因此,评标委员会成员或者参加评标的有关工作人员向他人透露的评标情况中如有属于国家秘密的内容,则其行为就构成了《刑法》第三百九十八条规定的泄露国家秘密罪,应当按照《刑法》的规定追究其刑事责任。

《实施条例》第七十一条规定,"评标委员会成员有下列行为之一的,由有关行政监督部门责令改正;情节严重的,禁止其在一定期限内参加依法必须进行招标的项目的评标;情节特别严重的,取消其担任评标委员会成员的资格:(一)应当回避而不回避;(二)擅离职守;(三)不按照招标文件规定的评标标准和方法评标;(四)私下接触投标人;(五)向招标人征询确定中标人的意向或者接受任何单位或者个人明示或者暗示提出的倾向或者排斥特定投标人的要求;(六)对依法应当否决的投标不提出否决意见;(七)暗示或者诱导投标人作出澄清、说明或者接受投标人主动提出的澄清、说明;(八)其他不客观、不公正履行职务的行为。"

《实施条例》第七十二条规定,"评标委员会成员收受投标人的财物或者其他好处的,没收收受的财物,处3000元以上5万元以下的罚款,取消担任评标委员会成员的资格,不得再参加依法必须进行招标的项目的评标;构成犯罪的,依法追究刑事责任。"

4.6.7 行政管理机关或人员的法律责任

1. 违反公平公正原则的法律责任

《招标投标法》第六十二条规定,"任何单位违反本法规定,限制或者排斥本地区、本系统以外的法人或者其他组织参加投标的,为招标人指定招标代理机构的,强制招标人委托招标代理机构办理招标事宜的,或者以其他方式干涉招标投标活动的,责令改正;对单位直接负责的主管人员和其他直接责任人员依法给予警告、记过、记大过的处分,情节较重的,依法给予降级、撤职、开除的处分。个人利用职权进行前款违法行为的,依照前款规定追究责任。"

本条旨在规定违反《招标投标法》第十二条、第十八条规定以及公平公正原则的单位或个人的法律责任。

"直接负责的主管人员"是指在单位违法行为中负有领导责任的人员,包括违法行为的决策人,事后对单位违法行为予以认可和支持的领导人员,以及由于疏于管理或放任对单位违法行为负有不可推卸责任的领导人员。

"其他直接责任人员"是指其他直接实施单位违法行为的人员。

2. 行政不作为的法律责任

《实施条例》第八十条规定,"项目审批、核准部门不依法审批、核准项目招标范围、招标方式、招标组织形式的,对单位直接负责的主管人员和其他直接责任人员依法给予处分。

有关行政监督部门不依法履行职责，对违反招标投标法和本条例规定的行为不依法查处，或者不按照规定处理投诉、不依法公告对招标投标当事人违法行为的行政处理决定的，对直接负责的主管人员和其他直接责任人员依法给予处分。项目审批、核准部门和有关行政监督部门的工作人员徇私舞弊、滥用职权、玩忽职守，构成犯罪的，依法追究刑事责任。"

3. 徇私舞弊、滥用职权与玩忽职守的法律责任

《招标投标法》第六十三条规定，"对招标投标活动依法负有行政监督职责的国家机关工作人员徇私舞弊、滥用职权或者玩忽职守，构成犯罪的，依法追究刑事责任；不构成犯罪的，依法给予行政处分。"

此外，《实施条例》第八十一条规定，"国家工作人员利用职务便利，以直接或者间接、明示或者暗示等任何方式非法干涉招标投标活动，有下列情形之一的，依法给予记过或者记大过处分；情节严重的，依法给予降级或者撤职处分；情节特别严重的，依法给予开除处分；构成犯罪的，依法追究刑事责任：（一）要求对依法必须进行招标的项目不招标，或者要求对依法应当公开招标的项目不公开招标；（二）要求评标委员会成员或者招标人以其指定的投标人作为中标候选人或者中标人，或者以其他方式非法干涉评标活动，影响中标结果；（三）以其他方式非法干涉招标投标活动。"

思考题：
1. 《招标投标法》的立法目的和适用范围。
2. 必须进行招标项目的范围。
3. 招标项目应该具备的条件。
4. 一般招标投标活动应当包含的阶段。
5. 重新招标的情形。
6. 违法进行招标投标活动的法律责任。

第 5 章 政 府 采 购 法

5.1 政府采购法概述

5.1.1 政府采购

政府采购,也称为公共采购,是指各级国家机关、事业单位和团体组织(下称"采购人"),为从事日常的政务活动或为了满足公共服务目的,使用财政性资金采购依法制定的集中采购目录以内的或者采购限额标准以上的货物、工程和服务的行为。有的国家也称为公共采购,在世界贸易组织的《政府采购协定》中的公共采购活动范围,扩大到了受政府管理控制的国有企业采购范围。

采购是指以合同方式有偿取得货物、工程和服务的行为,包括购买、租赁、委托、雇用等。货物是指各种形态和种类的物品,包括原材料、燃料、设备、产品等。工程,是指建设工程,包括建筑物和构筑物的新建、改建、扩建、装修、拆除、修缮等。服务是指除货物和工程以外的其他政府采购对象。

政府采购与其他主体采购相比,具有如下特点:

(1) 采购主体的特定性

政府采购的主体并不仅包括行政机关,一般还包括政府机关以外的其他各级国家机关,包括各级权力机关、检察司法机关,以及政府拨款的事业单位和团体组织。军事采购也是政府采购的重要组成部分,但是由于涉及国家安全和国家秘密,与政府采购公开透明的一般原则不同,所以,一般国家都在政府采购法之外另行制定军事采购法规,因此不包含在《政府采购法》范围内。全民所有制企业和国有控股企业的采购不属于政府采购,因为企业是独立法人,尽管其注册资本有可能来源于财政资金,但是,该资金一旦注入企业,则国家只能作为企业的股东,该资金就属于企业所有。企业使用企业拥有的资金采购,就不属于政府采购,因此全民所有制企业和国有控股企业不是政府采购的主体。而私人采购的主体一般为个人、家庭、企业和其他非财政拨款的组织。采购主体的特定性和采购资金来源的公共性,是政府采购与其他主体采购的最大的区别。

(2) 资金来源的公共性

政府采购的资金来源是政府财政拨款,财政资金的主要来源是国家税收,即纳税人上缴纳税收入。正因为如此,政府采购应当受到更多的法律监管。

(3) 采购目的非盈利性

政府采购的目的不是为了满足个人或者企业利益需要,而是为了满足国家机关从事日常的政务活动支出,正常履行其公共职能,或者为了满足公共服务的目的。

(4) 公开性

政府采购的法律法规和其他规定、采购信息、采购对象、采购程序、采购过程和选择供应商的结果等都是公开透明的，不允许暗箱操作。

(5) 采购对象的广泛性

政府采购的对象非常广泛，不仅包括货物，如办公设备、办公车辆等，也包括建设工程和服务。

(6) 政策性

政府采购往往体现着很强的政策性：

一是通过政府采购促进国家有关政策目标的实现，像节能减排、保护环境、扶持不发达地区和少数民族地区的发展、保护中小企业发展等，这是联合国允许的，也是国际通行的做法。如2004年12月17日，为发挥政府机构节能、节水的表率作用，降低政府机构能源费用开支，推动企业节能技术进步，扩大节能产品市场，提高全社会的资源忧患意识，实现经济社会可持续发展，财政部就推行节能产品政府采购制定了《节能产品政府采购实施意见》。该《意见》规定，各级国家机关、事业单位和团体组织用财政性资金进行采购的，应当优先采购节能产品，逐步淘汰低能效产品。

二是国家往往会利用政府采购作为保护本国国内产业的重要手段。通过政府采购对本国的政府采购市场进行必要的保护，是各国政府采购立法和法律实施中普遍采用的做法，符合国际惯例，也符合有关国际协议对发展中国家优惠条款的规定。世界贸易组织的《政府采购协议》虽然规定签字国相互之间给予最惠国待遇和国民待遇，但允许对发展中国家实行特殊与差别待遇，包括适用"国民待遇原则的例外"。况且，该协议也不属于世贸组织成员国必须接受的若干协议或协定，目前在该协议上签字的只有41个国家。我国目前尚未加入世贸组织《政府采购协议》，我国政府采购市场如何对外开放，将依照加入《政府采购协议》谈判的结果而定，因此，我国现行《政府采购法》按照未开放政府采购市场的情况，规定了对国内产业的适度保护。《政府采购法》第十条规定，"政府采购应当采购本国货物、工程和服务"，同时规定了三种例外情况："（一）需要采购的货物、工程或者服务在中国境内无法获取或者无法以合理的商业条件获取的；（二）为在中国境外使用而进行采购的；（三）其他法律、行政法规另有规定的"，并规定"本国货物、工程和服务的界定，依照国务院有关规定执行。"上述规定既维护了国家利益，又不排除在特定情况下可以采购非本国货物、工程和服务，符合我国目前的情况。将来如果我国成为世界贸易组织《政府采购协议》的签字国，只需对法律的局部内容作适当修改即可，法律的稳定性不会受到大的影响。

(7) 规范性

私人采购可以根据自己的需要进行采购，并且采购的程序、方式等一般由采购人和供应商自己决定，但是，政府采购则具有更强的规范性。一是国家对于政府采购有专门的法律法规，政府主管部门和其他机关也有许多有关政府采购的规定，这些法律法规和部门规章、规定，就采购对象、采购方式、采购程序等进行了全面的规定，必须遵守和执行。二是如果政府采购的采购人没有遵守国家法律法规和其他规定，应当承担相应的法律责任。

(8) 规模和影响力大

政府采购的主体是政府和其他国家财政拨款的机构和组织，是一个国家内最大的单一消费者，购买力非常巨大。据统计，通常一个国家的政府采购规模要占到整个国家国内生产总值（GDP）的10%以上，因此，政府采购对国民经济发展和整个社会的影响非常大。据统计，2009年我国政府采购支出7413亿元，政府采购占GDP的比重为2.2%。2010年我国政府采购规模达到8422亿元，政府采购占当年GDP的比例为2.1%。考虑到有部分政府采购没有纳入统计，实际政府采购所占比例要更大一些。一般发达国家政府采购的比例为国家GDP的10%～15%，发展中国家可达到20%左右。据统计，欧盟各国政府采购的金额占其国内生产总值的14%左右（不包括公用事业部门的采购）；美国政府在20世纪90年代初每年用于货物和服务的采购就占其国内生产总值的26%～27%，每年有2000多亿美元的政府预算用于政府采购。

5.1.2 《政府采购法》的内容

自从1782年英国政府设立文具公用局专门负责政府部门办公用品采购以来，政府采购已有200多年历史。1996年，我国提出试行政府采购制度。各地方政府纷纷制定了政府采购的地方性法规和地方行政部门规章。1999年4月17日，财政部在总结各地经验的基础上制定了《政府采购管理暂行办法》（财预字〔1999〕139号）。根据第九届全国人大常委会立法规划，全国人大财经委员会于1999年4月成立了《政府采购法》起草组，组织《政府采购法》的起草工作。经过两年多的反复调研、讨论、修改和完善，最终形成《中华人民共和国政府采购法（草案）》。2002年6月，九届全国人大常委会第二十八次会议审议通过了《中华人民共和国政府采购法》（以下简称《政府采购法》），自2003年1月1日起正式实施。《政府采购法》是政府采购工作的基本法，从此我国政府采购工作步入了法制化轨道。

2002年颁布的《政府采购法》共9章、88条，除总则和附则外，分别对政府采购当事人、政府采购方式、政府采购程序、政府采购合同、质疑与投诉、监督检查和法律责任分章做了规定。下面我们分别进行简要介绍。

（1）第一章　总则

该部分主要介绍了《政府采购法》的立法目的、适用范围、定义、政府采购应当遵循的原则、我国政府采购的体制、主管机构等内容。

关于《政府采购法》的调整范围，第二条第二款规定："本法所称政府采购，是指各级国家机关、事业单位和团体组织，使用财政性资金采购依法制定的集中采购目录以内的或者采购限额标准以上的货物、工程和服务的行为。"该条对政府采购的概念和范围作了界定，明确了政府采购法的调整范围，即只有采购人、采购资金和采购对象三个方面都符合法律的规定，才纳入《政府采购法》的调整范围。我国的《政府采购法》从中国的实际情况出发，参照国际通行做法，将采购人界定为"各级国家机关、事业单位和团体组织"，包括各级国家权力机关、行政机关、审判机关、检察机关、政党组织、政协组织、工青妇组织以及文化、教育、科研、医疗、卫生、体育等事业单位，但是不包括国有企业和国有控股企业的采购。军事装备和军用物资的采购涉及国家的安全和机密，其采购过程不可能遵循透明、公开等原则，因此《政府采购法》也没有将军事采购纳入调整范围，而是在附则一章中规定军事采购法规由中央军事委员会另行制定。

关于政府采购资金，《政府采购法》将其规定为"财政性资金"，包括财政预算内资金和预算外资金。财政性资金来源于税收和政府部门及所属事业单位依法收取的费用以及履行职责获得的其他收入。

关于政府采购的对象，法律将其规定为采购人使用财政性资金采购的"货物、工程和服务"。这样的规定与我国政府采购试点的实际情况和国际通行做法相一致，已经比较宽泛，完全能够覆盖政府采购的实际需要。在立法时，对于工程采购是否纳入、在多大范围上纳入政府采购法的调整范围，曾经有过争议。有人认为，工程招标采购已由招标投标法进行规范，并建立了监督体系，为避免职能的交叉，可不列入政府采购法调整范围，或者写明政府采购的工程适用招标投标法。立法机关经过慎重研究，最终将工程采购整体纳入政府采购法的调整范围。主要是考虑以下因素：第一，工程是政府采购的采购单位必需的一类采购对象，只有将工程采购与货物、服务采购都纳入政府采购，才能保证采购单位有效履行职责。第二，其他国家、国际组织制定的有关政府采购的法律、协议等都将工程纳入政府采购。第三，既应当对《招标投标法》规定的通过招投标进行采购的政府工程从监督、有关政策、资金支付、合同事项、质疑投诉等方面进行规定，也应对《招标投标法》没有规定的采用招标以外的采购方式，包括竞争性谈判采购、单一来源采购、询价采购等采购的政府工程做出规定。第四，可以利用WTO规则，通过政府采购对于我国工程采购市场进行合理地保护。但是，为了避免《政府采购法》与《招标投标法》等法律发生冲突，保证《政府采购法》与有关法律的衔接，《政府采购法》在立法时做了必要的技术处理：一是第二条第三款规定："政府集中采购目录和采购限额标准依照本法规定的权限制定"，该规定赋予国务院和省级地方政府根据我国实际，调整货物、工程和服务采购范围大小的职权。二是第四条规定，"政府采购工程进行招标投标的，适用招标投标法。"三是对其他法律、行政法规有规定的，尽可能不另行规定。例如，考虑到《招标投标法》对招标代理机构的条件作了规定，有关行政法规和规章对招标代理机构的资格认定作了规定，《政府采购法》没有另作规定；有关法律责任的规定，也参照了其他法律。

关于集中采购与分散采购制度，《政府采购法》第七条规定，"政府采购实行集中采购和分散采购相结合。"该规定明确了我国政府采购的基本模式为"集中采购与分散采购相结合"的模式。集中采购是指采购人对纳入集中采购目录的政府采购项目，必须委托集中采购机构代理采购，而不能直接采购。分散采购是指采购人对未纳入集中采购目录的政府采购项目自行组织采购，或者自愿委托集中采购机构在委托范围内进行的代理采购。按照《政府采购法》的规定，集中采购与分散采购都属于政府采购，都要执行《政府采购法》的规定，不能理解为政府采购就是集中采购。《政府采购法》第七条规定，"集中采购的范围由省级以上人民政府公布的集中采购目录确定。属于中央预算的政府采购项目，其集中采购目录由国务院确定并公布；属于地方预算的政府采购项目，其集中采购目录由省、自治区、直辖市人民政府或者其授权的机构确定并公布"。因此，政府集中采购与分散采购范围的划分，根据资金来源不同，分别由国务院和省级人民政府或者其授权的机构确定并公布。

(2) 第二章 政府采购当事人

该部分主要规定了政府采购涉及的当事人——采购人、供应商（含联合体供应商）、采购代理机构——应当具备的资格和应予遵守的条件。

政府采购当事人中的采购代理机构，是指政府设立的集中采购机构和经认定资格的采购代理机构。集中采购机构分为两类：一类是综合集中采购机构，即设区的市、自治州以上人民政府根据本级政府采购项目组织集中采购的需要而设立的集中采购机构，如有些省、区、市设立的政府采购中心。集中采购机构没有行政管理职能，是非营利事业法人，主要职责是代理集中采购项目的采购。另一类是部门集中采购机构，即省级以上人民政府批准的代理本部门、本系统有特殊要求的政府采购项目的组织。

(3) 第三章　政府采购方式

该部分主要规定了政府采购包含的六种不同的采购方式及其适用的情形。六种政府采购方式包括公开招标、邀请招标、竞争性谈判、单一来源采购、询价、国务院政府采购监督管理部门认定的其他采购方式，其中公开招标为政府采购的主要采购方式。根据《政府采购法》第四条的规定，政府采购工程进行招标投标的，还应适用《招投标法》。

(4) 第四章　政府采购程序

该部分主要规定了政府采购的实施程序，包括部门年度政府采购预算的编制、邀请招标、公开招标、竞争性谈判、单一来源采购、询价采购方式应当遵循的程序，对供应商履约的验收，对于采购过程文件的要求等。

(5) 第五章　政府采购合同

该部分规定了在确定了政府采购供应商后，签署政府采购合同的要求。该部分内容包括合同适用的法律、合同签署形式、合同应具备的条款、签约时间、合同备案、签署补充合同以及合同的变更、中止和终止。值得注意的是，该部分对于政府采购合同的性质做了明确规定。《政府采购法》第四十三条规定，"政府采购合同适用合同法。采购人和供应商之间的权利和义务，应当按照平等、自愿的原则以合同方式约定。"根据该规定，政府采购合同为民事合同，而不是行政合同。政府采购本身是一种市场交易行为，购销双方的法律地位是平等的，在采购合同订立过程中，不涉及行政权力的行使。但是，应当注意，政府采购合同除了具有一般民事合同的特点以外，还具有维护公共利益、严格财政支出管理、抑制腐败等功能，因此，政府采购合同又不完全等同于一般的民事合同，在遵守《合同法》的前提下具有一定的特殊性，如《政府采购法》第五十条规定，"政府采购合同的双方当事人不得擅自变更、中止或者终止合同。政府采购合同继续履行将损害国家利益和社会公共利益的，双方当事人应当变更、中止或者终止合同。"

(6) 第六章　质疑与投诉

该部分主要讲政府采购出现问题时的救济方式，该部分的目的是在采购过程出现问题时，给予供应商申请纠正的救济措施，这些措施包括供应商对采购人或采购代理机构的询问和质疑、采购人或采购代理机构的答复、供应商对采购人或采购代理机构的投诉、政府采购监督管理部门对投诉的处理、投诉人对采购监督管理部门的行政复议和行政诉讼等。

(7) 第七章　监督检查

该部分主要规定，政府采购监督管理部门对于采购人、供应商、集中采购机构政府采购活动的监督检查，以防止在政府采购过程中出现不符合法律规定要求甚至违规违法的情况，这属于政府主管部门的主动监管措施。该部分内容包括对政府采购进行监督检查的主管部门、监督检查的内容、监采分离制度、集中采购机构内部监管制度、集中采购机构采购人员管理、采购标准和采购结果公开、禁止指定供应商、政府采购当事人配合检查、对集中采购机构的考核、其他政府部门的行政监督和审计监督、监察机关的监督、社会监督即控告和检举等规定。

(8) 第八章　法律责任

该部分规定了政府采购当事人和其他相关人员和部门违反政府采购法律法规或者行政

规章时应当承担的法律责任。该部分内容主要包括：

① 采购人、采购代理机构及其工作人员违法违规的法律责任。包括：采购人、采购代理机构违反规定应当处以行政处分的情形；采购人、采购代理机构及其工作人员违反法律法规应当受到的刑罚、行政处罚和行政处分；采购人、采购代理机构及其工作人员违法违规行为影响或者可能影响中标和成交结果的行为的处理；采购人在应当集中采购时不委托采购机构实行集中采购、采购人不公布采购标准和采购结果的处罚；采购人、采购代理机构违反有关采购文件的规定的处罚；供应商违法的行政处罚与刑事处罚。

② 采购代理机构在代理政府采购业务中违法应处的行政处罚和刑事处罚。

③ 政府当事人应当承担的民事责任；采购人、采购代理机构及其工作人员、供应商违法违规应承担的民事责任。

④ 有关政府采购考核的违法犯罪。内容包括政府采购机构的监督管理部门渎职、对投诉逾期未作处理、对集中采购机构疏于考核或考核不严；集中采购机构在考核中弄虚作假和违法犯罪的行政处分和刑事处罚。

⑤ 禁止不正当竞争。任何单位或者个人阻挠和限制外地供应商，进行地方保护的法律责任。

(9) 第九章　附则

该部分主要是讲《政府采购法》适用范围的例外和生效等规定。三个例外是：第一，国际组织和外国政府贷款，如果有约定则不适用《政府采购法》；第二，因严重自然灾害、不可抗力或者涉及国家安全与秘密的采购，不适用《政府采购法》；第三，军事采购不适用《政府采购法》。另外，国务院可以根据《政府采购法》制定实施条例；同时规定了该法的施行日期。

5.2　政府采购法法学理论

5.2.1　《政府采购法》的法律体系

2010年中央所属部门仅"三公经费"财政拨款就达94.7亿元。政府采购法律制度是依法管理财政支出、保证国家机构正常履行职能和依法行政、减少腐败的重要法律制度，依法管理好政府采购财政支出非常重要。首先就是建立和完善有关政府采购的法律体系。狭义的政府采购法是指《政府采购法》法典，广义的政府采购法是指《政府采购法》法典及其相关的法律制度。从1996年我国进行政府采购试点以来，政府采购法律制度从无到有，逐步推进，目前，我国政府采购活动已经有法可依、有章可循，以《政府采购法》为中心，以《合同法》、《招标投标法》、《反不正当竞争法》、《反垄断法》等为辅助，以部门行政规章为补充的中国政府采购法律体系基本框架初步建立。

(1)《政府采购法》

2002年6月，九届全国人大常委会第二十八次会议审议通过了《政府采购法》，自2003年1月1日起正式实施，成为中国政府采购法律制度建设的里程碑。《政府采购法》是政府采购工作的基本法，从国家法律层面解决了政府采购的宗旨、原则、管理体制、政府采购的方式、采购合同、救济措施、监督检查以及法律责任等重大问题。

(2)《合同法》

政府采购合同的性质在立法时曾经引起过争论，目前也还有不同意见。但是多数意见认为政府采购合同尽管有许多特殊之处，但仍然是民事合同而不是行政合同。《政府采购法》第四十三条规定，"政府采购合同适用合同法。采购人和供应商之间的权利和义务，应当按照平等、自愿的原则以合同方式约定。"《政府采购法》的上述规定明确了政府采购合同的性质是民事合同，尽管采购主体的采购过程要受国家行政监督管理，但是，采购人、采购代理机构与供应商之间仍然是平等主体，应当在自愿、公平的基础上签署和履行政府采购合同。因为政府采购合同性质上属于民事合同，所以必须遵守《合同法》的相关规定，除了《合同法》总则中的一般原则和合同的订立、效力、履行、变更转让、权利义务终止、违约责任等一般规定以外，还要遵守《合同法》有关专门合同的规定，如采购货物的应当遵守《合同法》第九章买卖合同的规定，采购工程的要遵守《合同法》第十六章建设工程合同的规定，采购服务的要根据服务的性质遵守《合同法》第二十一章委托合同或者其他相关分则的规定。对于《合同法》没有规定的，则应当遵守《民法通则》等民事法律的有关规定。政府采购合同与一般民事合同不同的地方主要在于，国家对于采购人和供应商的选择过程有更多的约束。

(3)《招标投标法》

政府采购包括公开招标、邀请招标、竞争性谈判、单一来源采购、询价和国务院政府采购监督管理部门认定的其他采购方式等六种采购方式。公开招标是政府采购的主要采购方式。公开招标和邀请招标的采购方式除了应当遵守《政府采购法》的规定以外，还应当遵守《招标投标法》的有关规定。《招标投标法》的内容主要包括总则、招标、投标、开标、评标和中标、法律责任及附则。政府采购工程的招标、投标、开标、评标、中标等整个招投标过程都应当按照《招标投标法》的规定实施。

(4)《反不正当竞争法》

1993年9月2日，全国人大常委会第三次会议通过了《中华人民共和国反不正当竞争法》，自1993年12月1日起施行。该法规定，经营者在市场交易中，应当遵循自愿、平等、公平、诚实信用的原则，遵守公认的商业道德，鼓励和保护公平竞争，制止不正当竞争行为，保护经营者和消费者的合法权益，如果经营者有违反《反不正当竞争法》的行为，损害其他经营者的合法权益，扰乱社会经济秩序，则应承担相应的法律责任。因为政府采购规模大，并且采购人资信和资金来源完全有保障，商业风险较小，因此，政府采购是一个规模庞大并且很有吸引力的市场，能够在政府采购市场中得到一定的份额对于供应商的发展无疑是非常有利的，因此，政府采购市场往往都是买方市场，竞争十分激烈。但是，它带来的负面效应就是，某些供应商可能会违反法律法规的规定，试图采取不正当的竞争手段在政府采购市场竞争中获得优势，个别负责政府采购的人员也有可能会滥用权力，导致不公平竞争。《政府采购法》第三条、第五条对此作了原则性规定。第三条规定，"政府采购应当遵循公开透明原则、公平竞争原则、公正原则和诚实信用原则。"第五条规定，"任何单位和个人不得采用任何方式，阻挠和限制供应商自由进入本地区和本行业的政府采购市场。"因此，《政府采购法》应当坚持公开、公平、公正原则。公开原则是世界各国管理公共支出的一个共同原则，对纳税人以及社会公众负责，政府采购依据的法律、政策、采购项目、合同条件、投标人资格预审和评价投标的标准等都必须对社会公开，以便公众和专门机构进行检查监督。政府采购还必须坚持公平原则和公正原则,让所有参加竞争的供应商都能获得平等的竞争机会并受到同等待遇,对所有参加投标的供应商一视同仁,公平对待,不得采取歧视政策和差别待遇。政府采购还必须坚持竞争性原则,促进供应商之间最大程度的正当竞争。这样既有利于发挥竞争的作用,形成统一的货物、工程和服务供应市场,促进市场的良性发展,也能真正发挥市场机制在政府支出管理中的重要作用,保证采购人利用好财政资金,使投标人提供更好的商品、服务和技术等,降低采购货物、工程和服务成本,使政府采购的采购人能以较低价格采购到质量较高的商品,实现政府与市场在支出管理领域的最佳结合,达到政府高效率采购的目标,同时也可以防止权钱交易等腐败现象的发生。为了落实上述规定,无疑应当适用《反不正当竞争法》,对于不正当竞争行为做出处理。因此,反不正当竞争法也是政府采购法律体系的重要组成部分。

《反不正当竞争法》对于政府采购过程中可能发生的不正当竞争行为也作出了一些具体的规定。该法第六条规定,"公用企业或者其他依法具有独占地位的经营者,不得限定他人购买其指定的经营者的商品,以排挤其他经营者的公平竞争。"第七条规定,"政府及其所属部门不得滥用行政权力,限定他人购买其指定的经营者的商品,限制其他经营者正当的经营活动。政府及其所属部门不得滥用行政权力,限制外地商品进入本地市场,或者本地商品流向外地市场。"第八条规定,"经营者不得采用财物或者其他手段进行贿赂以销售或者购买商品。在账外暗中给予对方单位或者个人回扣的,以行贿论处;对方单位或者个人在账外暗中收受回扣的,以受贿论处。"第十一条规定,"经营者不得以排挤竞争对手为目的,以低于成本的价格销售商品。"第十五条规定,"投标者不得串通投标,抬高标价或者压低标价。投标者和招标者不得相互勾结,以排挤竞争对手的公平竞争。"同时规定了违反上述法律规定应当承担的法律责任。因此,《反不正当竞争法》也是政府采购法律体系的重要组成部分,对于在政府采购中采取不正当行为竞争的,可以适用该法律规定予以约束和管制。

(5)《反垄断法》

2007年8月30日,第十届全国人民代表大会常务委员会第二十九次会议通过了《中华人民共和国反垄断法》,自2008年8月1日起施行。该法对于以垄断行为扰乱市场竞争的行为,包括垄断协议、滥用市场支配地位、经营者集中、滥用行政权力排除和限制竞争的行为及其法律责任与调查认定程序等做出了明确规定。对于进行市场价格垄断、人为地排除和限制竞争、严重影响政府采购市场发展的垄断行为,应当适用《反不正当竞争法》进行规制和处理。

(6)主管部门的行政规章

政府采购的资金来源是财政资金,作为财政资金主管部门的政府财政部门和其他与政府采购活动相关的监督管理部门的行政规章,也是政府采购法律的重要渊源。《政府采购法》第十三条规定,"各级人民政府财政部门是负责政府采购监督管理的部门,依法履行对政府采购活动的监督管理职责。各级人民政府其他有关部门依法履行与政府采购活动有关的监督管理职责。"这些行政规章与法律行政法规相配套,在政府采购管理中起着非常重要的作用。财政部作为主管政府采购监督管理的国务院所属中央行政部门,为贯彻实施《政府采购法》,推进政府采购改革,制定颁布了最多的配套的规章制度,在政府采购管理中起着重要的作用。财政部制定的行政规章主要包括:

① 涉及规范招标行为，实现"三公"的规定。财政部颁布了一系列涉及规范招标行为、实现"三公"的规定，如《政府采购货物和服务招标投标管理办法》、《政府采购信息公告管理办法》、《政府采购供应商投诉处理办法》和《政府采购代理机构资格认定办法》等部门规章，以及加强政府采购货物服务项目价格评审管理的规定。

② 明确采购范围的规定。财政部先后发布了明确采购范围的相关规定，如《政府采购品目分类表》、《政府采购评审专家管理办法》、《集中采购机构监督考核管理办法》、《政府采购运行规程暂行规定》、《政府采购资金财政直接拨付管理暂行规定》、《中央单位政府集中采购管理实施办法》，以及加强政府采购供应商投诉受理审查工作的规定等。

③ 发挥政府采购政策功能作用、促进经济社会发展的规定。财政部制定下发了发挥政府采购政策功能作用、促进经济社会发展的相关规定，如制定了自主创新产品政府采购预算、采购评审和合同管理等办法，并且与有关部委联合制定了《节能产品政府采购实施意见》、《关于环境标志产品政府采购实施意见》、《无线局域网产品政府采购实施意见》和《政府采购部门购置计算机办公设备必须采购已预装正版操作系统软件产品的规定》等。

（7）有关政府采购的地方性法规和规章

各地方人大和政府也依照法律法规制定了许多在本区域实施的有关政府采购的条例和规定。有的地方通过人大立法颁布实施本区域的政府采购条例，不少地方以政府令或者政府文件的形式制定了本地区政府采购管理实施办法，绝大部分地方财政部门都结合本地实际，根据《政府采购法》的规定制定了一些专项管理办法和具体操作规程。地方政府采购法规制度建设使《政府采购法》及其配套规章制度的实施更具针对性和可操作性。

上述不同层次的法律、法规和规定，构成了以《政府采购法》为中心的中国政府采购法律制度的基本框架。政府采购法律体系的建立和实施，规范了政府采购行为、促进了政府采购规模持续增长和政府采购政策功能的实现、提高了政府采购资金使用效益、促进了廉政建设，使得政府采购操作行为日益规范、随意干预政府采购活动的行为逐渐减少，在一定程度上遏制了违规行为的发生，推动了政府采购法制化的发展。

5.2.2 《政府采购法》的立法目的

我国《政府采购法》第一条规定了其立法目的，即"为了规范政府采购行为，提高政府采购资金的使用效益，维护国家利益和社会公共利益，保护政府采购当事人的合法权益，促进廉政建设，制定本法。"

（1）规范政府采购行为

政府采购规模较大，涉及财政资金支出较多，并且是国家机构正常履行职能的重要保障，其重要意义显而易见；同时政府机构是政府采购的主要主体，在政府采购活动中，政府机构既是监督管理者，又是参与者，而且采购人较多，如果没有法律规范的约束，很容易出现铺张浪费、滥用权力，损害正常的市场秩序的情况，导致严重的后果。通过统一的政府采购法，将政府采购的采购人和供应商资格、采购范围、采购程序、信息披露、法律责任等予以规范，不仅可以加强财政支出管理、提高资金使用效益，而且可以有效地明确政府的管理职能和采购职能，减少政府采购的随意性。这是《政府采购法》立法的首要目标。

（2）提高政府采购资金的使用效益

政府采购的资金来源是政府财政资金，财政资金的主要来源是国家税收，即纳税人上缴国库的纳税收入。政府财政资金必须管理好，利用好，但是，没有规范的法律制度、科学明确的管理程序和流程，很难有效地利用。国内外的实践证明，实行规范的政府采购后，一般资金节约率为10％左右，我国近些年试点单位资金节约率为11％～13％。因此，制定《政府采购法》有利于提高财政资金的使用效益，节省财政开支。

(3) 维护国家利益和社会公共利益

国家利益就是满足或能够满足国家以生存发展为基础的各方面需要并且对国家在整体上具有好处的利益。社会公共利益是指为广大公民所能享受的利益。政府采购是政府行为，要体现国家利益和政策要求。财政资金是国家发展的重要经济基础，也涉及广大公民福祉和利益。通过法律的形式确立政府采购制度，实现政府采购的规范化和法制化，可以发挥政府采购的作用，更好地维护国家利益和社会公共利益。

(4) 保护政府采购当事人的合法权益

政府采购当事人是指在政府采购活动中享有权利和承担义务的主体，包括采购人、供应商和采购代理机构等。只有规范政府采购制度，明确当事人各方在政府采购中的权利和义务，建立规范、统一、公正、透明和有可预见性的政府采购法律环境，才能够有法可依，依法行政，更好地防范政府采购中出现主观随意、"权力寻租"、腐败枉法等现象，使当事人的合法权益得到法律的强有力的保护。

(5) 促进廉政建设

政府采购涉及大量的财政资金的支出，如果没有严格的制度管理，在需求确定、评标定标、采购方式选择、信息发布、履约验收等环节都容易滋生滥用权力或受贿渎职等腐败现象，招标人可以通过设"门槛"、定品牌、加条件、出难题等办法，达到排挤他人，"只买贵的，不买对的"，谋取个人私利的目的。政府采购纳入法制范围内后，强化了对采购行为的约束力，为惩处腐败提供了法律依据和手段，促进了廉政建设的实施。

5.2.3 《政府采购法》的适用范围

《政府采购法》的适用范围，是指《政府采购法》适用的采购主体即采购单位、采购资金和采购对象。从广义上讲，《政府采购法》适用范围还包括其适用的采购行为和空间范围。

(1) 采购主体

《政府采购法》是规范政府采购行为的法律，因此其适用的主体范围应当为使用财政资金进行采购的机构。《政府采购法》第二条规定，"本法所称政府采购，是指各级国家机关、事业单位和团体组织，使用财政性资金采购依法制定的集中采购目录以内的或者采购限额标准以上的货物、工程和服务的行为。"根据上述规定，《政府采购法》适用的主体包括：各级国家机关、事业单位和团体组织，具体包括各级国家权力机关、行政机关、审判机关、检察机关、政党组织、政协组织、工青妇组织以及文化、教育、科研、医疗、卫生、体育等事业单位。

国有企业并不属于《政府采购法》的主体，因为国有企业和国有控股企业的本质是企业，其职能和国家机关、事业单位、团体组织不同，企业是具有经营自主权并且自负盈亏的经济组织实体，因此《政府采购法》没有将国有企业和国有控股企业的采购（包括使用财政资金进行的采购）纳入调整范围。

军队进行的采购是国家采购的重要组成部分，但是，军队并不属于我国《政府采购法》规定的采购主体，因为军事装备和军用物资的采购涉及国家的安全和机密，其采购过程不可能遵循透明、公开等原则，因此《政府采购法》没有将军事采购纳入调整范围。《政府采购法》第八十五条规定，"对因严重自然灾害和其他不可抗力事件所实施的紧急采购和涉及国家安全和秘密的采购，不适用本法。"第八十六条规定，"军事采购法规由中央军事委员会另行制定。"

(2) 采购资金

《政府采购法》第二条将政府采购界定为政府采购主体使用财政性资金进行的采购。政府采购的财政性资金是指财政预算内资金和预算外资金。这两类资金来源于税收和政府部门及所属事业单位依法收取的费用以及履行职责获得的其他收入。

(3) 采购对象

政府采购对象是指政府采购行为指向的对象，具体是指采购单位使用财政性资金采购的货物、工程和服务。《政府采购法》第二条规定，"本法所称采购，是指以合同方式有偿取得货物、工程和服务的行为，包括购买、租赁、委托、雇用等。本法所称货物，是指各种形态和种类的物品，包括原材料、燃料、设备、产品等。本法所称工程，是指建设工程，包括建筑物和构筑物的新建、改建、扩建、装修、拆除、修缮等。本法所称服务，是指除货物和工程以外的其他政府采购对象"。将货物、工程和服务纳入政府采购法的调整范围，与国际通行做法以及我国大多数省、区、市在政府采购试点中的做法是一致的。工程采购是否纳入《政府采购法》的调整范围，在立法起草过程中曾经多次研究讨论。经过慎重研究，法律最终将工程采购纳入《政府采购法》，因为工程是国家机关、事业单位、团体组织的不可缺少的采购对象，只有将工程采购与货物、服务采购都纳入政府采购，才能保证采购单位有效履行职责。工程作为政府采购的重要内容，也需要政府采购对其进行严格的管理、监督。我国已经加入世界贸易组织，将工程纳入政府采购范围，也可以利用世界贸易组织允许的政策，对我国工程产业进行合理有效地保护。

同时，我国《政府采购法》在涉及采购对象的规定时，尽可能避免与《招标投标法》等法律发生冲突。首先，《政府采购法》第四条规定，"政府采购工程进行招标投标的，适用招标投标法。"其次，纳入政府采购的工程范围较小，只包括国家机关、事业单位和团体组织使用财政性资金进行的建筑物和构筑物的建设和维修等，国有企业及国有控股企业采购的工程都未包括在内。三是对其他法律、行政法规有规定的，尽可能不另行规定。例如，考虑到《招标投标法》对招标代理机构的条件作了规定，有关行政法规和规章对招标代理机构的资格认定作了规定，《政府采购法》未另作规定，只在第十九条规定，"采购人可以委托经国务院有关部门或者省级人民政府有关部门认定资格的采购代理机构，在委托的范围内办理政府采购事宜。"有关法律责任的规定，也参照了其他法律。这样，从总体上保证了《政府采购法》与有关法律的衔接。

(4)《政府采购法》适用的空间范围

广义地说，《政府采购法》的适用范围还包括其适用的空间范围，即我国《政府采购法》适用于什么样的地域范围。我国《政府采购法》第二条规定，"在中华人民共和国境内进行的政府采购适用本法。"根据上述规定，中华人民共和国内的政府采购包括境内采购境内使用、境内采购境外使用、境外采购境内使用,对于境外采购境外使用,只要是其主体、资金来源和采购对象符合《政府采购法》第二条规定的,也应当适用。当然,如果是属于《政府采购法》第八十五条规定的情形,则不予适用,该条规定,"对因严重自然灾害和其他不可抗力事件所实施的紧急采购和涉及国家安全和秘密的采购,不适用本法。"

(5)《政府采购法》适用的时间范围

《政府采购法》适用的时间范围,是指其适用于什么时间发生的政府采购行为。根据"法律不溯及既往"的一般法律原则,除非法律有特殊规定,《政府采购法》只适用于施行后发生的行为。《政府采购法》第八十八条规定,"本法自2003年1月1日起施行。"因此,本法适用于2003年1月1日以后发生的政府采购行为。

5.2.4 《政府采购法》的基本原则

(1) 公开、公平、公正原则

政府采购应当坚持"三公"原则,即公开、公平、公正原则。

① 政府采购的公开原则,是指政府采购的法律制度规定、采购方式、采购信息、选定供应商的标准、采购过程、选定结果等应当向社会公开,除非法律规定不应当公开的情况。公开是接受公众和媒体监督、保障政府采购公平公正、防止腐败发生的重要保障。"阳光"是最好的防腐剂,暗箱操作则容易发生腐败、以权谋私、滥用权力和不公正现象。因此《政府采购法》规定政府采购应当坚持公开原则。《政府采购法》第三条规定,"政府采购应当遵循公开透明原则、公平竞争原则、公正原则和诚实信用原则。"第十一条规定,"政府采购的信息应当在政府采购监督管理部门指定的媒体上及时向社会公开发布,但涉及商业秘密的除外。"第二十六条规定,"公开招标应作为政府采购的主要采购方式。"第二十八条规定,"采购人不得将应当以公开招标方式采购的货物或者服务化整为零或者以其他任何方式规避公开招标采购。"第六十三条规定,"政府采购项目的采购标准应当公开。采用本法规定的采购方式的,采购人在采购活动完成后,应当将采购结果予以公布。"上述规定都是政府采购坚持公开原则的具体体现。

② 政府采购的公平原则主要是指以下的含义:

第一,采购人应当对参与政府采购的供应商平等对待,严格按照法律规定的程序和标准选择,不能厚此薄彼,搞所谓的"潜规则",在法律之外另搞一套。《政府采购法》第四条规定,"政府采购工程进行招标投标的,适用招标投标法。"《招标投标法》第十八条规定,"招标人不得以不合理的条件限制或者排斥潜在投标人,不得对潜在投标人实行歧视待遇。"《招标投标法》第二十三条规定,"招标人对已发出的招标文件进行必要的澄清或者修改的,应当在招标文件要求提交投标文件截止时间至少十五日前,以书面形式通知所有招标文件收受人。"《招标投标法》第三十五条规定,"开标由招标人主持,邀请所有投标人参加。"《招标投标法》第四十五条,"中标人确定后,招标人应当向中标人发出中标通知书,并同时将中标结果通知所有未中标的投标人。"上述规定是以招标投标方式采购工程时适用平等原则的具体体现。

第二,政府采购合同不是行政合同而是民事合同,政府和供应商之间的关系不是管理者和被管理者的关系而是平等的民事主体的关系。在确定供应商后,双方应当按照平等自愿原则签署买卖合同,并且按照合同规定执行,无论哪一方违反合同的规定,都应当平等地按照合同约定和法律规定承担违约责任。《政府采购法》第四十三条规定,"政府采购合同适用合同法。采购人和供应商之间的权利和义务,应当按照平等、自愿的原则以合同方式约定。"

第三,参与政府采购选择程序的供应商之间应当平等竞争,不允许采取其他不平等的手段进行不正当竞争,否则就应当受到法律的制裁。《政府采购法》第二十五条规定,"政府采购当事人不得相互串通损害国家利益、社会公共利益和其他当事人的合法权益;不得以任何手段排斥其他供应商参与竞争。供应商不得以向采购人、采购代理机构、评标委员会的组成人员、竞争性谈判小组的组成人员、询价小组的组成人员行贿或者采取其他不正当手段谋取中标或者成交。采购代理机构不得以向采购人行贿或者采取其他不正当手段谋取非法利益。"

第四,采购人和监督管理人应当在政府采购过程中坚持原则,不偏不倚,正确履行自己的职责,不能徇私舞弊、滥用职权,如果存在可能影响公正进行采购活动的情况,应当按照法律规定的程序处理。《政府采购法》第十二条规定,"在政府采购活动中,采购人员及相关人员与供应商有利害关系的,必须回避。供应商认为采购人员及相关人员与其他供应商有利害关系的,可以申请其回避。前款所称相关人员,包括招标采购中评标委员会的组成人员,竞争性谈判采购中谈判小组的组成人员,询价采购中询价小组的组成人员等。"

(2) 诚实信用原则

政府采购的诚实信用原则是指政府采购活动的当事人包括采购人、供应商和采购代理机构等,应当遵守法律规定和职业道德,以最大的诚信遵守合同约定,履行合同义务,完成合同约定的目标,而不应随意违约,损害其他当事人利益。一般来讲,与违反一般民事合同后果不同的是,违反政府采购合同不仅侵犯采购人本部门利益,还可能会影响该机构履行正常的公共职能,导致更为广泛和严重的后果。《政府采购法》第三条在规定政府采购应坚持"三公"原则的同时,也规定了诚实信用原则。该条规定,"政府采购应当遵循公开透明原则、公平竞争原则、公正原则和诚实信用原则。"该原则不是政府采购法独有的原则,而是《民法》包括《合同法》的一般原则。我国《民法通则》第四条规定,"民事活动应当遵循自愿、公平、等价有偿、诚实信用的原则。"《合同法》第六条规定,"当事人行使权利、履行义务应当遵循诚实信用原则。"

(3) 统一市场原则

政府采购市场应当是一个统一的全国市场,在条件成熟后还可以成为一个全球市场,以有利于充分竞争,采购到质优价廉的货物、工程和服务,也有利于保护相关产业的平等竞争和整体发展。因此,地方政府和政府采购的采购人,不能设置不应有的障碍,不能进行条块分割,搞地方保护。《政府采购法》坚持了这一原则,该法第五条规定,"任何单位和个人不得采用任何方式,阻挠和限制供应商自由进入本地区和本行业的政府采购市场。"

(4) 预算控制原则

政府采购的资金来自于财政资金,财政资金应当严格按照预算执行,否则就可能造成"预算超概算、决算超预算",导致财政资金不足,影响公共机构正常履行职能,或者采购人违约不能支付合同价款的严重后果;因此,政府采购应当坚持预算控制原则,事先编制预算并且在采购过程中严格按照预算执行。《政府采购法》第六条规定,"政府采购应当严格按照批准的预算执行。"第三十三条规定,"负有编制部门预算职责的部门在编制下一财政年度部门预算时，应当将该财政年度政府采购的项目及资金预算列出，报本级财政部门汇总。部门预算的审批，按预算管理权限和程序进行。"第三十六条规定，在招标采购中，出现"投标人的报价均超过了采购预算，采购人不能支付的"情形的，应予废标。

(5) 集中采购和分散采购相结合原则

国际上关于政府采购的模式主要有三种：集中采购模式、分散采购模式、集中采购和分散采购相结合的模式。集中采购模式是指政府采购活动统一委托集中采购机构实施的政府采购形式。分散采购模式是指由各采购人根据采购计划分别进行政府采购的形式。集中采购和分散采购相结合的模式，是指按照规定，集中采购机构负责实施部分采购，同时各个采购人自行进行部分采购的模式。我国《政府采购法》第七条规定，"政府采购实行集中采购和分散采购相结合。"上述规定明确了我国政府采购坚持集中与分散相结合的原则，实施集中采购和分散采购相结合的政府采购基本模式。在该种模式下，采购单位对纳入集中采购目录的政府采购项目，必须委托集中采购机构进行的代理采购；对未纳入集中采购目录的政府采购项目可自行组织采购，或者委托集中采购机构在委托范围内进行采购。但是应当注意的是，集中采购与分散采购。在政府采购限额标准以下的采购，不属于《政府采购法》规定的政府采购，可由采购人自行采购。因此，我国政府采购也是"集中采购和分散采购相结合，以集中采购为主"的政府采购模式。

(6) 有助于经济和社会发展原则

保护环境，扶持不发达地区和少数民族地区发展，促进中小企业发展等是国家的重要政策目标，通过政府采购促进国家有关政策目标的实现，是各国政府采购立法和法律实施中普遍采用的做法，符合国际惯例，也符合有关国际协议对发展中国家优惠条款的规定。《政府采购法》结合我国实际，在第九条做出了相关规定，"政府采购应当有助于实现国家的经济和社会发展政策目标，包括保护环境，扶持不发达地区和少数民族地区，促进中小企业发展等。"

(7) 合理保护本国产业原则

根据《政府采购法》第10条的规定，除三种特殊情况外，政府采购应当采购本国货物、工程和服务。《政府采购法》做此规定的目的是为了合理保护我国国内相关产业，该规定与我国目前在WTO组织中负有的义务并不冲突。其他各国在政府采购立法时也普遍进行了类似规定。《政府采购法》第10条规定的可以不采购本国货物、工程和服务的例外情况包括："(一) 需要采购的货物、工程或者服务在中国境内无法获取或者无法以合理的商业条件获取的；(二) 为在中国境外使用而进行采购的；(三) 其他法律、行政法规另有规定的。"我国《政府采购法》的上述规定既维护了国家利益，又不排除在特定情况下可以采购非本国货物、工程和服务。

5.2.5 政府采购的主管机构

政府采购的主管机构是指对政府采购活动进行监督管理的机构。《政府采购法》第十三条规定，"各级人民政府财政部门是负责政府采购监督管理的部门，依法履行对政府采购活动的监督管理职责。各级人民政府其他有关部门依法履行与政府采购活动有关的监督管理职责。"因此，我国政府采购的主管机构是财政部和各级政府财政部门。财政部负责全国政府采购的管理和监督工作，中央以下的政府采购管理的主管机构是同级政府财政部门，负责本地区政府采购的管理和监督工作。中央政府采购主管部门与地方政府采购主管部门的关系是业务指导关系。在政府采购管理方面，财政部负有双重职责：一是负责全国性的管理事务，拟定政府采购法律、法规草案，制定政府采购政策和规章；研究确定政府采购的中长期规划；管理和监督政府采购活动；收集、发布和统计政府采购信息；组织政府采购人员的培训等。二是负责中央本级的政府采购的管理事务，审批进入中央政府采购市场的供应商资格；审批社会中介机构取得中央政府采购业务的代理资格；确定并调整中央政府集中采购目录和公开招标采购范围的限额标准；编制中央采购机关年度政府采购预算；处理中央政府采购中的投诉事项等。

政府采购监督管理的核心是采购资金管理。财政部门作为政府财政资金的管理部门负责政府采购的管理和监督是由其职能决定的。同时《政府采购法》在明确财政部门为政府采购主管部门的同时，也明确了其他机构包括审计、监察等部门的监督职责，"各级人民政府其他有关部门依法履行与政府采购活动有关的监督管理职责"。

各级财政部门作为政府采购的主管部门负有对政府采购活动进行监督管理的职责，但是，财政部门应当依法行使管理监督制能，如制定政策，对政府采购活动实施管理和监督等；如依法对政府采购项目的采购活动进行检查，对集中采购机构的采购价格、节约资金效果、服务质量、信誉状况、有无违法行为等事项进行考核并定期如实公布考核结果等。但是，各级财政部门不得超越职权参与和干涉政府采购中的具体商业活动。如《政府采购法》第六十四条规定，"任何单位和个人不得违反本法规定，要求采购人或者采购工作人员向其指定的供应商进行采购。"

5.3 政府采购当事人

5.3.1 政府采购主体概述

政府采购主体即政府采购当事人，是指在政府采购活动中享有权利和承担义务的各类主体，包括采购人、供应商和采购代理机构等。

政府采购活动的许多环节虽然受《政府采购法》等法律的管理，但是，政府采购整体上仍然属于民事活动，政府采购各当事人之间的关系属于民事法律关系，主要包括委托代理合同与买卖合同法律关系。政府采购活动所涉及的主体，也是上述民事法律关系的主体。民事主体即是参加民事法律关系的人，包括自然人、法人、其他组织和国家等。国家和国家机构可以作为民事法律关系的主体。根据政府采购活动采取的采购方式不同，其所涉及的具体主体也不同。如采用政府集中采购方式的，则形成两个合同：一是采购人和集中采购机构之间的委托代理合同；二是集中采购机构与供应商之间的买卖合同。这两个合同涉及三方当事人：采购人、集中采购机构与供应商。如果采用分散采购模式的，分两种情况：一是委托集中采购机构或政府有关部门认定资格的采购代理机构，在委托的范围内代理采购；二是采购人自行采购。第一种情况与采用政府集中采购方式的情况相同，采购主体涉及采购人、采购代理机构与供应商三方当事人；第二种情况则不涉及采购代理机构，只涉及采购人与供应商两方当事人。

政府采购的各个主体根据法律规定和合同约定的不同，其所受的法律管理和应当具备的条件资质以及其承担的权利义务也不尽相同。下面我们分别对其予以说明和阐述。

5.3.2 采购人

根据《政府采购法》第十五条的规定,采购人是指依法进行政府采购的国家机关、事业单位、团体组织,具体包括各级国家权力机关、行政机关、审判机关、检察机关、政党组织、政协组织、工青妇组织以及文化、教育、科研、医疗、卫生、体育等事业单位。但是,采购人不包括国有企业和国有控股企业,也不包括进行军事采购的军事单位。

5.3.3 采购代理机构

1. 采购代理机构的分类

采购代理机构是指受采购人委托,代表采购人采购政府采购项目的机构。采购代理机构主要包括两大类:一是集中采购机构,包括综合集中采购机构和部门集中采购机构;二是国家有关政府部门认定资格的非集中采购代理机构。

(1) 综合集中采购机构

综合集中采购机构,即设区的市、自治州以上人民政府设立的对本级政府采购项目组织集中采购的非营利事业法人,主要职责是对通用的集中采购项目代理采购。《政府采购法》第十六条规定,"集中采购机构为采购代理机构。设区的市、自治州以上人民政府根据本级政府采购项目组织集中采购的需要设立集中采购机构。"第十八条规定,"采购人采购纳入集中采购目录的政府采购项目,必须委托集中采购机构代理采购;采购未纳入集中采购目录的政府采购项目,可以自行采购,也可以委托集中采购机构在委托的范围内代理采购。纳入集中采购目录属于通用的政府采购项目的,应当委托集中采购机构代理采购;属于本部门、本系统有特殊要求的项目,应当实行部门集中采购;属于本单位有特殊要求的项目,经省级以上人民政府批准,可以自行采购。"

(2) 部门集中采购机构

部门集中采购机构,即对本部门、本系统有特殊要求的政府采购项目组织集中采购的机构,主要职责是对本部门、本系统有特殊要求的集中采购项目代理采购。中央和省级政府有的部门、系统需要采购大量有特殊要求的货物、工程和服务,由部门集中采购机构对这些项目代理采购,可以更好地满足采购单位的需要,提高采购效率,减轻综合集中采购机构的工作量,防止过分集中。《政府采购法》第十八条规定,"属于本部门、本系统有特殊要求的项目,应当实行部门集中采购"。

(3) 非集中采购代理机构

根据2010年12月1日起施行的《政府采购代理机构资格认定办法》第二条的规定,非集中采购机构或者政府采购代理机构,"是指取得财政部门认定资格的,依法接受采购人委托,从事政府采购货物、工程和服务采购代理业务的社会中介机构。"该办法第五条规定,"代理政府采购事宜的机构,应当依法取得财政部或者省级人民政府财政部门认定的政府采购代理机构资格。"

非集中采购代理机构主要是就以下两项政府采购项目,接受采购人的委托,在委托范围内进行采购。

一是未纳入集中采购目录的政府采购项目,采购人决定委托非集中采购机构采购的项目；

二是虽然属于纳入集中采购目录的政府采购项目，但是属于本单位有特殊要求的项目，经省级以上人民政府批准，可以自行采购的项目。

当然，对于在规定的采购限额标准以下，不属于政府采购的项目，可以自行采购也可以委托采购机构代理采购。

2. 采购代理机构的性质

采购代理机构是受政府采购的采购人的委托，在其委托范围内代理其进行采购的机构，属于独立行使民事行为的民事法人主体，应当符合民法关于完全民事行为能力的民事法人主体的规定。《民法通则》第三十六条规定，"法人是具有民事权利能力和民事行为能力，依法独立享有民事权利和承担民事义务的组织。"第三十七条规定，"法人应当具备下列条件：（一）依法成立；（二）有必要的财产或者经费；（三）有自己的名称、组织机构和场所；（四）能够独立承担民事责任。"但是，采购代理机构根据其组成的目的、职能等不同，也具有不同的性质。集中采购代理机构包括综合集中采购机构和部门集中采购机构，是政府设立的采购代理机构，其职能就是对通用的或者部门和系统的集中采购项目代理采购，而不是参与市场竞争、以此进行营利的市场主体，因此，应当属于非营利的事业单位。《政府采购法》第十六条规定，"集中采购机构是非营利事业法人，根据采购人的委托办理采购事宜。"

而非集中采购代理机构参与市场竞争，自负盈亏，其职能不仅是代理政府采购，还可以承接其经营范围内的其他业务，因此，非集中采购代理机构一般属于企业性质。

3. 采购代理机构的职能及其政府采购的形式和适用情形

《政府采购法》第十八条规定，"采购人采购纳入集中采购目录的政府采购项目，必须委托集中采购机构代理采购；采购未纳入集中采购目录的政府采购项目，可以自行采购，也可以委托集中采购机构在委托的范围内代理采购。纳入集中采购目录属于通用的政府采购项目的，应当委托集中采购机构代理采购；属于本部门、本系统有特殊要求的项目，应当实行部门集中采购；属于本单位有特殊要求的项目，经省级以上人民政府批准，可以自行采购。"

综合《政府采购法》等相关规定，采购人使用财政资金进行采购的行为分类及适用情形如表 5-1 所示。

政府采购的行为分类及适用情形　　　　　　　　　　　表 5-1

采购形式		适用情形	适用标准	采购单位	《政府采购法》相关规定
政府集中采购	通用集中采购	纳入集中采购目录的通用政府采购项目	属于中央预算的政府采购项目，其集中采购目录由国务院确定并公布；属于地方预算的政府采购项目，其集中采购目录由省、自治区、直辖市人民政府或者其授权的机构确定并公布	委托综合集中采购机构代理采购	第七条、第十八条
	部门集中采购	属于本部门、本系统有特殊要求的项目	纳入政府集中采购目录，属于本部门、本系统有特殊要求的项目	委托部门集中采购机构代理采购	第十八条

续表

采购形式	适用情形	适用标准	采购单位	《政府采购法》相关规定
分散采购	①未纳入集中采购目录的政府采购项目；②本单位有特殊要求的项目，经省级以上人民政府批准	①集中采购目录外的项目；②纳入政府集中采购目录，但属于本单位有特殊要求的项目，经省级以上人民政府批准，可以自行采购	①采购人自行采购；②委托集中采购机构在委托的范围内代理采购；③政府有关部门认定资格的采购代理机构，在委托的范围内办理政府采购	第十八条、第十九条
非政府采购	政府采购限额以下的采购	政府采购限额标准，属于中央预算的政府采购项目，由国务院确定并公布；属于地方预算的政府采购项目，由省、自治区、直辖市人民政府或者其授权的机构确定并公布	自行采购	第二条、第八条

4. 对政府采购代理机构的管理

《政府采购法》规定，集中采购机构进行政府采购活动，应当符合采购价格低于市场平均价格、采购效率更高、采购质量优良和服务良好的要求，也就是通过政府采购程序，使政府采购的财政资金能够财尽其用，达到降低价格，提高效率，并保障货物、工程和服务质量的目的。要达到上述目的，一方面要加强和规范对政府采购程序的监督管理，另一方面也要加强对采购代理机构的管理。

为此，财政部根据《政府采购法》制定了相应的规定，设立了政府采购代理市场准入制度，规定集中采购机构由国家设立，为非盈利的事业单位。对于非集中采购机构，《政府采购法》规定，需要经国务院有关部门或者省级人民政府有关部门认定其资格，然后根据其资质设定其可以代理的政府采购事宜的范围。2005年12月28日，财政部发布了《政府采购代理机构资格认定办法》(财政部令第31号，下称《认定办法》)，对政府采购代理机构资格认定工作和政府采购代理机构资格管理问题进行了详细规定。2010年10月26日，财政部颁布了第61号部令，对《认定办法》进行了修订。根据上述规定，代理政府采购事宜的机构，应当依法取得财政部或者省级人民政府财政部门认定的政府采购代理机构资格。政府采购代理机构资格分为甲级资格和乙级资格。取得甲级资格的政府采购代理机构可以代理所有政府采购项目。取得乙级资格的政府采购代理机构只能代理单项政府采购项目预算金额在1000万元人民币以下的政府采购项目。政府采购代理机构甲级资格的认定工作由财政部负责；乙级资格的认定工作由申请人工商注册所在地的省级人民政府财政部门负责。同时，《认定办法》规定了申请资格认定的程序和资格，特别对于政府采购代理机构资格条件包括从注册资本、专职人员规模、专职人员素质、甲级资质的业绩等方面进行了要求：

一是代理机构注册资本要求，甲级政府采购代理机构注册资本为500万元以上，乙级为100万元以上。

二是代理机构专职人员规模要求，乙级资格的专职人员总数不得少于10人，甲级资格的专职人员总数不得少于30人,并明确专职人员是指与申请人签订劳动合同,由申请人依法缴纳社会保障资金的在职人员,不包括退休人员。

三是代理机构专职人员素质要求,乙级机构专职人员中具有中级以上专业技术职务任职资格的不得少于专职人员总数的40%,甲级机构专职人员中具有中级以上专业技术职务任职资格的不得少于专职人员总数的60%。

四是甲级资格的业绩要求,申请甲级政府采购代理机构,应当取得乙级政府采购代理机构资格1年以上,最近两年内代理政府采购项目中标、成交金额累计达到1亿元人民币以上;或者从事招标代理业务两年以上,最近两年中标金额累计达到10亿元人民币以上。

同时,《政府采购法》规定,在委托采购代理机构进行代理采购时,采购人必须与采购代理机构签订书面委托代理协议。《政府采购法》第二十条规定,"采购人依法委托采购代理机构办理采购事宜的,应当由采购人与采购代理机构签订委托代理协议,依法确定委托代理的事项,约定双方的权利义务。"第二十五条规定,"采购代理机构不得以向采购人行贿或者采取其他不正当手段谋取非法利益。"

5.3.4 供应商

政府采购的供应商是指向采购人提供货物、工程或者服务的法人、其他组织或者自然人。根据《政府采购法》第二十二条的规定,供应商参加政府采购活动应当具备下列条件:①具有独立承担民事责任的能力;②具有良好的商业信誉和健全的财务会计制度;③具有履行合同所必需的设备和专业技术能力;④有依法缴纳税收和社会保障资金的良好记录;⑤参加政府采购活动前三年内,在经营活动中没有重大违法记录;⑥法律、行政法规规定的其他条件。同时还规定,采购人可以根据采购项目的特殊要求,规定供应商的特定条件,但不得以不合理的条件对供应商实行差别待遇或者歧视待遇。采购人也可以要求参加政府采购的供应商提供有关资质证明和业绩情况的文件,并根据本法规定的供应商条件和采购项目对供应商的特定要求,对供应商的资格进行审查。两个以上的自然人、法人或者其他组织可以组成一个联合体,以一个供应商的身份共同参加政府采购。以联合体形式进行政府采购的,参加联合体的供应商均应当具备《政府采购法》第二十二条规定的条件,并应当向采购人提交联合协议,载明联合体各方承担的工作和义务。联合体各方应当共同与采购人签订采购合同,就采购合同约定事项对采购人承担连带责任。

《政府采购法》第二十五条还规定了供应商应予禁止的行为。根据该规定,政府采购当事人不得相互串通损害国家利益、社会公共利益和其他当事人的合法权益;不得以任何手段排斥其他供应商参与竞争。供应商不得以向采购人、采购代理机构、评标委员会的组成人员、竞争性谈判小组的组成人员、询价小组的组成人员行贿或者采取其他不正当手段谋取中标或者成交。

5.4 政府采购的方式及程序

5.4.1 政府采购方式概述

政府采购方式即采购人通过什么形式选定政府采购供应商。政府采购方式决定了选定供应商的流程是否科学合理，能否选定合适的供应商，是否有利于在选定供应商时防止腐败现象的产生等重要问题，因此，政府采购方式是政府采购的核心。根据《政府采购法》第二十六条的规定，依据政府采购项目具体情况的不同，政府采购可以采用以下六种方式：①公开招标；②邀请招标；③竞争性谈判；④单一来源采购；⑤询价；⑥国务院政府采购监督管理部门认定的其他采购方式。在上述六种形式中，公开招标应作为政府采购的主要采购方式，各采购方式与适用条件参见表5-2。任何采购代理机构未经批准不得变更采购方式。2009年4月20日，为了规范中央单位变更政府采购方式审批管理工作，加强中央单位政府采购管理，财政部根据《政府采购法》制定了《中央单位变更政府采购方式审批管理暂行办法》。

政府采购方式及适用条件　　　　　　　　　　　　　　　　　表5-2

采购方式	主要做法	适用条件
公开招标	招标人以招标公告的方式邀请不特定的法人或者其他组织投标	适用一切采购项目，同时也是政府采购的主要方式
邀请招标	招标人以投标邀请书的方式邀请特定的法人或者其他组织投标	（一）依法必须进行招标的项目中，满足以下条件经过核准或备案可以采用邀请招标：(1) 勘察设计项目：①项目的技术性、专业性较强，或者环境资源条件特殊，符合条件的潜在投标人数量有限的；②如采用公开招标，所需费用占工程建设项目总投资比例过大的；③建设条件受自然因素限制，如采用公开招标，将影响实施时机的。(2) 工程施工项目：①项目技术复杂或有特殊要求，只有少量几家潜在投标人可供选择的；②受自然地域环境限制的；③涉及国家安全、国家秘密或者抢险救灾，适宜招标但不宜公开招标的；④拟公开招标的费用与项目的价值相比，不值得的；⑤法律、法规规定不宜公开招标的。(3) 工程货物招标项目：①货物技术复杂或有特殊要求，只有少量几家潜在投标人可供选择的；②涉及国家安全、国家秘密或者抢险救灾，适宜招标但不宜公开招标的；③拟公开招标的费用与拟公开招标的节资相比，得不偿失的；④法律、行政法规规定不宜公开招标的。 （二）政府采购活动中，满足以下条件，经过设区的市、自治州以上人民政府采购监督管理部门的批准后可以采用邀请招标：①具有特殊性，只能从有限范围的供应商处采购的；②采用公开招标方式的费用占政府采购项目总价值的比例过大的。 （三）其他依法必须招标或政府采购以外采购项目
竞争性谈判	采购人邀请特定的对象谈判，并允许谈判对象二次报价确定签约人的采购方式	①招标后没有供应商投标或者没有合格的供应商，或者重新招标未能成立的； ②技术复杂或者性质特殊、不能确定详细规格或者具体要求的； ③采用招标所需时间不能满足用户紧急需要的； ④不能事先计算出价格总额的
询价采购	采购人邀请特定的对象一次性询价确定签约人的采购方式	采购标的的规格、标准统一，货源充足且价格变化幅度小
单一来源采购	采购人与供应商直接谈判确定合同实质性内容的采购方式	①只能从唯一供应商处采购的； ②发生了不可预见的紧急情况不能从其他供应商处采购的； ③必须保证原有采购项目一致性或者服务配套的要求，需要继续从原供应商处添购，且添购资金总额不超过原合同采购金额百分之十的
其他	采购人依法确定	采购人依法选择使用

5.4.2 政府采购项目及政府采购资金预算管理

政府采购使用政府财政资金，国家对于财政资金的收入和支出实行预算管理。根据我国《预算法》的规定，国家实行一级政府一级预算的制度，设立中央，省、自治区、直辖市、设区的市、自治州，县、自治县、不设区的市、市辖区，乡、民族乡、镇五级预算。各级预算应当做到收支平衡。中央政府预算由中央各部门（含直属单位）的预算组成。地方各级政府预算由本级各部门（含直属单位）的预算组成。各部门预算由本部门所属各单位预算组成。单位预算是指列入部门预算的国家机关、社会团体和其他单位的收支预算。经本级人民代表大会批准的预算，非经法定程序，不得改变。

政府采购作为政府财政支出的重要组成部分必须对财政年度政府采购的项目及资金实施预算管理。《政府采购法》第六条规定，"政府采购应当严格按照批准的预算执行。"第三十三条规定，"负有编制部门预算职责的部门在编制下一财政年度部门预算时，应当将该财政年度政府采购的项目及资金预算列出，报本级财政部门汇总。部门预算的审批，按预算管理权限和程序进行。"

对于政府采购实施过程中需要进行预算调整的，必须按照《预算法》关于预算调整的规定执行。该法规定，预算调整是指经全国人民代表大会批准的中央预算和经地方各级人民代表大会批准的本级预算，在执行中因特殊情况需要增加支出或者减少收入，使原批准的收支平衡的预算的总支出超过总收入，或者使原批准的预算中举借债务的数额增加的部分变更。《预算法》第五十四条规定，"各级政府对于必须进行的预算调整，应当编制预算调整方案。中央预算的调整方案必须提请全国人民代表大会常务委员会审查和批准。县级以上地方各级政府预算的调整方案必须提请本级人民代表大会常务委员会审查和批准；乡、民族乡、镇政府预算的调整方案必须提请本级人民代表大会审查和批准。未经批准，不得调整预算。"第五十五条规定，"未经批准调整预算，各级政府不得作出任何使原批准的收支平衡的预算的总支出超过总收入或者使原批准的预算中举借债务的数额增加的决定。对违反前款规定作出的决定，本级人民代表大会、本级人民代表大会常务委员会或者上级政府应当责令其改变或者撤销。"

5.4.3 公开招标

1. 公开招标采购的概念和适用情形

公开招标，是指招标采购单位依法以招标公告的方式邀请不特定的供应商参加投标。公开招标是政府采购的主要形式，主要适用于潜在投标者较多，采购金额较大，需要向社会公开征集投标人以选定供应商的情况。2004年8月11日，财政部颁布了《政府采购货物和服务招标投标管理办法》（财政部令第18号），对于对政府采购货物和服务招标投标活动的程序进行了具体规定。

根据《政府采购法》第二十七条的规定，采购人采购货物或者服务应当采用公开招标方式的，其具体数额标准，属于中央预算的政府采购项目，由国务院规定；属于地方预算的政府采购项目，由省、自治区、直辖市人民政府规定；因特殊情况需要采用公开招标以外的采购方式的，应当在采购活动开始前获得设区的市、自治州以上人民政府采购监督管理部门的批准。第二十八条规定，"采购人不得将应当以公开招标方式采购的货物或者服务化整为零或者以其他任何方式规避公开招标采购。"

2. 公开招标采购的程序

政府采购不论适用公开招标或者邀请招标，都必须遵守《政府采购法》和其他相关法律的规定。如果政府采购工程进行招标投标的，须遵守《招标投标法》的规定。财政部颁布的《政府采购货物和服务招标投标管理办法》（财政部令第18号）对政府采购货物和服务招标投标活动的程序进行了具体规定。公开招标一般经过发布招标公告、编制投标文件和投标、开标、评标、定标、合同谈判与签约等七个阶段：

（1）发布招标公告并发售招标文件

采用公开招标方式采购的，招标采购单位必须在财政部门指定的政府采购信息发布媒体上发布招标公告。采用招标方式采购的，自招标文件开始发出之日起至投标人提交投标文件截止之日止，不得少于20日。

公开招标公告应当包括以下主要内容：

①招标采购单位的名称、地址和联系方法；
②招标项目的名称、数量或者招标项目的性质；
③投标人的资格要求；
④获取招标文件的时间、地点、方式及招标文件售价；
⑤投标截止时间、开标时间及地点。

招标采购单位应当根据招标项目的特点和需求编制招标文件，并在招标公告中明确发售招标文件的时间、地点、方式和价格。招标文件一般应当包括以下内容：

①投标邀请；
②投标人须知（包括密封、签署、盖章要求等）；
③投标人应当提交的资格、资信证明文件；
④投标报价要求、投标文件编制要求和投标保证金交纳方式；
⑤招标项目的技术规格、要求和数量，包括附件、图纸等；
⑥合同主要条款及合同签订方式；
⑦交货和提供服务的时间；
⑧评标方法、评标标准和废标条款；
⑨投标截止时间、开标时间及地点；
⑩省级以上财政部门规定的其他事项。

招标人应当在招标文件中规定并标明实质性要求和条件。

招标采购单位应当制作纸制招标文件，也可以在财政部门指定的网络媒体上发布电子招标文件，并应当保持两者的一致。电子招标文件与纸制招标文件具有同等法律效力。招标文件规定的各项技术标准应当符合国家强制性标准。招标文件不得要求或者标明特定的投标人或者产品，以及含有倾向性或者排斥潜在投标人的其他内容。

招标采购单位对已发出的招标文件进行必要澄清或者修改的，应当在招标文件要求提交投标文件截止时间15日前，在财政部门指定的政府采购信息发布媒体上发布更正公告，并以书面形式通知所有招标文件收受人。该澄清或者修改的内容为招标文件的组成部分。

招标人在发布招标公告、发出投标邀请书或者招标文件后，不得擅自终止招标。招标人根据招标采购项目的具体情况，可以组织潜在投标人现场考察或者召开开标前答疑会，但不得单独或者分别组织只有一个投标人参加的现场考察。

(2) 编制投标文件并投标

①编制投标文件。投标人应购买招标文件,并对招标文件的要求、自己的情况和招标项目存在的风险等进行研究评审,然后决定是否投标。如果自己的条件符合招标文件的要求,有能力完成招标项目并决定投标的,应当按招标文件的要求编制投标文件。投标文件应对招标文件提出的要求和条件做出实质性响应。投标文件由商务部分、技术部分、价格部分和其他部分组成。投标人根据招标文件载明的标的采购项目实际情况,拟在中标后将中标项目的非主体、非关键性工作交由他人完成的,应当在投标文件中载明。

②投标文件递交与撤回。投标人的投标时间,由招标人根据编制投标文件的需要合理确定,但自招标文件开始发出之日起至投标人提交投标文件截止之日止,不得少于20日。投标人应当在招标文件要求提交投标文件的截止时间前,将投标文件密封送达投标地点;之后送达的为无效投标文件,招标人应当拒收。招标人收到投标文件后,应当签收保存,任何单位和个人不得在开标前开启。

投标人在投标截止时间前,可以对所递交的投标文件进行补充、修改或者撤回,并书面通知招标采购单位。补充、修改的内容应当按招标义件要求签署、盖章,并作为投标义件的组成部分。

③联合投标。两个以上供应商可以组成一个投标联合体,以一个投标人的身份投标。以联合体形式参加投标的,联合体各方均应当符合《政府采购法》第二十二条第一款规定的条件。采购人根据采购项目的特殊要求规定投标人特定条件的,联合体各方中至少应当有一方符合采购人规定的特定条件。

联合体各方之间应当签订共同投标协议,明确约定联合体各方承担的工作和相应的责任,并将共同投标协议连同投标文件一并提交招标采购单位。联合体各方签订共同投标协议后,不得再以自己名义单独在同一项目中投标,也不得组成新的联合体参加同一项目投标。招标采购单位不得强制投标人组成联合体共同投标,不得限制投标人之间的竞争。

④对投标人的行为规范的要求。投标人之间不得相互串通投标报价,不得妨碍其他投标人的公平竞争,不得损害招标人或者其他投标人的合法权益。投标人不得以向招标人、评标委员会成员行贿或者采取其他不正当手段谋取中标。

⑤投标保证金。招标采购单位应当在招标文件中明确投标保证金的数额及交纳办法。招标采购单位规定的投标保证金数额不得超过采购项目概算的1%。投标人投标时,应当按招标文件要求交纳投标保证金。投标保证金可以采用现金支票、银行汇票、银行保函等形式交纳。投标人未按招标文件要求交纳投标保证金的,招标采购单位应当拒绝接收投标人的投标文件。

联合体投标的,可以由联合体中的一方或者共同提交投标保证金,以一方名义提交投标保证金的,对联合体各方均具有约束力。

招标采购单位应当在中标通知书发出后5个工作日内退还未中标供应商的投标保证金,在采购合同签订后5个工作日内退还中标供应商的投标保证金。招标采购单位逾期退还投标保证金的,除应当退还投标保证金本金外,还应当按商业银行同期贷款利率上浮20%后的利率支付资金占用费。

(3) 开标

①开标时间和地点。开标应当在招标文件确定的提交投标文件截止时间的同一时间公开进行。开标地点应为招标文件中预先确定的地点。

②开标参加人。开标由招标采购单位主持，采购人、投标人和有关方面代表参加。招标采购单位在开标前，应当通知同级人民政府财政部门及有关部门，财政部门及有关部门可以视情况到现场监督开标活动。

③唱标。开标时，应当由投标人或者其推选的代表检查投标文件的密封情况，也可以由招标人委托的公证机构检查并公证；经确认无误后，由招标工作人员当众拆封，宣读投标人名称、投标价格、价格折扣、招标文件允许提供的备选投标方案和投标文件的其他主要内容。未宣读的投标价格、价格折扣和招标文件允许提供的备选投标方案等实质内容，评标时不予承认。

开标时，投标文件中开标一览表（报价表）内容与投标文件中明确表内容不一致的，以开标一览表（报价表）为准。投标文件的大写金额和小写金额不一致的，以大写金额为准；总价金额与按单价汇总金额不一致的，以单价金额计算结果为准；单价金额小数点有明显错位的，以总价为准，并修改单价；对不同文字文本投标文件的解释发生异议的，以中文文本为准。开标过程应当由招标人指定专人负责记录，并存档备查。

(4) 评标

1) 评标机构

评标工作由招标采购单位负责组织，具体评标事务由招标采购单位依法组建的评标委员会负责，评标委员会成员名单原则上应在开标前确定，并在招标结果确定前保密。评标委员会独立履行下列职责：

①审查投标文件是否符合招标文件要求，并作出评价；

②要求投标供应商对投标文件有关事项作出解释或者澄清；

③推荐中标候选供应商名单，或者受采购人委托按照事先确定的办法直接确定中标供应商；

④向招标采购单位或者有关部门报告非法干预评标工作的行为。

评标委员会由采购人代表和有关技术、经济等方面的专家组成，成员人数应当为5人以上单数。其中，技术、经济等方面的专家不得少于成员总数的2/3。采购数额在300万元以上、技术复杂的项目，评标委员会中技术、经济方面的专家人数应当为5人以上单数。招标采购单位就招标文件征询过意见的专家，不得再作为评标专家参加评标。采购人不得以专家身份参与本部门或者本单位采购项目的评标。采购代理机构工作人员不得参加由本机构代理的政府采购项目的评标。

评标专家应当熟悉政府采购、招标投标的相关政策法规，熟悉市场行情，有良好的职业道德，遵守招标纪律，从事相关领域工作满8年并具有高级职称或者具有同等专业水平。各级人民政府财政部门应当对专家实行动态管理。

招标采购单位应当从同级或上一级财政部门设立的政府采购评审专家库中，通过随机方式抽取评标专家。招标采购机构对技术复杂、专业性极强的采购项目，通过随机方式难以确定合适评标专家的，经设区的市、自治州以上人民政府财政部门同意，可以采取选择性方式确定评标专家。

评标委员会成员应当履行下列义务：

①遵纪守法，客观、公正、廉洁地履行职责；
②按照招标文件规定的评标方法和评标标准进行评标，对评审意见承担个人责任；
③对评标过程和结果以及供应商的商业秘密保密；
④参与评标报告的起草；
⑤配合财政部门的投诉处理工作；
⑥配合招标采购单位答复投标供应商提出的质疑。

2）评标方法

货物、服务招标采购的评标方法分为最低评标价法、综合评分法和性价比法。

①最低评标价法，是指以价格为主要因素确定中标候选供应商的评标方法，即在全部满足招标文件实质性要求前提下，依据统一的价格要素评定最低报价，以提出最低报价的投标人作为中标候选供应商或者中标供应商的评标方法。最低评标价法适用于标准定制商品及通用服务项目。

②综合评分法，是指在最大限度地满足招标文件实质性要求前提下，按照招标文件中规定的各项因素对投标文件进行综合评审后，以评标总得分最高的投标人作为中标候选供应商或者中标供应商的评标方法。综合评分的主要因素是：价格、技术、财务状况、信誉、业绩、服务、对招标文件的响应程度，以及相应的比重或者权值等。上述因素应当在招标文件中事先规定。

评标时，评标委员会各成员应当独立对每个有效投标人的标书进行评价、打分，然后汇总每个投标人每项评分因素的得分。采用综合评分法的，货物项目的价格分值占总分值的比重（即权值）为百分之30%～60%；服务项目的价格分值占总分值的比重（即权值）为10%～30%。执行统一价格标准的服务项目，其价格不列为评分因素。有特殊情况需要调整的，应当经同级人民政府财政部门批准。

评标总得分 $= F_1 \times A_1 + F_2 \times A_2 + \cdots + F_n \times A_n$，式中，$F_1$、$F_2 \cdots F_n$ 分别为各项评分因素的汇总得分；A_1、A_2、$\cdots A_n$ 分别为各项评分因素所占的权重（$A_1 + A_2 + \cdots + A_n = 1$）。

③性价比法，是指按照要求对投标文件进行评审后，计算出每个有效投标人除价格因素以外的其他各项评分因素（包括技术、财务状况、信誉、业绩、服务、对招标文件的响应程度等）的汇总得分，并除以该投标人的投标报价，以商数（评标总得分）最高的投标人为中标候选供应商或者中标供应商的评标方法。

评标总得分 $= B/N$。式中，B 为投标人的综合得分，$B = F_1 \times A_1 + F_2 \times A_2 + \cdots + F_n \times A_n$，其中：$F_1$、$F_2 \cdots F_n$ 分别为除价格因素以外的其他各项评分因素的汇总得分；A_1、A_2、$\cdots A_n$ 分别为除价格因素以外的其他各项评分因素所占的权重（$A_1 + A_2 + \cdots + A_n = 1$）。$N$ 为投标人的投标报价。

3）评标程序

评标应当遵循下列工作程序：

①投标文件初审。初审分为资格性检查和符合性检查。资格性检查，是指依据法律法规和招标文件的规定，对投标文件中的资格证明、投标保证金等进行审查，以确定投标供应商是否具备投标资格。符合性检查，是指依据招标文件的规定，从投标文件的有效性、完整性和对招标文件的响应程度进行审查，以确定是否对招标文件的实质性要求作出响应。

②澄清有关问题。对投标文件中含义不明确、同类问题表述不一致或者有明显文字和计算错误的内容，评标委员会可以书面形式（应当由评标委员会专家签字）要求投标人作出必要的澄清、说明或者纠正。投标人的澄清、说明或者补正应当采用书面形式，由其授权的代表签字，并不得超出投标文件的范围或者改变投标文件的实质性内容。

③比较与评价。按招标文件中规定的评标方法和标准，对资格性检查和符合性检查合格的投标文件进行商务和技术评估，综合比较与评价。

④推荐中标候选供应商名单。中标候选供应商数量应当根据采购需要确定，但必须按顺序排列中标候选供应商。

采用最低评标价法的，按投标报价由低到高顺序排列。投标报价相同的，按技术指标优劣顺序排列。评标委员会认为，排在前面的中标候选供应商的最低投标价或者某些分项报价明显不合理或者低于成本，有可能影响商品质量和不能诚信履约的，应当要求其在规定的期限内提供书面文件予以解释说明，并提交相关证明材料；否则，评标委员会可以取消该投标人的中标候选资格，按顺序排在后面的中标候选供应商递补，以此类推。

采用综合评分法的，按评审后得分由高到低顺序排列。得分相同的，按投标报价由低到高顺序排列。得分且投标报价相同的，按技术指标优劣顺序排列。

采用性价比法的，按商数得分由高到低顺序排列。商数得分相同的，按投标报价由低到高顺序排列。商数得分且投标报价相同的，按技术指标优劣顺序排列。

⑤编写评标报告。评标报告是评标委员会根据全体评标成员签字的原始评标记录和评标结果编写的报告，其主要内容包括：招标公告刊登的媒体名称、开标日期和地点；购买招标文件的投标人名单和评标委员会成员名单；评标方法和标准；开标记录和评标情况及说明，包括投标无效的投标人名单及原因；评标结果和中标候选供应商排序表；评标委员会的授标建议等。

4）评标要求

招标人应当采取必要措施，保证评标在严格保密的情况下进行。任何单位和个人不得非法干预、影响评标办法的确定及评标过程和结果。在评标中，不得改变招标文件中规定的评标标准、方法和中标条件。

投标文件有下列情况之一的，应当在资格性、符合性检查时按照无效投标处理：第一，应交未交投标保证金的；第二，未按照招标文件规定要求密封、签署、盖章的；第三，不具备招标文件中规定资格要求的；第四，不符合法律、法规和招标文件中规定的其他实质性要求的。

（5）定标并发送中标函

采购代理机构应当在评标结束后5个工作日内将评标报告送采购人。采购人应当在收到评标报告后5个工作日内，按照评标报告中推荐的中标候选供应商顺序确定中标供应商；也可以事先授权评标委员会直接确定中标供应商。采购人自行组织招标的，应当在评标结束后5个工作日内确定中标供应商。中标供应商因不可抗力或者自身原因不能履行政府采购合同的，采购人可以与排位在中标供应商之后第一位的中标候选供应商签订政府采购合同，以此类推。在确定中标供应商前，招标人不得与投标供应商就投标价格、投标方案等实质性内容进行谈判。

中标供应商确定后，中标结果应当在财政部门指定的政府采购信息发布媒体上公告。

公告内容应当包括招标项目名称、中标供应商名单、评标委员会成员名单、招标采购单位的名称和电话。

在发布公告的同时，招标采购单位应当向中标供应商发出中标通知书，中标通知书对采购人和中标供应商具有同等法律效力。中标通知书发出后，采购人改变中标结果，或者中标供应商放弃中标，应当承担相应的法律责任。

（6）合同谈判与签约

《政府采购法》第四十六条规定，"采购人与中标、成交供应商应当在中标、成交通知书发出之日起三十日内，按照采购文件确定的事项签订政府采购合同。"《政府采购货物和服务招标投标管理办法》第六十一条规定，"在确定中标供应商前，招标采购单位不得与投标供应商就投标价格、投标方案等实质性内容进行谈判。"根据上述规定，只有在中标人确定后，采购单位才可以与中标人进行签署合同的商务谈判，以确定签署合同的具体条款。《政府采购货物和服务招标投标管理办法》第六十四条规定，"采购人或者采购代理机构应当自中标通知书发出之日起三十日内，按照招标文件和中标供应商投标文件的约定，与中标供应商签订书面合同。所签订的合同不得对招标文件和中标供应商投标文件作实质性修改。"因此，实际签署的合同的条款不能对招标文件和投标文件进行实质性修改，更不能签署一个备案合同，再签署一个实际执行的合同，也就是常说的"黑白合同"。

（7）废标和投标无效

1）废标与投标无效的概念

废标是指在招标开标过程中，出现《政府采购法》规定的情形之一，招标人拒绝所有投标供应商的投标。无效标是指某一投标人因投标文件某一方面存在法定情形之一的重大失误，招标人和评标委员会确定其投标无效。二者并不相同，而且存在本质的区别。废标不是针对某一投标供应商的投标合格与否的问题，而是针对整个招标活动，因为在招标采购中出现了法律规定的不正常的情况，招标人废止整个招投标活动；而无效投标则是招标人因为某一个投标人的投标不合格，而将其投标认定为无效投标。

2）应予废标和投标无效的情形

《政府采购法》第三十六条规定，"在招标采购中，出现下列情形之一的，应予废标：

（一）符合专业条件的供应商或者对招标文件作实质响应的供应商不足三家的；

（二）出现影响采购公正的违法、违规行为的；

（三）投标人的报价均超过了采购预算，采购人不能支付的；

（四）因重大变故，采购任务取消的。"

根据《政府采购货物和服务招标投标管理办法》第五十六条的规定，"投标文件属下列情况之一的，应当在资格性、符合性检查时按照无效投标处理：

（一）应交未交投标保证金的；

（二）未按照招标文件规定要求密封、签署、盖章的；

（三）不具备招标文件中规定资格要求的；

（四）不符合法律、法规和招标文件中规定的其他实质性要求的。"

3）废标及投标无效的救济措施

废标后，招标人应当将废标理由通知所有投标人，正在进行的整个招标活动立即停止，除采购任务取消情形外，应当重新组织招标。需要采取其他方式采购的，应当在采购活动开始前获得设区的市、自治州以上人民政府采购监督管理部门或者政府有关部门的批准。

对于投标无效的，法律效果是投标人的投标无效，投标人丧失该次投标的权利，但是并不一定导致整个招投标活动无效。出现无效标后，如果符合专业条件的投标供应商或者对招标文件规定做出实质性响应的投标供应商在三家以上的，评标委员会可以按照正常程序对所有有效标进行评审，并选出合格的中标供应商；如果有效投标人不足三家的，招标人可以宣布本次招标为废标，按照废标的后果处理，也可以在确认招标采购文件没有不合理条款且招标公告时间以及各项程序符合规定的情况下，报请设区的市、自治州以上政府采购监督管理部门批准后，采用竞争性谈判、询价或者单一来源等方式继续进行采购。

5.4.4 邀请招标

邀请招标，是指招标采购单位依法从符合相应资格条件的供应商中随机邀请三家以上供应商，并以投标邀请书的方式，邀请其参加投标。

根据《政府采购法》第二十九条规定，"符合下列情形之一的货物或者服务，可以依照本法采用邀请招标方式采购：（一）具有特殊性，只能从有限范围的供应商处采购的；（二）采用公开招标方式的费用占政府采购项目总价值的比例过大的。"

货物或者服务项目采取邀请招标方式采购的，不需要像公开招标程序一样发布招标公告，而是由招标采购单位在省级以上人民政府财政部门指定的政府采购信息媒体发布资格预审公告，公布投标人资格条件，资格预审公告的期限不得少于7个工作日。投标人应当在资格预审公告期结束之日起3个工作日内，按公告要求提交资格证明文件。招标采购单位从评审合格投标人中通过随机方式选择三家以上的投标人，并向其发出投标邀请书。其他程序与公开招标程序相同。对于工程采购，《招标投标法》有特殊规定的，还应遵守该法的具体规定。

5.4.5 竞争性谈判

1. 竞争性谈判采购的概念和适用情形

竞争性谈判是指政府采购的采购人或采购代理机构通过与多家供应商进行谈判，最后从中确定最佳的供应商成交。根据《政府采购法》第三十条的规定，"符合下列情形之一的货物或者服务，可以依照本法采用竞争性谈判方式采购：

（一）招标后没有供应商投标或者没有合格标的或者重新招标未能成立的；

（二）技术复杂或者性质特殊，不能确定详细规格或者具体要求的；

（三）采用招标所需时间不能满足用户紧急需要的；

（四）不能事先计算出价格总额的。"

2. 竞争性谈判采购程序

采用竞争性谈判方式采购的，应当遵循下列程序：

①成立谈判小组。谈判小组由采购人的代表和有关专家共3人以上的单数组成，其中专家的人数不得少于成员总数的2/3。

②制定谈判文件。谈判文件应当明确谈判程序、谈判内容、合同草案的条款以及评定成交的标准等事项。

③确定邀请参加谈判的供应商名单。谈判小组从符合相应资格条件的供应商名单中确定不少于三家的供应商参加谈判,并向其提供谈判文件。

④谈判。谈判小组所有成员集中与单一供应商分别进行谈判。在谈判中,谈判的任何一方不得透露与谈判有关的其他供应商的技术资料、价格和其他信息。谈判文件有实质性变动的,谈判小组应当以书面形式通知所有参加谈判的供应商。

⑤确定成交供应商。谈判结束后,谈判小组应当要求所有参加谈判的供应商在规定时间内进行最后报价,采购人从谈判小组提出的成交候选人中根据符合采购需求、质量和服务相等且报价最低的原则确定成交供应商,并将结果通知所有参加谈判的未成交的供应商。

5.4.6 单一来源采购

1. 单一来源采购的概念和适用情形

单一来源采购,也叫独家议标采购,是指达到竞争性招标采购的金额标准,但在适当条件下采购人通过向单一的供应商征求建议或报价来采购货物、工程或服务,这是一种只有一家供应商,没有其他供应商竞争的采购方式。

根据《政府采购法》第三十一条的规定,"符合下列情形之一的货物或者服务,可以依照本法采用单一来源方式采购:

(一)只能从唯一供应商处采购的;

(二)发生了不可预见的紧急情况不能从其他供应商处采购的;

(三)必须保证原有采购项目一致性或者服务配套的要求,需要继续从原供应商处添购,且添购资金总额不超过原合同采购金额百分之十的。"

2. 单一来源采购的程序

《政府采购法》第三十九条规定,"采取单一来源方式采购的,采购人与供应商应当遵循本法规定的原则,在保证采购项目质量和双方商定合理价格的基础上进行采购。"《政府采购法》及中央主管部门即财政部对单一来源方式采购程序尚没有详细的规定,但是一些省、市、自治区对此已经做了规定。我们认为,除了属于上述第(三)种情况,经同级政府采购监管部门批准后,采购人可从单一供应商处直接续签合同购买以外,应当参照竞争性谈判采购的程序进行。一般来说,单一来源采购方式应当经过以下程序:

①成立谈判小组或工作小组

谈判小组或工作小组成员应当由3人以上的单数组成,其中专家人数应为总数的2/3以上。采购人代表应当作为小组成员之一。

②组织谈判

谈判小组或工作小组与供应商就项目的商务、技术、价格和其他方面,以及合同条款进行谈判。

③确定成交供应商

谈判达成一致意见后,采购人必须对谈判结果进行认可,并填写单一来源采购审核表。确定成交供应商的原则,即符合采购人需求且成交价格低于市场平均价。

3. 对单一来源方式采购的要求

根据《政府采购法》第三十九条的规定,采取单一来源方式采购的,采购人与供应商应当遵循本法规定的原则,即公开公平公正、诚实信用、预算控制原则等,同时当事人应当保证采购项目质量和合理价格。

5.4.7 询价

1. 询价采购的概念和适用情形

询价采购,又称"选购",是指通过向多家供应商询价,然后通过比质比价的方式确定成交供应商的政府采购方式,是《政府采购法》所规定的非公开招标采购方式之一,通常只适用于采购合同价值较低的标准化货物、小额工程或服务的采购。

《政府采购法》第三十二条规定,"采购的货物规格、标准统一、现货货源充足且价格变化幅度小的政府采购项目,可以依照本法采用询价方式采购。"

2. 询价采购的程序

根据《政府采购法》第四十条的规定,采取询价方式采购的,应当遵循下列程序:

①成立询价小组。询价小组由采购人的代表和有关专家共三人以上的单数组成,其中专家的人数不得少于成员总数的2/3。询价小组应当对采购项目的价格构成和评定成交的标准等事项作出规定。

②确定被询价的供应商名单。询价小组根据采购需求,从符合相应资格条件的供应商名单中确定不少于三家的供应商,并向其发出询价通知书让其报价。

③询价。询价小组要求被询价的供应商一次报出不得更改的价格。

④确定成交供应商。采购人根据符合采购需求、质量和服务相等且报价最低的原则确定成交供应商,并将结果通知所有被询价未成交的供应商。

5.4.8 国务院政府采购监督管理部门认定的其他采购方式

根据《政府采购法》第二十六条第一款规定,政府采购除了可以采用公开招标、邀请招标、竞争性谈判、单一来源采购、询价等形式采购以外,还可以采用国务院政府采购监督管理部门认定的其他采购方式。但是,《政府采购法》和财政部相关规定都没有明确具体的形式,因此,此规定属于兜底条款,以免规定不全,影响政府采购在实践中的发展。根据此规定,如果确实需要以上述五种形式之外的采购方式进行政府采购,如协议供货、直接采购等,需要经国务院政府采购监督管理部门认定批准。

5.4.9 政府采购的履约验收和采购文件的保存

1. 政府采购的履约验收

根据《政府采购法》第四十一条的规定,采购人或者其委托的采购代理机构应当组织对供应商履约的验收。大型或者复杂的政府采购项目,应当邀请国家认可的质量检测机构参加验收工作。验收方成员应当在验收书上签字,并承担相应的法律责任。货物、工程和服务供应商履约情况的验收是保证其质量的重要措施,采购人或者其委托的采购代理机构必须组织实施。如果发现没有按照合同履行,则应当按照合同约定或者法律规定进行处理,如要求供应商进行修复、退还货、承担违约金和损失补偿等。

2. 采购文件的保存

对于政府采购文件进行保存是必需的,因为政府采购文件是政府采购过程的证明和历史记录,也是审计监督、纪检监督的根据,在发生纠纷时还是证明案件事实的最重要的证据。《政府采购法》第四十二条对此进行了规定。根据该规定,采购人、采购代理机构对政府采购项目每项采购活动的采购文件应当妥善保存,不得伪造、变造、隐匿或者销毁。采购文件的保存期限为从采购结束之日起至少15年。

采购文件包括采购活动记录、采购预算、招标文件、投标文件、评标标准、评估报告、定标文件、合同文本、验收证明、质疑答复、投诉处理决定及其他有关文件、资料。采购活动记录至少应当包括下列内容:①采购项目类别、名称;②采购项目预算、资金构成和合同价格;③采购方式,采用公开招标以外的采购方式的,应当载明原因;④邀请和选择供应商的条件及原因;⑤评标标准及确定中标人的原因;⑥废标的原因;⑦采用招标以外采购方式的相应记载。

5.5 政府采购合同

5.5.1 政府采购合同的特点、性质和签约形式

1. 政府采购合同的特点

政府采购资金属于财政性资金,采购的目的是为了公共事务,政府采购还具有维护公共利益、加强财政支出管理、抑制腐败等功能,因此,政府采购合同不完全等同于一般的民事合同,需要在明确适用合同法的前提下,对政府采购合同的有关特殊问题做出规定。为此,《政府采购法》对于政府采购进行了一些专门规定。比如,在选择和确定供应商时,采购人不能随意选择,而是应当按照《政府采购法》规定的采购方式和程序选择;对于纳入集中采购目录的政府采购项目,应当实行集中采购;除了法律规定的例外情况以外,政府采购应当采购本国货物、工程和服务;对于采购合同还应当进行备案;除非法律规定的特殊情况,未经法定程序不能随意修改和变更合同;政府采购合同继续履行将损害国家利益和社会公共利益的,双方当事人应当变更、中止或者终止合同。

因此,与一般的民事合同相比,政府采购合同具有一些不同的特点:

一是合同主体的限制性。合同当事人中的采购人只能是法律规定的使用财政资金进行采购的各级国家机关、事业单位和团体组织。

二是合同订立方式的特殊性。政府采购合同的订立,只能通过公开招标、邀请招标、竞争性谈判、单一来源采购、询价、国务院政府采购监督管理部门认定的其他采购方式。

三是合同监督管理的严格性。由于政府采购合同价款的支付依靠的是财政资金,因此必须严格监督管理,不仅要求必须采用书面形式,而且要求必须进行备案,并且政府采购合同的双方当事人不得擅自变更、中止或者终止合同。在合同的订立、履行及验收结算过程中,政府主管部门和其他相关部门如审计、纪检等部门也要介入进行监督管理。

2. 政府采购合同的性质

尽管与一般民事合同相比,政府采购合同在合同成立和履行过程中带有某些行政管理的特点,但是,从本质上讲,政府采购本身是一种市场交易行为,在采购合同订立过程

中，不涉及行政权力的行使，采购双方的法律地位是平等的，签约履约也是自愿的；因此，政府采购合同的性质仍然为民事合同。为此，《政府采购法》第四十三条规定，"政府采购合同适用合同法。采购人和供应商之间的权利和义务，应当按照平等、自愿的原则以合同方式约定。"因此，除了政府采购合同应当遵守《政府采购法》、《招标投标法》等法律的特殊规定以外，还应当遵守《民法通则》、《合同法》的规定。

3. 政府采购合同的签约形式

我们常说的政府采购合同，一般是指货物、工程或服务采购合同。该合同的签署存在两种情况：一是委托集中采购机构代理采购的，则一般委托采购代理机构代为签署采购合同；二是采购人自行采购的，则由采购人与供应商直接签署采购合同。《政府采购法》第四十三条规定，"采购人可以委托采购代理机构代表其与供应商签订政府采购合同。由采购代理机构以采购人名义签订合同的，应当提交采购人的授权委托书，作为合同附件。"

政府采购委托采购代理机构实施的，存在两个合同：一是采购人和集中采购机构之间的委托代理合同；二是集中采购机构与供应商之间的买卖合同。代理合同应当适用《合同法》总则的规定和《合同法》第二十一章委托合同的规定和其他相关规定，此处不再详述。

2004年7月23日财政部颁布的《中央单位政府采购管理实施办法》第四十条规定，"政府采购应当签订书面合同。采购合同应当由项目使用单位与中标、成交供应商签订，也可以根据具体组织形式委托主管部门、集中采购机构或其他政府采购代理机构与中标、成交供应商签订。由主管部门、集中采购机构和其他政府采购代理机构与中标、成交供应商签订合同的，应当在合同条款中明确各自的权利和义务。"两种合同签订形式的法律后果是同样的，都是由采购人和供应商承担责任，而不是由采购代理机构承担责任。对此种情况，《合同法》第四百零二条规定，"受托人以自己的名义，在委托人的授权范围内与第三人订立的合同，第三人在订立合同时知道受托人与委托人之间的代理关系的，该合同直接约束委托人和第三人，但有确切证据证明该合同只约束受托人和第三人的除外。"

5.5.2 政府采购合同的必备条款

对于政府采购合同应当具备的合同条款，《政府采购法》第四十五条规定，"国务院政府采购监督管理部门应当会同国务院有关部门，规定政府采购合同必须具备的条款。"根据上述规定，《政府采购法》对于政府采购合同必备条款问题作出了授权规定，即授权国务院政府采购监督管理部门会同国务院有关部门，规定政府采购合同必须具备的条款。目前，法律和其他规定还没有对此做出具体的规定。

《合同法》第十二条规定："合同的内容由当事人约定，一般包括以下条款：（一）当事人的名称或者姓名和住所；（二）标的；（三）数量；（四）质量；（五）价款或者报酬；（六）履行期限、地点和方式；（七）违约责任；（八）解决争议的方法。当事人可以参照各类合同的示范文本订立合同。"

但是，缺乏上述条款是否会导致合同不成立或合同无效呢？答案是否定的。《合同法》第十二条中"一般包括以下条款"的含义是：

①本条所列八大条款具有提示性作用，属建议性条款，意在提醒当事人订立合同时应尽量将条款订的周详些，以免产生纠纷。

②本条款不具有强制性作用,不是强行性规范,违反本条并不当然导致合同不成立。

③上述八大条款并非是每个合同都必须具备的条款,有些条款甚至是某个合同所不需要的。当然,"当事人"和"标的"这两个条款应为每个合同所必备。但缺乏其余条款,是能够补充或补正的。

5.5.3 政府采购合同签署的要求

《政府采购法》对于签署政府采购合同主要有以下几点要求:

（1）按照平等、自愿的原则签署

因为政府采购合同属于民事合同,因此应当按照《合同法》规定的平等、自愿的原则签署合同,双方地位平等,任何一方不得采取强迫、胁迫等手段强迫对方签署政府采购合同。《政府采购法》第四十三条规定,"政府采购合同适用合同法。采购人和供应商之间的权利和义务,应当按照平等、自愿的原则以合同方式约定。"

（2）应当采用书面形式签署

政府采购合同一般属于数额较大、比较重要的合同,也并非即时付款的零星采购,因此,应当采用书面形式。《政府采购法》第四十四条规定,"政府采购合同应当采用书面形式。"书面形式具体包括那些形式呢?根据《合同法》第十一条的规定,"书面形式是指合同书、信件和数据电文（包括电报、电传、传真、电子数据交换和电子邮件）等可以有形地表现所载内容的形式。"

（3）签署政府采购合同受时间限制

无论采用什么方式进行政府采购,在选定供应商以后,应当在法律规定的时间内签署合同。《政府采购法》第四十六条规定,"采购人与中标、成交供应商应当在中标、成交通知书发出之日起三十日内,按照采购文件确定的事项签订政府采购合同。中标、成交通知书对采购人和中标、成交供应商均具有法律效力。中标、成交通知书发出后,采购人改变中标、成交结果的,或者中标、成交供应商放弃中标、成交项目的,应当依法承担法律责任。"具体应当承担什么法律责任呢?中标或者成交通知书送达（并非"发出"）后,采购人与供应商之间的合同关系已经成立,只是尚未签署书面合同而已。在这种情况下,如果采购人改变中标、成交结果的,或者中标、成交供应商放弃中标、成交项目的,均属于严重违约行为,过错方应当承担因此而导致的损失。如果属于供应商违约,并且供应商已经提交了投标保函或者保证金,则招标人可以予以没收;如果属于招标人违约,则供应商有权要求招标人赔偿损失。

（4）招标投标合同不得私下订立背离中标合同实质性内容的协议

通过招投标形式订立合同的,不得与中标供应商私下订立背离中标合同实质性内容的协议,以免使招标流于形式。《招标投标法》第四十六条规定,"招标人和中标人应当自中标通知书发出之日起三十日内,按照招标文件和中标人的投标文件订立书面合同。招标人和中标人不得再行订立背离合同实质性内容的其他协议。"财政部2004年8月11日颁布的《政府采购货物和服务招标投标管理办法》第六十四条也做出了相同的规定,"采购人或者采购代理机构应当自中标通知书发出之日起三十日内,按照招标文件和中标供应商投标文件的约定,与中标供应商签订书面合同。所签订的合同不得对招标文件和中标供应商投标文件作实质性修改。招标采购单位不得向中标供应商提出任何不合理的要求,作为签订合同的条件，不得与中标供应商私下订立背离合同实质性内容的协议。"《招标投标法》的上述规定属于法律的强制性规定，不能予以违反，如果违反，即属于我们说的"黑白合同"，将导致招投标活动无效，有过错一方应当赔偿对方因此遭受的损失。

5.5.4 政府采购合同的备案

《政府采购法》第四十七条规定，"政府采购项目的采购合同自签订之日起七个工作日内，采购人应当将合同副本报同级政府采购监督管理部门和有关部门备案。"财政部2004年8月11日颁布的《政府采购货物和服务招标投标管理办法》第六十五条规定，"采购人或者采购代理机构应当自采购合同签订之日起七个工作日内，按照有关规定将采购合同副本报同级人民政府财政部门备案。"第六十六条规定，"法律、行政法规规定应当办理批准、登记等手续后生效的合同，依照其规定。"上述关于"备案"的规定并非法律的强制性规定，而是属于政府管理性规定，没有按照上述规定备案并不导致合同无效。

5.5.5 政府采购合同的分包

1. 项目的分包

《政府采购法》第四十八条第一款规定，"经采购人同意，中标、成交供应商可以依法采取分包方式履行合同。"根据该条的规定，经采购人同意，供应商可以将中标政府采购项目的一部分转让给分包实施。当然，不能将全部项目转让给分包供应商实施，否则就构成了转包。对于工程项目采购来说，转包和违法分包都是法律禁止的行为。

2. 法律责任

《政府采购法》第四十八条第二款规定，"政府采购合同分包履行的，中标、成交供应商就采购项目和分包项目向采购人负责，分包供应商就分包项目承担责任。"《建筑法》第二十九条第二款和第三款规定，"建筑工程总承包单位按照总承包合同的约定对建设单位负责；分包单位按照分包合同的约定对总承包单位负责。总承包单位和分包单位就分包工程对建设单位承担连带责任。禁止总承包单位将工程分包给不具备相应资质条件的单位。禁止分包单位将其承包的工程再分包。"

5.5.6 政府采购合同的变更和终止

《政府采购法》第四十九条规定，"政府采购合同履行中，采购人需追加与合同标的相同的货物、工程或者服务的，在不改变合同其他条款的前提下，可以与供应商协商签订补充合同，但所有补充合同的采购金额不得超过原合同采购金额的百分之十。"

第五十条规定，"政府采购合同的双方当事人不得擅自变更、中止或者终止合同。政府采购合同继续履行将损害国家利益和社会公共利益的，双方当事人应当变更、中止或者终止合同。有过错的一方应当承担赔偿责任，双方都有过错的，各自承担相应的责任。"

5.6 政府采购的救济方式

《政府采购法》规定的政府采购的救济方式包括五种：①询问；②质疑；③投诉；④行政复议；⑤行政诉讼。最常用的两种形式为质疑与投诉。

5.6.1 询问

询问是指供应商对于政府采购的事项有疑问或者政府采购发布的公告等有不清楚的地方，通过口头或者书面形式向采购人或采购代理人提出问题，要求其给予解答的情况。询问适用于供应商对于政府采购有疑问，要求解答的情况。采购人或采购代理人在接到供应商的询问后，应当及时作出答复。《政府采购法》第五十一条规定，"供应商对政府采购活动事项有疑问的，可以向采购人提出询问，采购人应当及时作出答复，但答复的内容不得涉及商业秘密。"根据《政府采购法》第五十四条的规定，如果采购人委托采购代理机构采购的，供应商可以向采购代理机构提出询问，采购代理机构应当依照《政府采购法》第五十一条的规定就采购人委托授权范围内的事项作出答复。对于采用招投标形式进行政府采购的，可以根据政府采购项目的具体情况，在招投标过程中为投标人的询问设立一个招标人答疑程序。财政部《政府采购货物和服务招标投标管理办法》第二十五条规定，"招标采购单位根据招标采购项目的具体情况，可以组织潜在投标人现场考察或者召开开标前答疑会，但不得单独或者分别组织只有一个投标人参加的现场考察。"

5.6.2 质疑

质疑是指供应商在政府采购中认为自己的权益受到损害时，可以向采购人或采购代理人提出疑问，要求采购人给予解释和纠正的救济方式。《政府采购法》第五十二条规定，"供应商认为采购文件、采购过程和中标、成交结果使自己的权益受到损害的，可以在知道或者应知其权益受到损害之日起七个工作日内，以书面形式向采购人提出质疑。"

质疑与询问的主要区别在于提起的原因不同。询问的原因是供应商对于政府采购的事项有疑问，质疑是供应商在政府采购中认为自己的权益受到损害。前者是询问以求澄清和解答，后者是对政府采购行为予以怀疑和质问以求解释和纠正，而且《政府采购法》要求质疑必须采用书面形式。对于供应商质疑的处理程序是，采购人或者采购代理商在接到供应商的书面质疑后应在法定期限内予以答复。《政府采购法》第五十三条规定，"采购人应当在收到供应商的书面质疑后七个工作日内作出答复，并以书面形式通知质疑供应商和其他有关供应商，但答复的内容不得涉及商业秘密。"同时，第五十四条也规定，如果采购人委托采购代理机构采购的，供应商可以向采购代理机构提出质疑，采购代理机构应当依照《政府采购法》第五十三条的规定就采购人委托授权范围内的事项作出答复。

5.6.3 投诉

投诉是指供应商在对采购人或者采购代理机构答复不满意或采购人、采购代理机构未作答复的情况下向国家有关主管部门提出诉请，要求保护供应商合法权益的行为。《政府采购法》第五十五条规定，"质疑供应商对采购人、采购代理机构的答复不满意或者采购人、采购代理机构未在规定的时间内作出答复的，可以在答复期满后十五个工作日内向同级政府采购监督管理部门投诉。"政府采购主管部门即政府采购监督管理部门在接到供应商投诉后，应当按照法律规定的时间和程序做出处理决定。《政府采购法》第五十六条和第五十七条对此作出了相应规定。根据该规定，政府采购监督管理部门应当在收到投诉后

30 个工作日内,对投诉事项作出处理决定,并以书面形式通知投诉人和与投诉事项有关的当事人。政府采购监督管理部门在处理投诉事项期间,可以视具体情况书面通知采购人暂停采购活动,但暂停时间最长不得超过 30 日。

5.6.4 行政复议和行政诉讼

《政府采购法》第五十八条规定,"投诉人对政府采购监督管理部门的投诉处理决定不服或者政府采购监督管理部门逾期未作处理的,可以依法申请行政复议或者向人民法院提起行政诉讼。"

1. 行政复议

行政复议是指公民、法人或者其他组织不服行政主体做出的具体行政行为,认为行政主体的具体行政行为侵犯了其合法权益,依法向法定的行政复议机关提出复议申请,行政复议机关依法对该具体行政行为进行合法性、适当性审查,并作出行政复议决定的行政行为。政府采购监督管理部门即各级财政部门对于供应商投诉的处理属于具体行政行为,如果供应商对于该投诉处理不满意,有权按照《行政复议法》的规定自知道该具体行政行为之日起 60 日内,向有管辖权的行政机关提出行政复议申请。行政复议机关负责法制工作的机构应当按照《行政复议法》的规定,对被申请人作出的具体行政行为进行审查后,根据案件情况,分别做出维持具体行政行为、变更具体行政行为、撤销具体行政行为或者确认该具体行政行为违法的决定。

2. 行政诉讼

行政诉讼是自然人、法人或者其他组织认为行政机关及其工作人员的行政行为侵犯自己的合法权益,依法向法院起诉,法院依法对该起诉和相关行政争议加以审查并作出裁判的活动。《行政复议法》第五条规定,"公民、法人或者其他组织对行政复议决定不服的,可以依照行政诉讼法的规定向人民法院提起行政诉讼,但是法律规定行政复议决定为最终裁决的除外。"《行政复议法》规定,国务院做出的行政复议裁决,以及省、自治区、直辖市人民政府确认土地、矿藏、水流、森林、山岭、草原、荒地、滩涂、海域等自然资源的所有权或者使用权的行政复议决定均为最终裁决。

一般情况下,行政复议并不是行政诉讼必经的前置程序。《行政诉讼法》第三十七条规定,"对属于人民法院受案范围的行政案件,公民、法人或者其他组织可以先向上一级行政机关或者法律、法规规定的行政机关申请复议,对复议不服的,再向人民法院提起诉讼;也可以直接向人民法院提起诉讼。法律、法规规定应当先向行政机关申请复议,对复议不服再向人民法院提起诉讼的,依照法律、法规的规定。"政府机关对于政府采购做出的具体行政行为不属于必须先进行行政复议的情况,因此,供应商可以先申请行政复议,也可以直接提起行政诉讼。因此,《政府采购法》第五十八条规定,投诉人对政府采购监督管理部门的投诉处理决定不服或者政府采购监督管理部门逾期未作处理的,可以依法申请行政复议或者向人民法院提起行政诉讼。有管辖权的人民法院在受理行政诉讼案件后,经过审理,根据案件的不同情况,分别做出维持具体行政行为、撤销或者部分撤销具体行政行为、变更具体行政行为的判决,或者做出要求被告在一定期限内履行法定职责的判决。

5.7 政府采购的监督检查

5.7.1 政府采购监督管理机关监督检查的内容

政府采购监督管理部门即各级人民政府财政部门，负责对政府采购活动及集中采购机构进行监督检查。根据《政府采购法》第五十九条的规定，财政部门监督检查的内容主要包括以下三项：①有关政府采购的法律、行政法规和规章的执行情况；②采购范围、采购方式和采购程序的执行情况；③政府采购人员的职业素质和专业技能。

5.7.2 实施监督检查的形式

根据《政府采购法》的规定，政府采购监督管理部门应采取以下措施，保证政府采购规范、廉洁、经济和高效。

(1) 实施采监分离

《政府采购法》要求，集中采购机构和采购代理机构与采购监督管理部门分开设立并且不存在隶属关系，使二者之间不存在直接的利益关系，以便有效避免采购代理机构不能独立行使职能，或滋生腐败现象。《政府采购法》第六十条规定，"政府采购监督管理部门不得设置集中采购机构，不得参与政府采购项目的采购活动。采购代理机构与行政机关不得存在隶属关系或者其他利益关系。"

(2) 加强对集中采购机构的管理

集中采购机构主要负责代理采购纳入集中采购目录的政府采购项目，因此，《政府采购法》要求加强集中采购机构的管理。

首先是集中采购机构应建立有效的内部监督管理制度。《政府采购法》第六十一条规定，"集中采购机构应当建立健全内部监督管理制度。采购活动的决策和执行程序应当明确，并相互监督、相互制约。经办采购的人员与负责采购合同审核、验收人员的职责权限应当明确，并相互分离。"

其次，明确规定对集中采购机构的采购人员的职业素质和专业技能的要求。《政府采购法》第六十二条规定，"集中采购机构的采购人员应当具有相关职业素质和专业技能，符合政府采购监督管理部门规定的专业岗位任职要求。集中采购机构对其工作人员应当加强教育和培训；对采购人员的专业水平、工作实绩和职业道德状况定期进行考核。采购人员经考核不合格的，不得继续任职。"

(3) 保证采购信息公开、采购人依法采购

要使政府采购真正成为"阳光下的采购"，采购信息包括采购公告、采购程序、采购标准、采购结果等必须公开。《政府采购法》第六十三条规定，"政府采购项目的采购标准应当公开。采用本法规定的采购方式的，采购人在采购活动完成后，应当将采购结果予以公布。"采购人应当依法采购，相关的单位和个人也应当为采购人依法采购提供条件。《政府采购法》第六十四条规定，"采购人必须按照本法规定的采购方式和采购程序进行采购。任何单位和个人不得违反本法规定，要求采购人或者采购工作人员向其指定的供应商进行采购。"

5.7.3 采购活动的检查与考核

没有检查和考核，政府采购的规定、制度和程序就容易落空，因此，《政府采购法》要求作为政府采购监督管理部门的各级政府财政部门应当对政府采购活动进行检查、考核与督促，参与政府采购的当事人也应当积极配合监督管理部门的检查与考核。《政府采购法》第六十五条规定，"政府采购监督管理部门应当对政府采购项目的采购活动进行检查，政府采购当事人应当如实反映情况，提供有关材料。"第六十六条规定，"政府采购监督管理部门应当对集中采购机构的采购价格、节约资金效果、服务质量、信誉状况、有无违法行为等事项进行考核，并定期如实公布考核结果。"

5.7.4 其他监督

除了监督管理部门的监督之外，其他监督也是政府采购优质、高效的重要保证。

1. 其他行政监督

除了主管部门的监督和管理，其他行政机关包括采购单位、业务相关的行政机构，如发改委、住建部、交通部、铁道部、工商总局、税务总局、环保总局、海关总署等负有行政监督职责的部门，也应当各司其职，实施行政监督。《政府采购法》第六十七条规定，"依照法律、行政法规的规定对政府采购负有行政监督职责的政府有关部门，应当按照其职责分工，加强对政府采购活动的监督。"

2. 审计监督

审计是指审计机关依法独立检查被审计单位的会计凭证、会计账簿、财务会计报告以及其他与财政收支、财务收支有关的资料和资产，监督财政收支、财务收支真实、合法和效益的行为。审计监督也属于行政监督的一种。通过审计方式对于政府采购活动进行监督，可以及时发现财务会计方面的问题，保证政府采购财政资金的收支真实、合法。对此《政府采购法》第六十八条规定，"审计机关应当对政府采购进行审计监督。政府采购监督管理部门、政府采购各当事人有关政府采购活动，应当接受审计机关的审计监督。"

3. 监察监督

行政监察是指在行政系统中设置的专司监察职能的机关对行政机关及其工作人员以及国家行政机关任命的其他人员的行政活动及行政行为所进行的监督检查活动。在政府采购活动中，监察机关对参与政府采购活动的国家机关、国家公务员和国家行政机关任命的其他工作人员实施监察，主要包括三个方面：执法监察、廉政监察、效能监察。通过行政监察保证政府采购的合法合规、廉洁、高效地实施。对此，《政府采购法》第六十九条规定，"监察机关应当加强对参与政府采购活动的国家机关、国家公务员和国家行政机关任命的其他人员实施监察。"

4. 社会监督

《政府采购法》要求政府采购应当遵循公开原则，这不仅有利于相关人员和全社会清楚地了解到政府采购的规定和政策，也有利于接受公众和媒体监督，举报控告政府采购中的违法违规行为，保障政府采购公平公正以及防止腐败发生。《政府采购法》第七十条规定，"任何单位和个人对政府采购活动中的违法行为，有权控告和检举，有关部门、机关应当依照各自职责及时处理。"

5.8 法律责任的规定

法律责任是法律关系主体由于违法行为、违约行为或者由于法律规定而应承受的法律后果，法律责任根据其责任性质的不同，可分为民事责任、行政责任、刑事责任等。

5.8.1 采购人、采购代理机构的违法行为及法律责任

（1）采购人、采购代理机构的一般违法行为

《政府采购法》第七十一条、第七十四条、第七十五条列举了采购人、采购代理机构的一般违法行为及应当承担的法律责任。

第七十一条规定，"采购人、采购代理机构有下列情形之一的，责令限期改正，给予警告，可以并处罚款，对直接负责的主管人员和其他直接责任人员，由其行政主管部门或者有关机关给予处分，并予通报：（一）应当采用公开招标方式而擅自采用其他方式采购的；（二）擅自提高采购标准的；（三）委托不具备政府采购业务代理资格的机构办理采购事务的；（四）以不合理的条件对供应商实行差别待遇或者歧视待遇的；（五）在招标采购过程中与投标人进行协商谈判的；（六）中标、成交通知书发出后不与中标、成交供应商签订采购合同的；（七）拒绝有关部门依法实施监督检查的。"

第七十四条规定，"采购人对应当实行集中采购的政府采购项目，不委托集中采购机构实行集中采购的，由政府采购监督管理部门责令改正；拒不改正的，停止按预算向其支付资金，由其上级行政主管部门或者有关机关依法给予其直接负责的主管人员和其他直接责任人员处分。"

第七十五条规定，"采购人未依法公布政府采购项目的采购标准和采购结果的，责令改正，对直接负责的主管人员依法给予处分。"

（2）采购人、采购代理机构的严重违法行为

《政府采购法》第七十二条、第七十六条和第七十八条列举了采购人、采购代理机构的严重违法行为及应当承担的法律责任。

第七十二条规定，"采购人、采购代理机构及其工作人员有下列情形之一的，构成犯罪的，依法追究刑事责任；尚不构成犯罪的，处以罚款，有违法所得的，并处没收违法所得，属于国家机关工作人员的，依法给予行政处分：（一）与供应商或者采购代理机构恶意串通的；（二）在采购过程中接受贿赂或者获取其他不正当利益的；（三）在有关部门依法实施的监督检查中提供虚假情况的；（四）开标前泄露标底的。"

第七十六条规定，"采购人、采购代理机构违反本法规定隐匿、销毁应当保存的采购文件或者伪造、变造采购文件的，由政府采购监督管理部门处以二万元以上十万元以下的罚款，对其直接负责的主管人员和其他直接责任人员依法给予处分；构成犯罪的，依法追究刑事责任。"

第七十八条规定，"采购代理机构在代理政府采购业务中有违法行为的，按照有关法律规定处以罚款，可以依法取消其进行相关业务的资格，构成犯罪的，依法追究刑事责任。"

5.8.2 供应商的违法行为及法律责任

《政府采购法》第七十七条列举了供应商的违法行为及应当承担的法律责任。

第七十七条规定,"供应商有下列情形之一的,处以采购金额千分之五以上千分之十以下的罚款,列入不良行为记录名单,在一至三年内禁止参加政府采购活动,有违法所得的,并处没收违法所得,情节严重的,由工商行政管理机关吊销营业执照;构成犯罪的,依法追究刑事责任:(一)提供虚假材料谋取中标、成交的;(二)采取不正当手段诋毁、排挤其他供应商的;(三)与采购人、其他供应商或者采购代理机构恶意串通的;(四)向采购人、采购代理机构行贿或者提供其他不正当利益的;(五)在招标采购过程中与采购人进行协商谈判的;(六)拒绝有关部门监督检查或者提供虚假情况的。供应商有前款第(一)至(五)项情形之一的,中标、成交无效。"

5.8.3 政府采购监督管理部门或人员的违法行为及法律责任

《政府采购法》第八十条、第八十一条和第八十二条列举了政府采购监督管理部门及其工作人员的违法行为及应当承担的法律责任。

第八十条规定,"政府采购监督管理部门的工作人员在实施监督检查中违反本法规定滥用职权,玩忽职守,徇私舞弊的,依法给予行政处分;构成犯罪的,依法追究刑事责任。"

第八十一条规定,"政府采购监督管理部门对供应商的投诉逾期未作处理的,给予直接负责的主管人员和其他直接责任人员行政处分。"

第八十二条规定,"政府采购监督管理部门对集中采购机构业绩的考核,有虚假陈述,隐瞒真实情况的,或者不作定期考核和公布考核结果的,应当及时纠正,由其上级机关或者监察机关对其负责人进行通报,并对直接负责的人员依法给予行政处分。

集中采购机构在政府采购监督管理部门考核中,虚报业绩,隐瞒真实情况的,处以二万元以上二十万元以下的罚款,并予以通报;情节严重的,取消其代理采购的资格。"

5.8.4 其他人的违法行为及法律责任

《政府采购法》第八十三条规定,"任何单位或者个人阻挠和限制供应商进入本地区或者本行业政府采购市场的,责令限期改正;拒不改正的,由该单位、个人的上级行政主管部门或者有关机关给予单位责任人或者个人处分。"

5.8.5 违法行为对于政府采购活动的影响及应承担的民事赔偿责任

《政府采购法》第七十三条和第七十九条规定了影响或者可能影响中标成交结果的违法行为对于政府采购活动的影响和后果及应承担的民事赔偿责任。

第七十三条规定,有第七十一条和第七十二条违法行为之一,影响中标、成交结果或者可能影响中标、成交结果的,按下列情况分别处理:"(一)未确定中标、成交供应商的,终止采购活动;(二)中标、成交供应商已经确定但采购合同尚未履行的,撤销合同,从合格的中标、成交候选人中另行确定中标、成交供应商;(三)采购合同已经履行的,给采购人、供应商造成损失的,由责任人承担赔偿责任。"

第七十九条规定,"政府采购当事人有本法第七十一条、第七十二条、第七十七条违法行为之一,给他人造成损失的,并应依照有关民事法律规定承担民事责任。"

思考题:
1. 《政府采购法》的立法目的和适用范围。
2. 政府采购合同的性质。
3. 政府采购的政策性规定。
4. 政府集中采购机构的性质。
5. 违反《政府采购法》的法律责任。

第 6 章 刑 法

6.1 刑法概述

6.1.1 《刑法》的概念

刑法是规定犯罪、刑事责任和刑罚的法律。具体些说，是掌握政权的国家统治阶级为了维护本阶级政治上和经济上的利益，根据自己的意志，规定哪些行为是犯罪并给予刑罚处罚的法律。刑法有广义和狭义之分。广义刑法是指一切规定犯罪、刑事责任和刑罚的法律规范的总和。它不仅指刑法典，还包括单行刑法以及非刑事法律中的刑事责任条款。狭义刑法指系统规定犯罪、刑事责任和刑罚的刑法典。在中国，即指 1979 年 7 月 1 日第五届全国人民代表大会第二次会议通过、1997 年 3 月 14 日第八届全国人民代表大会第五次会议修订的《中华人民共和国刑法》（以下简称为《刑法》）。刑法还可以区分为普通刑法与特别刑法。普通刑法是指具有普遍适用效力的刑法，实际上指刑法典。特别刑法是指仅适用于特定的人、时间、地点或行为的刑法，在我国也就是指单行刑法和附属刑法。这些都是从不同角度对刑法所作的划分，对于弄清刑法本身的规范体系以及在法条竞合时对刑法规范如何加以正确适用，具有一定的意义。

6.1.2 《刑法》的性质

刑法的性质有两层含义：一是刑法的阶级性质；二是刑法的法律性质。

（1）刑法的阶级性质

刑法的阶级性质是指刑法和其他法律一样不是从来就有的，是在原始社会末期，随着私有制、阶级和国家的产生而产生的。刑法是统治阶级根据自己的意志和利益制定的，是统治阶级对被统治阶级实行专政的工具。刑法规定的基本内容是犯罪、刑事责任和刑罚，也就是通过对犯罪人追究刑事责任和适用刑罚来为统治阶级服务。刑法的阶级本质是由国家的阶级本质决定的。

一切剥削阶级国家的刑法，包括奴隶制国家刑法、封建制国家刑法和资产阶级国家刑法，尽管因国家类型不同和朝代更替使得刑法的内容和形式有所差异，但它们都是以生产资料私有制为基础，反映剥削阶级意志并为剥削阶级服务的，它们都是镇压人民的工具，这就是剥削阶级国家刑法的共同阶级本质。当然，剥削阶级国家刑法为了剥削阶级的整体利益及处罚统治阶级内部的某些罪犯，也规定了一些所谓保护全体人民利益的条款，但这并不能掩盖剥削阶级国家刑法的阶级性。

与剥削阶级国家刑法不同，我国刑法是社会主义类型的刑法。我国刑法建立在以生产资料公有制为主体、多种经济成分共同发展的经济基础之上，反映工人阶级和广大人民群众的意志，保卫社会主义的根本制度，保护广大公民当前及长远的利益。我国刑法是保护人民、打击敌人、惩罚犯罪、服务社会的有力武器，是人民民主专政的重要工具。这一切都反映了我国刑法的社会主义本质。

（2）刑法的法律性质

刑法的法律性质是指刑法作为法律体系的重要组成部分，它与其他部门法如民法、经济法等比较起来，有两个显著的特点：

其一，刑法所保护的社会关系的范围更为广泛。刑法所保护的是所有受到犯罪侵害的社会关系，这些社会关系涉及社会生活的各个方面，既涉及经济基础，也涉及上层建筑。而民法、经济法等部门法所保护和调整的是某种特定的社会关系。比如，民法所调整的是一定范围内的财产关系和人身关系；经济法所调整的是一定的经济关系。还必须指出，所有这些部门法所保护和调整的社会关系，也都同时借助刑法的保护和调整。比如，一般性的走私，假冒注册商标，偷税，盗伐、滥伐林木，分别属于违反海关法、商标法、税收征收管理法、森林法的行为，由海关、工商行政管理部门、税务部门、林业部门来处理，但如数量大、情节严重，则分别构成一定的走私罪、假冒注册商标罪、偷税罪、盗伐林木罪和滥伐林木罪，应由司法机关依照刑法的有关规定论处。从这个意义上讲，刑法也是其他部门法的保护法。如果把其他部门法比作"第一道防线"，刑法则是"第二道防线"，没有刑法作后盾、作保证，其他部门法往往难以得到彻底的贯彻和实施。

其二，刑法的强制性最为严厉。任何法律都有强制性，任何侵犯法律所保护的社会关系的行为人，都必须承担相应的法律后果，都要受到国家强制力的干预。例如，违反民法的，要承担民事责任；违反治安管理处罚法的，要受到治安管理处罚，如此等等。但是，所有这些强制，都不及刑法对犯罪分子适用刑罚这种强制方法严厉。因为刑罚不仅可以剥夺犯罪分子的财产，限制或剥夺犯罪分子的人身自由，剥夺犯罪分子的政治权利，而且在最严重的情况下，还可以剥夺犯罪分子的生命。像这样严厉的强制性，是其他法律所没有，也不可能有的。正因为刑法具有以上特点，所以刑法的法律性质不同于其他法律，它是直接用来同犯罪分子作斗争的法律。

6.1.3 刑法体系

刑法的体系就是指《刑法》的组成和结构。我国修订后的《刑法》分总则、分则和附则三个部分。其中总则、分则各为一编，在编之下，再根据法律规范的性质和内容有次序地分为章、节、条、款、项等层次。

《刑法》第一编总则分设五章，即刑法的任务、基本原则和适用范围，犯罪，刑罚，刑罚的具体适用，其他规定。第二编分则分设十章，即危害国家安全罪，危害公共安全罪，破坏社会主义市场经济秩序罪，侵犯公民人身权利、民主权利罪，侵犯财产罪，妨害社会管理秩序罪，危害国防利益罪，贪污贿赂罪，渎职罪，军人违反职责罪。《刑法》总则除第一章和第五章外，其余章下均设若干节；《刑法》分则大多数章下不设节，但由于第三章破坏社会主义市场经济秩序罪和第六章妨害社会管理秩序罪涉及具体犯罪较多、内容庞杂，因而该两章下均又分设了若干节。《刑法》除总则编和分则编外，第三部分为附则。《刑法》附则部分仅一个条文，即《刑法》第四百五十二条。该条的内容一是规定修订后的《刑法》开始施行的日期；二是规定修订后的《刑法》与以往单行刑法的关系，宣布在修订《刑法》生效后某些单行刑法的废止以及某些单行刑法中有关刑事责任内容的失效。

6.2 犯罪构成

6.2.1 犯罪的概念和特征

根据《刑法》第十三条规定:"一切危害国家主权、领土完整和安全,分裂国家、颠覆人民民主专政的政权和推翻社会主义制度,破坏社会秩序和经济秩序,侵犯国有财产或者劳动群众集体所有的财产,侵犯公民私人所有的财产,侵犯公民的人身权利、民主权利和其他权利,以及其他危害社会的行为,依照法律应当受刑罚处罚的,都是犯罪,但是情节显著轻微危害不大的,不认为是犯罪。"这个定义是对我国社会上形形色色犯罪所作的科学概括,是我们认定犯罪、划分罪与非罪界限的基本依据。

从我国《刑法》第十三条的规定可以看出,犯罪这种行为有以下三个基本特征:

第一,犯罪是危害社会的行为,即具有一定的社会危害性。这是犯罪最基本的特征。所谓社会危害性,即指行为对刑法所保护的社会关系造成或可能造成这样或那样损害的特性。在社会主义社会,由于人民当家做主,国家和人民的利益是完全一致的。所以犯罪的社会危害性,也就是指对国家和人民利益的危害性,犯罪的本质就在于它危害了国家和人民的利益,危害了社会主义社会。如果某行为根本不可能给社会带来危害,法律就没有必要把它规定为犯罪,也不会对它进行惩罚。某种行为虽然具有社会危害性,但是情节显著轻微危害不大的,也不认为是犯罪。例如,小偷小摸,数额很小,不能当做盗窃罪;与邻居吵架,沉不住气,动手打了对方,但没有打伤或者伤得很轻微,这种行为不能认定为故意伤害罪。由此可见,没有社会危害性,就没有犯罪;社会危害性没有达到相当的程度,也不构成犯罪。

第二,犯罪是触犯刑律的行为,即具有刑事违法性。违法行为有各种各样的情况:有的是违反民事法律、法规,经济法律、法规,叫民事违法行为、经济违法行为;有的是违反行政法律、法规,叫行政违法行为;犯罪也是违法行为,但不是一般违法行为,而是违反刑法即触犯刑律的行为,是刑事违法行为。违法并不都是犯罪,只有违反刑法规定条件的行为才构成犯罪,即当危害社会的行为触犯了刑律的行为才构成犯罪。行为的社会危害性是刑事违法性的基础,刑事违法性是社会危害性在刑法上的表现。只有当行为不仅具有社会危害性,而且违反了刑法,具有刑事违法性,才可能被认定为犯罪。

第三,犯罪是应受刑罚处罚的行为,即具有应受惩罚性。任何违法行为,都要承担相应的法律后果。对于违反刑法的犯罪行为来说,要承担刑罚处罚的法律后果。犯罪是适用刑罚的前提,刑罚是犯罪的法律后果,因此,应受刑罚处罚也是犯罪的一个基本特征。

犯罪的以上三个基本特征是紧密结合的,一定的社会危害性是犯罪最基本的属性,是刑法违法性和应受惩罚性的基础。一定的社会危害性如果没有达到违反刑法、应受刑罚处罚的程度,也就不构成犯罪。因此,这三个特征都是必要的,是任何犯罪都必须具有的。对其他违法行为来说,社会危害性虽然也有一些,但没有达到像犯罪这样严重的程度,它们并不触犯刑律,也不应受刑罚处罚。所以,这三个基本特征也就是把犯罪与不犯罪、犯罪与其他违法行为从总体上区别开来了。

6.2.2 犯罪构成的概念

犯罪构成，是依照我国刑法的规定，决定某一具体行为的社会危害性及其程度而为该行为构成犯罪所必需的一切客观和主观要件的有机统一。从这个定义可以看出：犯罪构成是一系列主客观要件的有机统一。任何一个犯罪构成包括许多要件，这些要件有表明犯罪客体、客观方面的，有表明犯罪主体、主观方面的，它们的有机统一就形成某种罪的犯罪构成。比如，依照《刑法》第二百六十三条的规定，构成抢劫罪必须是：①使用了暴力、胁迫或者其他方法；②抢了公私财物；③行为人达到刑事责任年龄；④主观上有抢劫的故意。这几个要件综合在一起，就是抢劫罪的犯罪构成。我国刑法规定有四百多种具体罪，每一种具体罪都有自己的犯罪构成，而每一种具体犯罪的构成，都是一系列要件的有机统一。所谓有机统一，就是说这些要件是有内在联系的，缺一不可的。

犯罪构成与犯罪概念是两个既有密切联系又有区别的概念。犯罪概念是犯罪构成的基础，犯罪构成是犯罪概念的具体化。犯罪概念回答的问题是：什么是犯罪？犯罪有哪些基本属性？犯罪构成则进一步回答：犯罪是怎样成立的？它的成立需要具备哪些法定条件？也就是说，犯罪构成所要解决的是成立犯罪的具体标准、规格问题，通过犯罪构成一系列主客观要件的综合，具体说明什么样的行为是危害社会的、触犯刑律的，因而是应受到刑罚处罚的。犯罪概念的各个基本属性是通过犯罪构成来具体说明的。犯罪概念从总体上划清罪与非罪的界限，而犯罪构成则是分清罪与非罪、此罪与彼罪界限的具体标准。

任何一种犯罪都可以由许多事实特征来说明，但并非每一个事实特征都是犯罪构成的要件，只有对行为的社会危害性及其程度具有决定意义而为该行为成立犯罪所必需的那些事实特征，才是犯罪构成的要件。犯罪构成与案情这两个概念虽有联系，但不是同一个意思。犯罪构成是案情中最重要的部分，是基本的案情，然而，还有些案件情况不一定是犯罪构成的要件。例如，某青年某日晚上在一条僻静胡同里抢夺了一名妇女的黑色挎包，内有3000元人民币。在这一案件中，有很多案情事实，但真正对犯罪构成有意义的只是：①实施了抢夺行为；②抢夺的财物数额较大；③行为人有占有他人财物的目的；④行为人是达到刑事责任年龄、具有刑事责任能力的。不是构成要件的案件情况对定罪无意义，但对量刑或者诉讼证据可能有一定的意义。

行为成立犯罪所必须具备的诸要件，是由我国刑法加以规定或包含的。换言之，事实特征必须经由法律的选择，才能成为犯罪构成的要件。在立法者看来，正是这些要件的综合，对于说明该行为成立犯罪恰到好处，缺少其中一个要件不行，但再附加什么也不必要。行为是否构成犯罪与是否触犯刑律是一致的。说某种行为构成犯罪，就是因为它触犯了我国刑法的规定，具备了刑法所规定的和包含的构成要件。应当指出，刑法对犯罪构成的规定，由刑法总则与刑法分则共同实现。刑法分则规定的是各种具体犯罪的具体构成要件；总则规定了各种具体犯罪的共同要件。在根据分则条文认定具体犯罪的时候，决不能忽视总则条文规定的犯罪构成共同要件。只有把总则和分则密切结合起来，才能全面把握犯罪构成要件，做到正确定罪。

6.2.3 犯罪构成的四个要件

根据我国刑法，任何一种犯罪的成立都必须具备四个方面的构成要件，即犯罪客体、犯罪客观方面、犯罪主体、犯罪主观方面。

(1) 犯罪客体

它是指刑法所保护而为犯罪所侵犯的社会主义社会关系。

(2) 犯罪客观方面

它是指犯罪活动的客观外在表现，包括危害行为、危害结果以及危害行为与危害结果之间的因果关系。有些罪的犯罪构成还要求发生在特定的时间、地点或使用特定的方法。

(3) 犯罪主体

它是指达到法定刑事责任年龄、具有刑事责任能力、实施危害行为的自然人。有的犯罪构成还要求特殊主体，即具备某种职务或者身份的人。少数犯罪，根据法律的特别规定，企业事业单位、机关、团体也可以成为犯罪主体。

(4) 犯罪主观方面

它是指行为人的罪过（包括故意和过失）。有些罪的犯罪构成还要求有特定的犯罪目的或动机。

形形色色的案件，构成犯罪的具体要件不一样，但所有具体要件，都可归属于以上四个方面。

研究犯罪的四个构成要件具有重要意义：第一，为划分罪与非罪、此罪与彼罪的界限提供标准；第二，为追究犯罪人的刑事责任提供依据；第三，为无罪的人不受非法追究提供法律保障。

犯罪构成的理论，是刑法科学中极其重要的理论，在整个社会主义刑法理论体系中占据中心的地位，是正确认定犯罪的理论基础。由于它是对一切犯罪的构成所作的科学抽象和概括，反映出犯罪构成的共同特征，因而对分析具体的犯罪构成和正确定罪量刑具有指导意义。它好比外科手术用的解剖刀，可以解剖任何一种犯罪构成，同时，它对于深刻地分析诸如共同犯罪、犯罪停止形态、一罪和数罪、刑法分则的体系等问题，都有重要的指导意义。严格按照我国刑法规定分析犯罪构成，体现了社会主义的法治原则。这一原则要求，为了认定某人实施犯罪，就必须确定在其行为中具有某种犯罪构成。这是追究刑事责任的基础。不依据犯罪构成就任意追究行为人的刑事责任，就可能造成对公民权利和自由的侵犯。

6.3 刑罚种类

我国刑法规定有两类九种刑罚方法。根据《刑法》第三十二条、第三十三条、第三十四条以及第三十五条的规定，刑罚分为主刑和附加刑两大类。主刑有管制、拘役、有期徒刑、无期徒刑、死刑五种；附加刑有罚金、剥夺政治权利、没收财产、驱逐出境四种。

剥夺犯罪人某种权益是刑罚的内容。常理上根据剥夺权益的性质，将刑罚方法分为生命刑、身体刑、自由刑、财产刑、资格刑五类。从剥夺权益性质的角度讲，我国刑法中管制是限制自由刑；拘役、有期徒刑、无期徒刑是剥夺自由刑；死刑是生命刑；罚金刑和没收财产刑属于财产刑；剥夺政治权利刑属于资格刑。

我国刑罚是以限制、剥夺自由刑为核心。现行刑法规定的五种主刑中，就有四种是对自由的限制、剥夺，且分则对每一种犯罪都规定了有期徒刑。死刑仅仅作为极少数罪行极其严重的犯罪的法律效果，财产刑和资格刑仅仅是辅刑。由此可见我国的《刑法》是以剥夺自由刑为刑罚的核心。

6.3.1 管制

管制是对犯罪分子不实行关押而交由公安机关管束和人民群众监督，限制其一定自由的刑罚方法。管制有下列特征：

① 对犯罪分子不予关押。
② 须在公安机关管束和群众监督下进行劳动改造。
③ 被判处管制的罪犯可以自谋生计，在劳动中与普通公民同工同酬。
④ 管制的期限为3个月以上2年以下，数罪并罚时最长不能超过3年。管制的刑期从判决执行之日起计算。判决执行前先行羁押的，羁押1日抵刑期2日。
⑤ 被判处管制的犯罪分子由公安机关执行。在执行期间应当遵守下列五项规定：遵守法律、行政法规，服从监督；未经执行机关批准，不得行使言论、出版、集会、结社、游行、示威自由的权利；按照执行机关规定报告自己的活动情况；遵守执行机关关于会客的规定；离开所居住的市、县或者迁居，应当报经执行机关批准。

6.3.2 拘役

拘役是剥夺犯罪分子短期人身自由，就近实行强制劳动改造的刑罚方法。拘役有下列特征：

① 是一种短期自由刑。
② 适用于罪行较轻的犯罪分子。
③ 由公安机关就近执行。
④ 拘役的期限为1个月以上6个月以下。数罪并罚时最长不得超过1年。
⑤ 拘役由公安机关就近执行。在执行期间享有下列两项待遇：探亲，即在执行期间，被判处拘役的犯罪分子每月可以回家1~2天；参加劳动的可以酌量发给报酬。

6.3.3 有期徒刑

有期徒刑是剥夺犯罪分子一定期限的人身自由，实行强制劳动改造的刑罚方法。有期徒刑有下列特征：

① 在一定期限内对罪犯实行关押，剥夺其人身自由。
② 刑期幅度大，具有广泛的适用性。
③ 强制接受教育和劳动改造。
④ 有期徒刑的刑期为6个月以上15年以下。数罪并罚时最长不得超过20年。

有期徒刑在监狱或者其他执行场所执行。凡有劳动能力的，应当参加劳动，接受教育和改造。

6.3.4 无期徒刑

无期徒刑是剥夺犯罪分子终身自由,并强制劳动改造的刑罚方法。无期徒刑有下列特征:

① 对犯罪分子进行关押。

② 剥夺犯罪分子的终身自由。但在我国刑法中,被判处无期徒刑的犯罪分子往往可以通过减刑、假释而出狱,但最少必须服刑 10 年以上。

③ 对犯罪分子进行强制劳动改造。

④ 无期徒刑在监狱或其他执行场所执行。凡有劳动能力的,应当参加劳动,接受教育和改造。

6.3.5 死刑

死刑是剥夺犯罪分子生命的刑罚方法。我国的死刑政策是:不可不杀,坚持少杀,防止错杀。死刑的适用注意下列情况:

① 死刑只适用于罪行极其严重的犯罪分子。

② 犯罪时不满 18 周岁的人不适用死刑。

③ 审判时怀孕的妇女不适用死刑。

④ 死刑除依法由最高人民法院判决的以外,都应当报请最高人民法院核准;判处死缓的案件,可以由高级人民法院判决或者核准。从 1980 年起,部分死刑案件的核准权下放,由高级人民法院行使。目前最高人民法院已经收回死刑复核权,这有利于限制死刑。

6.3.6 死缓制度

死缓是指对于应当判处死刑的犯罪分子,如果不是必须立即执行的,可以判处死刑同时宣告缓期 2 年执行。死缓不是一个刑种,而是一种运用死刑的刑罚制度。死缓的适用条件:

① 罪该处死。这是适用死缓的前提条件。

② 不是必须立即执行。这是区分死刑缓期执行与死刑立即执行的原则界限。

6.3.7 附加刑

附加刑,又称从刑,是补充主刑适用的刑罚方法。附加刑既可以附加于主刑适用,又可以独立适用。附加刑有四种:罚金、剥夺政治权利、没收财产、驱逐出境。

1. 罚金

罚金是人民法院判处犯罪人向国家缴纳一定数额金钱的刑罚方法。判处罚金,应当根据犯罪情节决定罚金数额。

2. 剥夺政治权利

剥夺政治权利是指剥夺犯罪分子参加国家管理和政治活动权利的刑罚方法。

剥夺政治权利主要是剥夺犯罪分子下列四项权利:

① 选举权和被选举权;

② 言论、出版、集会、结社、游行、示威自由的权利;

③ 担任国家机关职务的权利；
④ 担任国有公司、企业、事业单位和人民团体领导的权利。

3. 没收财产

没收财产是指将犯罪分子个人所有财产的一部分或全部强制无偿地收归国有的刑罚方法。没收财产主要适用于以下几类犯罪：

① 危害国家安全罪；
② 严重的经济犯罪；
③ 严重的财产犯罪；
④ 其他严重的刑事犯罪。

没收财产的范围包括：

① 没收犯罪分子个人所有财产的一部分或全部；
② 没收全部财产的，应当对犯罪分子个人及其扶养的家属保留必需的生活费用；
③ 不得没收属于犯罪分子家属所有或者应有的财产。根据《刑法》第六十条规定："没收财产以前犯罪分子所负的正当债务，需要以没收的财产偿还的，经债权人请求，应当偿还。"

4. 驱逐出境

驱逐出境是强迫犯罪的外国人离开中国国（边）境的刑罚方法。它是一种只适用于在中国犯罪的外国人的特殊刑罚方法，它不适用于中国人。

驱逐出境有以下两种适用方式：

① 独立适用。它是针对那些犯罪情节比较轻的外国人，没有必要判处主刑的，可以单独判处驱逐出境。
② 附加适用。它是针对那些犯罪性质比较严重，判处了主刑或者其他附加刑的外国人。

6.4 与招标投标制度相关罪名及法律责任

招标投标中犯罪者的刑事责任是指招标投标活动中的当事人因实施刑法规定的犯罪行为所应承担的刑事法律后果。刑事法律责任是招标投标活动中当事人承担的最严重的一种法律后果。《刑法》中对招标投标活动的当事人承担刑事责任的犯罪行为和所承担的刑事责任均作出了明确的规定。

6.4.1 侵犯商业秘密罪

《刑法》第二百一十九条规定，"有下列侵犯商业秘密行为之一，给商业秘密的权利人造成重大损失的，处三年以下有期徒刑或者拘役，并处或者单处罚金；造成特别严重后果的，处三年以上七年以下有期徒刑，并处罚金：

（一）以盗窃、利诱、胁迫或者其他不正当手段获取权利人的商业秘密的；

（二）披露、使用或者允许他人使用以前项手段获取的权利人的商业秘密的；

（三）违反约定或者违反权利人有关保守商业秘密的要求，披露、使用或者允许他人使用其所掌握的商业秘密的。

明知或者应知前款所列行为,获取、使用或者披露他人的商业秘密的,以侵犯商业秘密论。"

本条所称商业秘密,是指不为公众所知悉,能为权利人带来经济利益,具有实用性并经权利人采取保密措施的技术信息和经营信息。

本条所称权利人,是指商业秘密的所有人和经商业秘密所有人许可的商业秘密使用人。

例如:在招标投标活动中,招标人向他人透露招标文件的重要内容或可能影响公平竞争的有关招标投标的其他情况,如泄露评标专家委员会成员或是泄露标底并造成重大损失的,招标人则构成侵犯商业秘密罪,可处3年以下有期徒刑或者拘役;造成特别严重后果的,处3年以上7年以下有期徒刑,并处罚金。

6.4.2 串通投标罪

串通投标罪,指投标者相互串通投标报价,损害招标人或者其他投标人利益,或者投标者与招标者串通投标,损害国家、集体、公民的合法权益,情节严重的行为。

刑法第二百二十三条规定,"投标人相互串通投标报价,损害招标人或者其他投标人利益,情节严重的,处三年以下有期徒刑或者拘役,并处或者单处罚金。

投标人与招标人串通投标,损害国家、集体、公民的合法利益的,依照前款的规定处罚。"

6.4.3 合同诈骗罪

《刑法》第二百二十四条规定:"有下列情形之一,以非法占有为目的,在签订、履行合同过程中,骗取对方当事人财物,数额较大的,处三年以下有期徒刑或者拘役,并处或者单处罚金;数额巨大或者有其他严重情节的,处三年以上十年以下有期徒刑,并处罚金;数额特别巨大或者有其他特别严重情节的,处十年以上有期徒刑或者无期徒刑,并处罚金或者没收财产:(一)以虚构的单位或者冒用他人名义签订合同的;(二)以伪造、变造、作废的票据或者其他虚假的产权证明作担保的;(三)没有实际履约能力,以先履行小额合同或者部分履行合同的方法,诱骗对方当事人继续签订和履行合同的;(四)收受对方当事人给付的货物、货款、预付款或者担保财产后逃匿的;(五)以其他方法骗取对方当事人财物的。"

在招标投标活动中,以非法占有招标人的财物为目的的投标人,冒用他人名义参与投标或通过其他弄虚作假的手段骗取中标并签订合同后,骗取招标人支付的预付款或首期工程款等财物数额较大,但并不履行中标合同约定的义务的,其行为已构成刑法第二百二十四条规定的合同诈骗罪,应当按照《刑法》的有关规定承担刑事责任。

6.4.4 行贿罪

刑法第三百八十九条规定,"为谋取不正当利益,给予国家工作人员以财物的,是行贿罪。在经济往来中,违反国家规定,给予国家工作人员以财物,数额较大的,或者违反国家规定,给予国家工作人员以各种名义的回扣、手续费的,以行贿论处。"

例如:投标人向招标人或者评标委员会成员行贿,构成行贿犯罪的依据《刑法》第三百九十条的规定,处五年以下有期徒刑或者拘役。单位犯前款罪的,对单位判处罚金,并对其直接负责的主管人员和其他直接责任人员,依照前款的规定处罚。

6.4.5 非国家工作人员受贿罪

《刑法》第一百六十三条规定,"公司、企业或者其他单位的工作人员利用职务上的便利,索取他人财物或者非法收受他人财物,为他人谋取利益,数额较大的,处五年以下有期徒刑或者拘役;数额巨大的,处五年以上有期徒刑,可以并处没收财产。"

例如:根据《最高人民法院、最高人民检察院关于办理商业贿赂刑事案件适用法律若干问题的意见》第六条的相关规定,依法组建的评标委员会在招标、评标活动中,索取他人财物或者非法收受他人财物,为他人谋取利益,数额较大的,依照刑法第一百六十三的规定,以非国家工作人员受贿罪定罪处罚。

6.4.6 滥用职权罪、玩忽职守罪

《刑法》第三百九十七条规定,"国家机关工作人员滥用职权或者玩忽职守,致使公共财产、国家和人民利益遭受重大损失的,处三年以下有期徒刑或者拘役;情节特别严重的,处三年以上七年以下有期徒刑。本法另有规定的,依照规定。

国家机关工作人员徇私舞弊,犯前款罪的,处五年以下有期徒刑或者拘役;情节特别严重的,处五年以上十年以下有期徒刑。本法另有规定的,依照规定。"

例如:对招标投标活动依法负有行政监督职责的国家机关工作人员徇私舞弊、滥用职权或者玩忽职守,构成犯罪的,依法追究刑事责任;不构成犯罪的,依法给予行政处分。

思考题:
1. 刑法的立法目的和适用范围。
2. 刑法的特点。
3. 犯罪构成的概念和内容。
4. 刑罚的种类。
5. 招标采购活动可能涉及的犯罪种类。

第7章 行 政 法

7.1 行政法体系概述

7.1.1 《行政法》的概念

行政是指国家行政主体依法对国家和社会事务进行组织和管理的活动。行政具有国家意志性、执行性、法律性和强制性的特征。

行政法是调整行政主体行使行政权过程中所产生的社会关系以及对行政权进行规范和控制的法律规范的总称。行政法以行政关系为调整对象，其目的是保障国家行政权运行的合法性和合理性。

7.1.2 《行政法》的基本原则

（1）合法性原则

合法性原则是指行政权的存在、行使必须依据法律、符合法律，不得与法律相抵触，它在行政法中具有不可替代的地位。

（2）合理性原则

合理性原则是行政法治原则的另一个重要组成部分，指行政行为的内容要客观、适度、合乎理性，其产生的主要原因是行政自由裁量权的存在。

（3）程序正当原则

程序正当原则的基本含义是指行政机关作出影响行政相对人权益的行为时，必须遵循正当的法律程序。

（4）高效便民原则

高效便民原则是指行政机关在行使其职能时，应在最短的时间内，利用最有效的方法、尽可能低的经济耗费，办尽可能多的事，尽可能的方便群众，以取得尽可能大的社会经济效益。

（5）信赖利益保护原则

所谓信赖保护，是指保护可信赖的期望利益。更具体地说，信赖保护是指，享有行政权力的机关应保护行政相对人因信任行政主体的合法性、正当性、权威性，而无过错参与其实施的受益性、合意性、指导性等行政行为时所期望得到的合法或合理利益。该原则的核心思想是维护法律秩序的安定性，保护社会成员的正当权益。

（6）权责统一原则

权责统一原则要求行政机关在享有法定职权时，同时要承担相应的法律责任。

7.1.3 行政主体

行政主体是指能以自己名义行使国家行政职权,做出调整公民、法人和其他组织的权利、义务的行政行为,并能由其本身对外承担行政法律责任和法律、法规授权的组织。

7.1.4 行政主体的范围

我国的行政主体具体包括:国务院、国务院的组成部门、国务院直属机构、经法律法规授权的国务院办事机构、国务院部委管理的国家局、地方各级人民政府、县级以上地方各级人民政府的职能部门、县级以上地方人民政府的派出机关、经法律法规授权的派出机构、经法律法规授权的行政机关内部机构和议事协调机构、经法律法规授权的其他组织。

7.1.5 行政职权

行政职权是指国家行政权的转化形式,是依法定位到具体行政主体身上的国家行政权,是各行政主体实施国家行政管理活动的资格及其权能。行政职权是国家行政权的表现形式,是行政主体实施国家行政管理活动的权能。行政职权只能由行政主体行使,行政相对方不享有行政职权。

7.1.6 行政职责

行政职责是指行政主体在行使国家赋予的行政职权,实施国家行政管理活动的过程中,所必须承担的法定义务。行政职责是行政主体必须履行的义务,因此不能放弃和违反,否则会引起相应违法责任的追究。

7.1.7 行政行为的概念和特征

行政行为是行政主体为实现国家行政管理目标而行使行政权力,产生法律效果的行为。行政行为具有以下特征:①行政行为是行政主体的行为;②行政行为是行使国家行政权的行为;③行政行为是产生法律效果的行为,其目的在于实现国家行政管理目标。

7.1.8 行政行为的生效规则

行政行为的生效规则是指行政行为何时开始生效的规则。行政行为的生效规则主要有:即时生效、受领生效、告知生效、附条件生效。

7.1.9 行政立法的概念与特征

行政立法是指国家行政机关依照法律规定的权限和程序制定行政法规、行政规章的活动。它是行政性质与立法性质的有机结合。行政立法具有如下两方面的特征:
(1) 行政立法的行政性
其主体是国家行政机关;其所调整的对象主要是行政管理事务及与之密切关联的事务;其根本目的是实施和执行权力机关制定的法律,实现行政管理职能。
(2) 行政立法的立法性
它是有权国家行政机关以国家名义创制规范性法律文件的活动;行政立法所制定的行

为规则属于法的范畴,具有法的基本特征;它必须遵循相应的立法程序。

7.1.10 行政立法的主体与分类

行政立法的主体是指依法取得立法权,可以制定行政法规或行政规章的国家行政机关。根据我国有关法律的规定,行政立法主体包括:国务院;国务院各部、各委员会;国务院直属机构;省、自治区、直辖市人民政府;省、自治区人民政府所在地的市人民政府;国务院批准的较大的市人民政府;作为经济特区的市人民政府。

行政立法依据不同的标准可作不同的分类。依其立法权的来源不同,可分为一般授权立法与特别授权立法;依立法主体不同,可分为中央行政立法和地方行政立法;依行政立法的内容、目的不同,可以分为执行性立法、补充性立法、试验性立法。

7.1.11 行政立法的原则

行政立法应坚持三条原则:

(1) 依法立法原则

行政立法必须依法进行。

(2) 立法民主原则

立法民主原则是指行政机关依照法律规定进行行政立法时,应通过各种方式听取各方面的意见,保证民众广泛地参与行政立法。

(3) 加强管理与增进权益相协调原则

行政立法一方面要为国家行政管理活动提供具体的法律依据,从而保证行政活动的顺利进行,维护国家和社会生活的正常运行;另一方面当行政立法涉及对公民行使民主权利的行为的管理时,必须注意规定得合理适当。不能不当地限制以至剥夺公民的合法权益,要注意正确处理好维护行政权力的有效性与保障公民权利之间的关系。

7.2 行政许可法

7.2.1 行政许可法概述

行政许可是指行政主体应行政相对方的申请,通过颁发许可证、执照等形式,依法赋予行政相对方从事某种活动的法律资格或实施某种行为的法律权利的行政行为。规范行政许可行为的法律为行政许可法。

7.2.2 《行政许可法》的基本原则

行政许可要坚持合法、公开、公平、公正和信赖保护原则。

信赖保护原则也可称为政府诚信守信原则,其基本含义是许可机关应保护依法获得许可的被许可人在观念层面对许可行为的信任与信赖。许可机关应对合法的撤回与变更行政许可给被许可人造成的损失予以补偿。《行政许可法》第八条规定:"公民、法人或者其他组织依法取得的行政许可受法律保护,行政机关不得擅自改变已经生效的行政许可。行政许可所依据的法律、法规、规章修改或者废止,或者准予行政许可所依据的客观情况发生重大变化的，为了公共利益的需要，行政机关可以依法变更或者撤回已经生效的行政许可。由此给公民、法人或者其他组织造成财产损失的，行政机关应当依法给予补偿。"

7.2.3 行政许可的设定原则

设定许可的原则：遵循经济和社会发展规律；有利于发挥相对人的积极性、主动性；维护公共利益和社会秩序；促进经济、社会和生态环境协调发展。

1. 行政许可的适用范围

（1）安全方面

《行政许可法》第十二条第一款规定："直接涉及国家安全、公共安全、经济宏观调控、生态环境保护以及直接关系人身健康、生命财产安全等特定活动，需要按照法定条件予以批准的事项"可以设定行政许可。

（2）资源方面

《行政许可法》第十二条第二款规定："有限自然资源开发利用、公共资源配置以及直接关系公共利益的特定行业的市场准入等，需要赋予特定权利的事项"可以设定行政许可。

（3）服务方面。

《行政许可法》第十二条第三款规定："提供公众服务并且直接关系公共利益的职业、行业，需要确定具备特殊信誉、特殊条件或者特殊技能等资格、资质的事项"可以设定行政许可。

（4）设施方面。

《行政许可法》第十二条第四款规定："直接关系公共安全、人身健康、生命财产安全的重要设备、设施、产品、物品，需要按照技术标准、技术规范，通过检验、检测、检疫等方式进行审定的事项"可以设定行政许可。

（5）企业方面。

《行政许可法》第十二条第五款规定："企业或者其他组织的设立等，需要确定主体资格的事项"可以设定行政许可。

（6）其他方面

《行政许可法》第十二条第六款规定："法律、行政法规规定可以设定行政许可的其他事项"可以设定行政许可。

2. 不宜设置行政许可的事项

根据以下原则，下列事项不宜设置行政许可：

① 自主决定机制优先：公民、法人或是其他组织能够自主决定的；
② 市场竞争机制优先：市场竞争机制能够有效调节的，政府退出；
③ 自律机制优先：行业组织或中介机构能够自律管理的；
④ 事后监督机制优先：行政机关采用事后监督等其他管理方式能够解决的。

3. 设定权的具体规定

《行政许可法》第十四条规定："本法第十二条所列事项，法律可以设定行政许可。尚未制定法律的，行政法规可以设定行政许可。必要时，国务院可以采用发布决定的方式设定行政许可。实施后，除临时性行政许可事项外，国务院应当及时提请全国人民代表大会及其常务委员会制定法律，或者自行制定行政法规。"

《行政许可法》第十五条规定："本法的第十二条所列事项，尚未制定法律、行政法规的，地方性法规可以设定行政许可；尚未制定法律、行政法规和地方性法规的，因行政管理的需要，确需立即实施行政许可的，省、自治区、直辖市人民政府规章可以设定临时性的行政许可。临时性的行政许可实施满1年需要继续实施的，应当提请本级人民代表大会及其常务委员会制定地方性法规。

地方性法规和省、自治区、直辖市人民政府规章，不得设定应当由国家统一确定的公民、法人或者其他组织的资格、资质的行政许可；不得设定企业或者其他组织的设立登记及其前置性行政许可。其设定的行政许可证，不得限制其他地区的个人或者企业到本地区从事生产经营和提供服务，不得限制其他地区的商品进入本地区市场。"

《行政许可法》第十七条规定："除本法第十四条、第十五条规定的外，其他规范文件一律不得设定行政许可。"

4. 行政许可的规定权

《行政许可法》第十六条规定："行政法规可以在法律设定的行政许可范围内，对实施该行政许可作出具体规定。地方性法规可以在法律、行政法规设定的行政许可事项范围内，对实施行政许可作出具体规定。规章可以在尚未设定的行政许可事项范围内，对实施该行政认可作出具体规定。"

7.2.4 行政许可的程序

简易程序，亦称当场审批程序。其适用的条件：一是申请材料齐全；二是符合法定形式的申请。

一般程序，亦称普通程序，分为三个大阶段：申请与受理阶段；审查阶段；作出决定阶段。

作出准予许可的决定形式为书面决定。作出不予许可的决定的应当说明理由并告知申请人有权申请复议或提起诉讼。

7.2.5 行政许可的监督检查

行政许可监督检查分为：上级行政机关对下级行政机关实施许可的监督和许可机关对被许可人的监督。

《行政许可法》第六十三条规定，"行政机关实施监督检查，不得妨碍被许可人正常的生产经营活动，不得索取或者收受被许可人的财物，不得谋取其他利益。"

《行政许可法》第六十六条规定，"被许可人未依法履行开发利用自然资源义务或者未依法履行利用公共资源义务的，行政机关应当责令限期改正；被许可人在规定期限内不改正的，行政机关应当依照有关法律、行政法规的规定予以处理。"

《行政许可法》第六十七条规定，"取得直接关系公共利益的特定行业的市场准入行政许可的被许可人，应当按照国家规定的服务标准、资费标准和行政机关依法规定的条件，向用户提供安全、方便、稳定和价格合理的服务，并履行普遍服务的义务；未经作出行政许可决定的行政机关批准，不得擅自停业、歇业。被许可人不履行前款规定的义务的，行政机关应当责令限期改正，或者依法采取有效措施督促其履行义务。"

《行政许可法》第六十八条规定,"对直接关系公共安全、人身健康、生命财产安全的重要设备、设施,行政机关应当督促设计、建造、安装和使用单位建立相应的自检制度。"

7.2.6 行政许可的法律责任

1. 申请人的责任

《行政许可法》第七十条规定,"行政许可申请人隐瞒有关情况或者提供虚假材料申请行政许可的,行政机关不予受理或者不予行政许可,并给予警告;行政许可申请属于直接关系公共安全、人身健康、生命财产安全事项的,申请人在1年内不得再次申请该行政许可。"

2. 被许可人的责任

《行政许可法》第七十九条规定,"被许可人以欺骗、贿赂等不正当手段取得行政许可的,行政机关应当依法给予行政处罚;取得的行政许可属于直接关系公共安全、人身健康、生命财产安全事项的,申请人在三年内不得再次申请该行政许可;构成犯罪的,依法追究刑事责任。"

3. 应获许可而未获许可之相对人的责任

《行政许可法》第八十一条规定,"公民、法人或者其他组织未经行政许可,擅自从事依法应当取得行政许可的活动的,行政机关应当依法采取措施予以制止,并依法给予行政处罚;构成犯罪的,依法追究刑事责任。"

7.3 行政处罚法

7.3.1 行政处罚的概念和分类

行政处罚是指具有行政处罚权的机关、事业单位或其他组织对公民、法人、其他组织违反行政管理秩序的行为,按照法律规定的程序,依法对违法行为人所给予的制裁。行政处罚按其内容可以分为五类:

①人身罚,是指以涉及人身权利的人身自由的限制为内容的行政处罚,如行政拘留等;

②身份罚或称能力罚,是指以对相对人的身份作出剥夺或某种限制为内容的行政处罚,如吊销许可证、资质证、营业执照等;

③财产罚,是指以剥夺财产为内容的行政处罚,如罚款、没收违法所得、没收财产等;

④申诫罚,是指以告诫、批评为内容的行政处罚,如警告、通报批评等;

⑤行为罚,是指以要求行政相对人作出某种行为或不得作出某种行为为内容的行为处罚,如责令停止生产违法产品等。有时身份罚与行为罚有联系,如吊销工业产品生产许可证,实际上也是对行政相对人生产某种产品的禁止。但在行政相对人本没有生产许可证的情况下,则没有身份罚,只有行为罚。

根据《行政处罚法》第五条的规定,行政处罚的具体种类划分为:警告、罚款、没收违法所得、没收非法财物、责令停产停业、暂扣或吊销许可证或者吊销执照、行政拘留、法律行政法规规定的其他行政处罚。

责令改正究竟是不是行政处罚,要根据具体情况来判断。如责令改正可能造成相对人明显现实利益的损失或可预期利益的不能获得,则属于行政处罚,否则,不应认定是行政处罚。例如:责令停止生产无证产品,若企业只生产这一种产品,则无疑是责令停产停业,或企业还有其他产品生产,则也是一种责令部分停产停业,是一种行为罚。而责令停止销售无证产品不应认定是一种行政处罚,因为相对人完全可以不必增加成本,即可改为销售有证产品。

7.3.2 《行政处罚法》的概念、特征

1. 《行政处罚法》的概念

行政处罚法是规定行政处罚的实施主体实施行政处罚程序的法律规范。广义上的行政处罚法包含一切规定行政处罚的法律规范;狭义上的行政处罚法仅指《中华人民共和国行政处罚法》。

《中华人民共和国行政处罚法》是 1996 年 3 月 17 日第八届全国人民代表大会通过,自 1996 年 10 月 1 日开始施行的,规定我国行政管理活动中的行政处罚的基本内容。其效力低于宪法,但高于行政法规、地方性法规和地方人民政府规章、部门规章,而且其他一般法律在设定行政处罚时,也必须遵守行政处罚法的规定。行政处罚法也是程序法,规定行政处罚的设定和行政机关实施行政处罚的基本程序。行政机关实施行政处罚,必须遵守行政处罚法的规定程序,否则行政处罚无效。

2. 《行政处罚法》的特征

行政处罚的特征主要有:①其主体是行政机关或法律、法规授权的其他行政主体;②处罚的对象是实施了违反行政法律规范行为的公民、法人或其他组织;③其性质是一种以惩戒违法行为为目的的、具有制裁性的具体行政行为。

7.3.3 行政处罚的基本原则

(1) 法定原则

即行政处罚的设定和实施必须符合法律规定。没有法律规定作为依据,不得实施行政处罚。

(2) 公正、公开原则

(3) 教育与处罚相结合原则

(4) 救济原则

《行政处罚法》第六条规定,"公民、法人或者其他组织对行政机关给予的行政处罚,享有陈述权、申辩权;对行政处罚不服的,有权依法申请行政复议或者提起行政诉讼。公民、法人或者其他组织因行政机关违法给予行政处罚受到损害的,有权依法提出赔偿要求。"依据本条规定,行政处罚的相对人行使救济权的途径有:陈述、申辩;提起行政复议、诉讼;请求赔偿。

(5) 独立原则

行政处罚要求行政相对人承担的责任是独立的,如果行为人的违法行为受到处罚,但其违法行为对他人造成损害的,还应当承担民事责任。既不能因为给予了行政处罚就不承担民事责任,也不能因为承担了民事责任就不接受行政处罚。同样,也不能以行政处罚代

替刑罚,即不能以罚代刑。

(6)一事不再罚原则

行政处罚法第二十四条规定,"对当事人的同一个违法行为,不得给予两次以上罚款的行政处罚。"这是对一事不再罚原则的规定。一事不再罚原则是指对行为人的同一个违法行为,不得以同一事实和同一理由给予两次以的行政处罚。

7.3.4 行政处罚的实施主体

行政处罚的实施主体如下:

①法律规定的对行政违法行为具有行政处罚权的行政机关;
②法律法规授权的管理公共事务的组织;
③依法受委托的行政机关或组织;
④国务院或经国务院授权的省、自治区、直辖市人民政府决定的行使有关行政机关行政处罚权的行政机关。

根据《行政处罚法》第十六条规定,"国务院或经国务院授权的省、自治区、直辖市人民政府可以决定一个行政机关行使有关行政机关的行政处罚权,但限制人身自由的行政处罚只能由公安机关行使。"

7.3.5 实施行政处罚的条件

行政机关作出行政处罚,必须符合下列条件:

①被处罚的违法行为是法律、法规、规章规定应当给予处罚的行为;
②当事人实施了具有社会危害性的行为;
③当事人实施违法行为一般主观上有过错;
④当事人具有行政法上的责任能力;
⑤行为人实施的违法行为没有超过追责时效(一般为两年)。

7.3.6 实施行政处罚的管辖

1. 地域管辖

依据《行政处罚法》第二十条的规定,行政处罚由违法行为发生地的县级以上地方人民政府具有行政处罚权的行政机关管辖。法律、行政法规另有规定的除外。也就是说,违法行为发生在什么地方,就由什么地方的具有行政处罚权的机关管辖。当然,还存在一个级别管辖的问题,即根据违法行为的情节、性质、危害后果的严重程度等来确定由某部门的哪一级别的机关来管辖。需要注意的是,违法行为发生地不同于违法行为地。违法行为地既包括违法行为发生地,也包括违法行为结果地。因为某些违法行为,可能行为发生在一个地方,而结果却发生在另一个地方。

2. 指定管辖

指定管辖是指上级行政机关以决定的方式指定下一级行政机关对某一行政处罚行使管辖权。《行政处罚法》第二十一条规定,"对管辖权发生争议的,报请共同的上一级行政机关管辖。"所谓管辖发生争议,是指两个以上的行政机关在实施某一行政处罚时,发生互相推诿或者互相争夺管辖权,经双方或多方协商,不能达成协议的现象。

3. 移送管辖

移送管辖是指无管辖权的机关将案件移送到有管辖权的司法机关处理。《行政处罚法》第二十二条规定，"违法行为构成犯罪的，行政机关必须将案件移送司法机关，依法追究刑事责任。"严格地说，本条规定的表述并不严密。因为，依据刑法及刑事诉讼法的相关规定，任何人在未经人民法院判决确定之前，不得被认定为有罪，也就是说还不能称构成犯罪。违法行为是否构成犯罪，由法院依据法定的职权和程序来确定，在此之前，对行为是否构成犯罪的情况只能是是否涉嫌构成犯罪。因此，本条的含义实际上是指，涉嫌构成犯罪的，依据刑事优先原则，先移送司法机关，如经法定程序认定为有罪，则依法追究刑事责任，如司法机关认定为无罪，则应退回原移送机关依法追究行政法上的责任。

7.3.7 行政处罚的适用

行政处罚的适用，主要是注意以下三个方面：

（1）过罚相当。

（2）从轻、减轻处罚。依据《行政处罚法》第二十七条的规定，以下四种情况应当依法从轻或者减轻行政处罚：主动消除违法行为的危害后果的；受他人胁迫有违法行为的；配合行政机关查处违法行为有立功表现的；其他依法从轻或者减轻行政处罚的。

（3）免予处罚。免予处罚是指《行政处罚法》第二十七条第二款规定的对违法情节轻微，并及时纠正，没有造成危害后果的违法行为人，宣告其行为违法，而不予处罚。

7.3.8 行政处罚的决定

对某一行为作出给予行政处罚决定时应注意：

（1）处罚程序的启动

所谓程序的启动条件就是指具备了哪些条件，可以启动处罚程序。不同的法律在规定处罚程序的启动条件时也有一些差异。所以行政处罚法并未对处罚程序的启动条件作具体规定，但是启动程序的条件基本上是以下三个，这三个条件是选择性条件，即只要具备一个条件即可启动程序：一是上级部门交办的案件；二是有群众举报或投诉；三是取得涉嫌违法行为的证据。

（2）查明事实

依据《行政处罚法》第三十条的规定，"公民、法人或者其他组织违反行政管理秩序的行为，依法应当给予行政处罚的，行政机关必须查明事实；违法事实不清的，不得给予行政处罚。"

（3）处罚前的告知

《行政处罚法》第三十一条规定，"行政机关在作出行政处罚决定之前，应当告知当事人作出行政处罚决定的事实、理由及依据，并告知当事人依法享有的权利。"需要注意的是，该条规定是行政处罚的一般规定，不仅仅限于一般程序和听证程序，简易程序中也应当告知。因此，在适用简易程序时，一定要注意保存相关告知的证据。

7.3.9 行政处罚的简易程序

根据《行政处罚法》第三十三条的规定，适用简易程序需要以下条件：违法事实确凿并有法定依据；对公民处 50 元以下，对法人或其他组织处 1000 元的罚款或者警告。个体工商户虽然具有营业执照，但不能以其字号承担责任，应以公民论。适用简易程序的行政处罚种类仅限于罚款或者警告两种，没收违法所得，无论多少，均不能适用简易程序。只有适用简易程序，才有可能当场作出行政处罚决定。当然，根据情况，简易程序也可以不当场作出处罚决定。但执法者应当示证执法。

7.3.10 行政处罚的一般程序

1. 适用条件

除《行政处罚法》第三十三条规定的情形外，行政处罚应当适用一般程序，应当客观公正地调查、搜集证据。必要时，依照法律、法规的规定，可以进行检查。进行现场检查需要两个条件，即有法律、法规依据和必要时。何为必要，可根据情况灵活掌握，但"以法律、法规作为依据"必须严格执行。

调查或现场检查的要求：①执法人员不得少于两人，无执法证件人员不是执法人员，不计人数；②执法人员在执法时必须示证；③对种类物，根据需要，有抽样取证的权利；④在证据可能灭失或以后难以取得的情况下，经行政机关负责人批准，可以先行登记保存，但应当在 7 日内作出处理决定；7 日不能延长，也不能连续登记保存；⑤利害关系人回避，所谓利害关系人是指执法人员是本案当事人或者与本案有直接的利害关系、执法人员或者其近亲属与本案当事人有直接的利害关系。

2. 处罚决定的作出

一般处罚，经行政机关负责人审查后，根据不同情况决定：确有应受处罚的违法行为，根据情节轻重及具体情况，作出处罚决定；违法行为轻微，依法可以不予处罚的，宣告其行为违法，不予处罚；违法事实不能成立，不得给予行政处罚；违法行为已构成犯罪的，移送司法机关。情节复杂或者重大违法行为给予较重的行政处罚时，行政机关负责人应当集体讨论决定。

3. 行政处罚决定书

行政处罚决定书应载明下列事项：①当事人姓名或者名称、地址，必须写明全称，地址应写明身份证或营业执照上登记的地址；②违法事实和证据，可以简略书写，但一定要包含关键内容；③行政处罚的种类和期限，责令改正包含行政处罚内容的，行政处罚内容要写入行政处罚决定书；责令改正通知书因其形式是通知书，不具有行政处罚决定书的效力；④行政处罚履行的方式和期限；⑤不服行政处罚决定，申请行政复议或者提出行政诉讼的途径和期限；⑥作出行政处罚决定的行政机关名称和作出行政处罚决定的日期。

行政处罚决定书必须盖有作出行政处罚决定的行政机关的印章。

4. 行政处罚决定书的送达

《行政处罚法》第四十条规定，"行政处罚决定书应当在宣告后当场交付当事人，当事人不在场的，行政机关应当在七日内依照《民事诉讼法》的有关规定，将行政处罚决定书送达当事人。"

根据《行政处罚法》第四十一条的规定，下列情形导致行政处罚决定无效：不按规定向当事人告知给予行政处罚的事实、理由和依据；拒绝听取当事人的陈述、申辩。但当事人放弃陈述、申辩权利的除外。无论当事人是否放弃，均须有相关证据证明。

7.3.11 行政处罚的听证程序

1. 听证程序的适用范围

行政处罚决定中有如下内容的，应当适用听证程序：①责令停产停业；②吊销许可证或执照；③较大数额的罚款。

2. 具体要求

当事人要求听证的，应当在行政机关告知后3日内提出。听证通知应当使用通知书，听证7日前应通知当事人听证的时间、地点。听证以公开为原则，但涉及国家秘密、商业秘密或个人隐私的除外。当事人认为主持人与本案有直接利害关系，可以申请回避。当事人可以亲自参加听证，也可以委托1至2人代为参加，也可以本人与2名以下的委托人共同参加，最多出席3人。旁听人员不得发言。委托人应于听证开始前向听证主持人提交符合法律规定的委托书。调查人员陈述调查情况，当事人申辩、质证。当事人对笔录审核无误后签名或盖章。

7.3.12 行政处罚的执行

1. 行政处罚优先

《行政处罚法》第四十五条规定，"当事人对行政处罚决定不服申请行政复议或者提起行政诉讼的，行政处罚不停止执行，法律另有规定的除外。"

2. 罚缴分离

行政机关作出行政处罚决定，当事人于收到行政处罚决定之日起15日内到指定银行缴纳罚款，罚款直接上缴国库。

罚缴分离的例外情形，执法人员可以当场收缴罚款：依法给予20元以下的罚款的；不当场收缴罚款事后难以执行的；在边远、水上、交通不便地区，当事人向指定银行缴纳罚款确有困难，经当事人提出的。当事人应提出书面申请，执法人员当场收缴罚款的，应在2日内交所属行政机关或在到岸后2日内交行政机关，行政机关在2日内交指定银行。

3. 执行行政处罚决定的强制措施

《行政处罚法》第五十一条规定，"当事人不履行行政处罚决定的，作出行政处罚决定的行政机关可以采取下列措施：到期不缴纳罚款的，每日按罚款数额的3％加处罚款；根据法律规定，将查封、扣押的财物拍卖或者将冻结的存款划拨抵缴罚款。"

7.3.13 行政处罚的法律责任

行政机关或其执法人员因违法实施行政处罚需要承担责任的情形有以下几种：

①没有法定依据、擅自改变行政处罚的种类幅度，违反法定的行政处罚程序，违反委托处罚的规定，责任形式是行政处分，包括：警告、记过、记大过、降级、降职、留用察看、开除。

②不使用罚没单据或不使用法定的罚没单据，责任形式是当事人有权拒绝处罚、上级部门对非法单据收缴销毁、行政处分。

③行政机关违反规定自行收缴罚款、财政部门违反规定向行政机关返还罚款或者拍卖

款项,责任形式是上级机关或部门责令改正、行政处分。

④私分罚没财物,责任形式是追缴、行政处分、刑事责任。

⑤利用职务之便,索取、收受他人财物或将罚没财物据为己有,责任形式是刑事责任、行政处分。

⑥使用或者损毁扣押财物,责任形式是赔偿损失、行政处分。

⑦违法采取强制措施,责任形式是赔偿损失、行政处分、刑事责任。

⑧违法不移交刑事案件,责任形式是责令纠正、行政处分、刑事责任。

⑨玩忽职守,对应当制止和处罚的违法行为不制止、不处罚,责任形式是行政处分、刑事责任。

7.4 行政复议法

7.4.1 行政复议法概述

《中华人民共和国行政复议法》由中华人民共和国第九届全国人民代表大会常务委员会第九次会议于1999年4月29日通过,自1999年10月1日起施行。制定行政复议法的目的是为了防止和纠正违法的或者不当的具体行政行为,保护公民、法人和其他组织的合法权益,保障和监督行政机关依法行使职权。

1. 行政复议的概念

行政复议是指公民、法人或者其他组织认为行政机关的具体行政行为侵犯其合法权益,依法申请行政复议机关依照行政复议程序审查原具体行政行为是否合法、适当,并做出复议决定的活动。

2. 行政复议的特征

行政复议主要有下列特征:

①行政复议是法定的行政复议机关的活动;

②行政复议是依法申请的行政行为;

③行政复议是一种裁判活动;

④行政复议的内容是审查具体行政行为的合法性和合理性。

7.4.2 行政复议的范围

行政复议的范围是指公民、法人或者其他组织可以依照行政复议法申请行政复议的具体行政行为的范围。

1. 可以申请行政复议的具体行政行为

①对行政机关作出的警告、罚款、没收违法财物、责令停产停业、暂扣或者吊销许可证、暂扣或者吊销执照、行政拘留等行政处罚决定不服的;

②对行政机关作出的限制人身自由或查封、扣押、冻结财产等行政强制措施决定不服的;

③对行政机关作出的有关许可证、执照、资质证、资格证等证书的变更、中止、撤销的决定不服的;

④对行政机关作出的有关确定土地、矿藏、水流、森林、山岭、草原、荒地、滩涂、海域等自然资源的所有权的决定不服的；

⑤认为行政机关侵犯合法的经营自主权的；

⑥认为行政机关变更或者废止农业承包合同、侵犯其合法权益的；

⑦认为行政机关违法集资、征收财物、摊派费用或者违法要求履行其他义务的；

⑧认为符合法定条件，申请行政机关颁发许可证、执照、资质证、资格证等证书，或者申请行政机关审批、登记有关事项，行政机关没有依法办理的；

⑨申请行政机关履行保护人身权利、财产权利、受教育权利的法定职责，行政机关没有依法履行的；

⑩申请行政机关依法发放抚恤金、社会保险金或者最低生活保障费，行政机关没有依法履行的；

⑪认为行政机关的其他具体行政行为侵犯其合法权益的。

最后一条是兜底性条款，是在前十项没有穷尽的列举性规定之外所作的概括性规定。该项规定中"其他合法权益"突破了行政诉讼法和原行政复议条例所规定的"人身权和财产权"的范围，将言论、集会、结社、出版、宗教信仰、劳动、受教育等政治性权利和其他权利也纳入了行政复议法保护的范围。根据该项规定，凡是侵犯公民、法人和其他组织合法权益的具体行政行为，均属于行政复议的受理范围。

2. 可以一并申请行政复议的抽象行政行为

抽象行政行为是指行政机关制定行政法规、规章或其他针对不特定对象发布、能反复适用的具有普遍约束力的规范性文件的行为。公民、法人或其他组织认为行政机关的具体行政行为所依据的规定不合法的，在对具体行政行为申请行政复议的同时，可以一并申请对该规范性文件的审查。这些规范性文件主要包括：①国务院部门的规定；②县级以上地方各级人民政府及其工作部门的规定；③乡、镇人民政府的规定。但不包括国务院部门规章和地方人民政府规章。

3. 不能申请行政复议的情况

（1）不服行政机关作出的行政处分或者其他人事处理决定的；

（2）不服行政机关对民事纠纷作出的调解或者其他决定的。

7.4.3 行政复议申请

行政复议申请，也称行政复议的提起，是指公民、法人或者其他组织依法向行政复议机关提出请求，要求撤销或改变原具体行政行为，以保护其合法权益的行为。

1. 申请的条件

行政复议的申请应当具备以下条件：

第一，申请人是认为具体行政行为直接侵犯其合法权益的公民、法人或者其他组织。

第二，有明确的被申请人。申请人申请行政复议，必须明确指出被申请人是谁，也就是要明确是谁侵犯了其合法权益。

第三，有具体的复议请求和事实根据。具体的复议请求是指申请人申请复议的主张和要求复议机关审理和决定的具体内容。所谓"申请复议的主张"，指申请人认为行政主体的哪些具体行政行为违法或不当，侵犯其合法权益。所谓"要求行政复议机关审理和决定的具体内容"，包括申请要求复议机关决定撤销、变更原具体行政行为或者被申请人重新做出具体行政行为。这里的"事实根据"，既包括能够证明行政机关已做出某种具体行政行为的材料，如行政处罚决定书、行政处理决定书、罚没款收据等，也包括申请人认为能够证明行政机关已做出的具体行政行为侵犯其合法权益，能够支持其诉讼请求的书面材料和其他材料。

第四，属于复议范围和受理复议机关管辖。申请人申请复议的案件必须是属于行政复议机关有权主管和管辖的行政复议案件。

第五，法律、法规规定的其他条件。如在法定的期限内提出申请，不属于人民法院已经受理的行政案件等。

2. 申请的期限

《行政复议法》第九条规定："公民、法人或者其他组织认为具体行政行为侵犯其合法权益的，可以自知道该具体行政行为之日起六十日内提出行政复议申请；但是法律规定的申请期限超过六十日的除外。因不可抗力或者其他正当理由耽误法定申请期限的，申请期限自障碍消除之日起继续计算。"根据行政复议法的上述条款和其他法律的规定，我国申请行政复议的期限分为一般期限和特殊期限两种。一般期限为六十日，从申请人知道具体行政行为之日起计算。特殊期限，是指法律规定超过六十日申请复议的期限。如《专利法》第四十一条规定，申请人对国务院专利行政部门驳回申请的决定不服的，可以在收到通知之日起三个月内，向专利复审委员会请求复审。

3. 申请的方式

申请人申请行政复议，可以书面申请，也可以口头申请。复议申请书需要有正本和副本，正本递交给复议机关，并按被申请人人数提出副本，由复议机关发送被申请人。复议机关发现复议申请书中应记明的事项有欠缺的，应通知申请人补正。

4. 申请的管辖

所谓复议申请的管辖，是指行政复议机关受理复议申请的权限和分工。管辖分为一般管辖和特殊管辖：

（1）一般管辖

一般管辖，是指在通常情况下不服行政机关具体行政行为的复议申请管辖。它主要包括以下三种：

第一，不服县级以上各级人民政府工作部门具体行政行为的复议申请管辖。

《行政复议法》第十二条规定："对县级以上地方各级人民政府工作部门的具体行政行为不服的，由申请人选择，可以向该部门的本级人民政府申请行政复议。也可以向上一级主管部门申请行政复议。"行政复议法的这一规定，更多地体现了公正性和便于申请人申请复议的原则，但"对海关、金融、国税、外汇管理等实行垂直领导的行政机关和国家安全机关的具体行政行为不服的，向上一级主管部门申请行政复议。"之所以如此规定，是由于这些机关行使的职权属于中央政府的职权，需要保证高度的集中统一。

对国务院部门的具体行政行为不服的，向做出该具体行政行为的国务院部门申请行政复议。对行政复议决定不服的，可以向人民法院提起行政诉讼，也可以向国务院申请做出最终裁决。行政复议法的这一规定，既体现了国务院部门在复议申请管辖上的例外，即由作出原具体行政行为的机关管辖，又体现了最终由人民法院或国务院审查其具体行政行为合法性的原则,是一个正确而又符合实际的规定。

第二,不服地方各级人民政府具体行政行为的复议申请管辖。

《行政复议法》第十三条规定:"对地方各级人民政府的具体行政行为不服的,向上一级地方人民政府申请行政复议。"凡是应由政府复议的案件,往往具有综合性、复杂性和较大的难度。办理这类复议案件,要协调诸多关系,有时还往往与制定规范性文件的行为联系在一起。按照我国宪法和地方组织法的规定,国务院和县级以上地方人民政府有权改变或者撤销所属工作部门和下级人民政府不适当的决议、决定和命令等。因此,下级人民政府所作具体行政行为引起相对一方复议的请求,上一级人民政府依法当然拥有复议管辖的权限,这是行政机关隶属性的必然结果,也是解决此类复议案件的必然要求。

《行政复议法》第十四条对省、自治区、直辖市人民政府具体行政行为的复议申请管辖做出了例外规定,即对其行为不服的,向做出该具体行政行为的省级人民政府申请行政复议;对复议决定不服的,可以向人民法院提起行政诉讼或申请国务院做出最终裁决。

第三,不服省、自治区人民政府依法设立的派出机关所属的县级人民政府具体行政行为的复议申请管辖。《行政复议法》第十三条第二款规定:"对省、自治区人民政府依法设立的派出机关所属的县级地方人民政府的具体行政行为不服的,向该派出机关申请行政复议。"行政复议法之所以规定这一新的管辖条款,是由于县级地方人民政府做出的具体行政行为越来越多,如果对其不服均向省、自治区人民政府申请复议,则省、自治区人民政府不堪重负,申请人和被申请人也十分不便;同时,地区行署作为省、自治区人民政府的派出机关,拥有代表其管理县级地方人民政府的权力和职责,理应作为上一级复议机关。

(2) 特殊管辖

特殊管辖,是指除一般管辖之外的特殊的管辖情形。根据《行政复议法》第十五条规定,特殊管辖主要有以下五种:

第一,不服地方人民政府派出机关具体行政行为的复议申请管辖。

《行政复议法》第十五条第一款第一项规定:"对县级以上地方人民政府依法设立的派出机关的具体行政行为不服的,向设立该派出机关的人民政府申请行政复议。"根据我国地方组织法规定,县级以上地方人民政府的派出机关是指省、自治区人民政府经国务院批准设立的行政公署,县、自治县人民政府经省、自治区、直辖市人民政府批准设立的区公所,市辖区、不设区的市人民政府经上一级人民政府批准设立的街道办事处。这些派出机关代表设立它的人民政府履行行政职能,对其做出的具体行政行为不服,只能向设立这些派出机关的人民政府申请复议。

第二,不服政府工作部门设立的派出机构依法以自己名义做出的具体行政行为的复议申请管辖。

《行政复议法》第十五条第一款第二项规定:"对政府工作部门依法设立的派出机构依照法律、法规或者规章规定,以自己的名义做出的具体行政行为不服的,向设立该派出机构的部门或者该部门的本级地方人民政府申请行政复议。"随着我国行政执法实践的需要,一些政府部门依法设立了派出机构。如果这些派出机构是以设立它的行政机关的名义做出的具体行政行为,则应视为行政委托,仍按一般管辖的规定确定管辖机关;如果是依法以自己的名义做出的具体行政行为,则申请人既可选择向设立它的部门、也可选择向该部门的本级地方人民政府申请行政复议。

第三，不服法律、法规授权组织的具体行政行为的复议申请管辖。

《行政复议法》第十五条第一款第三项规定："对法律、法规授权的组织的具体行政行为不服的，分别向直接管理该组织的地方人民政府、地方人民政府工作部门或者国务院部门申请行政复议。"法律、法规授权的组织虽然不是行政机关，但负有对特定领域实施管理和监督的职责；不服该组织做出的具体行政行为的复议申请，只能由直接管理该组织的行政机关管辖。

第四，不服两个或两个以上行政机关以共同名义做出的具体行政行为的复议申请管辖。

《行政复议法》第十五条第一款第四项规定："对两个或两个以上行政机关以共同的名义做出的具体行政行为不服的，向其共同上级行政机关申请行政复议。"在行政管理领域中，两个或两个以上行政机关以共同名义做出的具体行政行为较多，对此，应区别情况由不同的上级行政机关作为复议机关。如同一人民政府所属的两个或两个以上工作部门以共同名义做出的具体行政行为，则以该工作部门所属的人民政府作为复议申请管辖机关，这种情况最为普遍；如同一级别或不同级别的两个或两个以上地方各级人民政府以共同名义做出的具体行政行为，则以它们的共同上一级人民政府作为复议申请管辖机关；如同一级别（非同一政府）或不同级别政府的两个或两个以上工作部门以共同名义做出的具体行政行为，则由它们的共同上一级人民政府工作部门或共同上一级人民政府作为复议申请管辖机关。

第五，不服被撤销的行政机关在撤销前做出的具体行政行为复议申请管辖。

《行政复议法》第十五条第二款第五项规定："对被撤销的行政机关在被撤销前所做出的具体行政行为不服的，向继续行使其职权的行政机关的上一级行政机关申请行政复议。"如果继续行使其职权的行政机关是同级人民政府的另一工作部门的，则应按照一般管辖的规定确定复议申请管辖机关；如果继续行使其职权的行政机关是被撤销行政机关所属的同级人民政府的，则由其上一级人民政府作为复议申请管辖机关。在复议实践中也可能会出现没有继续行使被撤销行政机关职权的行政机关存在的情况，这时似应由做出撤销决定的行政机关的上一级行政机关作为复议申请管辖机关为好，以充分保障公民、法人或其他组织的复议申请权。

对上述五类属特殊管辖的行政复议案件，申请人也可以向具体行政行为发生地的县级地方人民政府提出行政复议申请，并由该县级地方人民政府将不属于自己管辖的复议申请按照特殊管辖的其他规定，于接到行政复议申请之日起7日内转送其他行政复议机关，并告知当事人。

5. 转送管辖和指定管辖

（1）转送管辖

转送管辖是指行政复议机关对已经受理的行政复议案件，经审查发现自己对该案件无管辖权时，将案件转送有管辖权的复议机关管辖。转送机关应当在收到该复议申请之日起7日内转送有关复议机关，并告知申请人。转送管辖必须具备三个条件：第一，必须属于特殊管辖的复议案件；第二，转送机关是县级人民政府，且对该案件没有管辖权；第三，受转送的复议机关对该案件有管辖权。转送管辖对受转送的复议机关具有约束力，受转送的复议机关不能拒绝接受转送，也不能再自行转送其他复议机关。如果受转送的复议机关认为对该转送案件确无管辖权，应当告知申请人向有关复议机关提出。

(2) 指定管辖

指定管辖是指对某一行政复议案件，上级行政机关或同级人民政府指定某一行政机关管辖。虽然行政复议法对此未作规定，但根据我国现行立法和行政复议实践，指定管辖确有可能基于下列情况发生：第一，有管辖权的行政机关由于特殊原因不能行使管辖权，或行使管辖权确有困难，此时由上级行政机关或同级人民政府指定管辖。第二，行政复议机关因复议案件管辖权发生争议，争议双方协商不成时，由他们的共同上一级行政机关指定管辖。第三，由于法律、法规规定较为笼统、模糊，因而产生行政复议案件管辖权不明确的情况，此时由做出具体行政行为的行政机关的上一级行政机关指定管辖。

7.4.4 行政复议受理

行政复议的受理，是指复议申请人在法定期限内提出复议申请后，经有管辖权的行政复议机关审查，认为符合申请条件决定立案审理的活动。

行政复议机关接到行政复议申请后，应当在5日内进行审查。对不符合行政复议法规定的复议申请，决定不予受理，并书面告知申请人；对符合行政复议法规定，但是不属于本机关受理的行政复议申请，应当告知申请人向有关行政复议机关提出。

除不予受理和不属于本机关管辖范围的以外，行政复议申请自行政复议机关负责法制工作的机构收到之日起即为受理。

7.4.5 行政复议决定

行政复议决定，是指行政复议机构对案件进行初步审查，提出意见，经行政复议机关的负责人审查同意或者集体讨论通过后，就有关具体行政行为是否合法、适当，或是否依申请人的请求责令被申请人做出某种具体行政行为的书面裁决。

行政复议原则上采取书面审理。所谓"书面审理"，是指复议机关仅就双方所提供的书面材料进行审查后做出决定的一种审理方法。这种审理方法较为简便，因而符合行政效率的要求。但是当申请人提出要求或者行政复议机关负责法制工作的机构认为必要时，可以向有关组织和人员调查情况，听取申请人、被申请人和第三人的意见；或者采取听证方式，即通过双方对争议的事实、法律依据进行质证、辩论，最后由复议机关做出复议决定。后一种审理方法适用于较为复杂、影响较大的行政复议案件。

1. 行政复议决定的类型

行政复议机关通过对复议案件进行审理，应当根据不同情况分别做出如下复议决定：

(1) 维持决定

维持决定是指行政复议机关做出维持被申请的具体行政行为的决定。对被申请的具体行政行为，复议机关认为事实清楚，证据确凿，适用法律、法规、规章和具有普遍约束力的决定、命令正确，符合法定程序和内容适当的，应当依法做出维持该具体行政行为的复议决定。

(2) 履行决定

履行决定是指行政复议机关责令被申请的行政主体在一定期限内履行法定职责的决定。它主要适用于如下两种情况：①被申请的行政主体拒不履行法定职责；②被申请人拖延履行法定职责。

(3) 撤销、变更和确认违法决定

此种决定是指行政复议机关经对被申请复议的具体行政行为的审查，认为该行为具有如下情形之一的，依法做出撤销、变更或者确认该行为违法的决定，必要时，可以附带责令被申请人在一定期限内重新做出具体行政行为的决定：

①主要事实不清，证据不足的；
②适用依据错误的；
③违反法定程序的；
④超越职权或者滥用职权的；
⑤具体行政行为明显不当的。

(4) 赔偿决定

申请人在申请行政复议时一并提出行政赔偿请求的，行政复议机关经审查，如认为符合国家赔偿法的有关规定应予以赔偿的，应在做出撤销、变更具体行政行为或者确认具体行政行为违法的决定时，同时做出责令被申请人依法给予申请人赔偿的决定。

申请人在申请行政复议时如果没有提出行政赔偿请求，行政复议机关在依法决定撤销或者变更罚款、撤销违法集资、没收财物、征收财物、摊派费用以及对财产的查封、扣押、冻结等具体行政行为时，应当同时做出责令被申请人返还申请人财产，解除对申请人财产的查封、扣押、冻结措施，或者赔偿相应价款的决定。

(5) 对抽象行政行为的处理决定

申请人在申请行政复议时，一并提出对作为具体行政行为依据的规章以及规范性文件的审查申请，行政复议机关对该抽象行政行为有权处理的，经对该行为的审查，应当在30日内依法做出处理决定；无权处理的，应当在7日内按照法定程序转送有权处理的行政机关做出处理决定，有权处理的行政机关应当在60日内依法做出处理决定。此外，行政复议机关在对被申请人做出的具体行政行为进行审查时，认为具体行政行为的依据不合法，行政复议机关有权处理的，应当在30日内依法处理；无权处理的，应当在7日内按照法定程序转送有权处理的国家机关依法处理。处理期间，复议机关中止对具体行政行为的审查。

2. 行政复议决定书

行政复议决定书是指行政复议机关对具体行政行为进行审查之后做出的书面裁决形式。

行政复议决定书的内容主要有：①申请人的姓名、性别、年龄、职业、住址；申请人是法人或者其他组织的，则包括名称、地址、法定代表人的姓名；②被申请人的名称、地址、法定代表人的姓名、职务；③申请复议的主要请求和理由；④复议机关认定的事实、理由，适用法律、法规、规章和其他规范性文件；⑤复议结论；⑥不服复议决定向人民法院起诉的期限，如果复议决定是终局决定的则载明当事人履行的期限；⑦做出复议决定的日期。

复议决定书由复议机关法定代表人署名，加盖本机关的印章。为了防止行政复议机关受理案件后迟迟不做出复议决定，损害复议申请人的合法权益，《行政复议法》第三十一条第一款规定："行政复议机关应当自受理申请之日起六十日内做出行政复议决定；但是法律规定的行政复议期限少于六十日的除外。情况复杂，不能在规定期限内做出行政复议决定的，经行政复议机关的负责人批准，可以适当延长，并告知申请人和被申请人；但是延长期限最多不超过三十日。"按此规定，复议机关受理复议申请后到做出复议决定，一般不超过60天，特殊情况可延长30天，但法律规定的复议期限少于60天的，从其规定。如治安管理处罚条例规定，上一级公安机关应在接到申诉后5日内做出裁决，那么，公安系统复议机关的复议期限就是5天。行政复议机关做出复议决定后，应当依法送达当事人。申请人如果不服行政复议决定，可依法提起行政诉讼。法律规定复议决定为最终裁决的，行政复议决定一经送达即发生法律效力。如《行政复议法》第三十条第二款规定："根据国务院或者省、自治区、直辖市人民政府对行政区划的勘定、调整或者征用土地的决定，省、自治区、直辖市人民政府确认土地、矿藏、水流、森林、山岭、草原、荒地、滩涂、海域等自然资源的所有权或者使用权的行政复议决定为最终裁决。"此行政复议决定送达后立即生效。法律规定可以起诉的行政复议决定，当事人在法定的期间内既不提起行政诉讼，又不履行行政决定，超过法定复议期间的，复议决定即具强制执行的法律效力。

思考题

1. 行政法的基本原则。
2. 行政许可的适用范围。
3. 行政处罚的概念和种类。
4. 行政处罚的程序。
5. 行政复议的范围。
6. 行政复议的程序。

第8章 程 序 法

8.1 行政诉讼法

8.1.1 行政诉讼法概述

1. 《行政诉讼法》的概念和特征

行政诉讼法是有关行政诉讼的法律渊源及规范的总和，规定了法院、诉讼当事人和其他参与人的行政诉讼活动程序，规范各种行政诉讼行为，是调整行政诉讼关系的法律规范，也是我国法律体系中的一个重要法律部门。行政诉讼法的概念理解有广义、狭义之分。狭义的行政诉讼法系指行政诉讼法典，专指我国1989年4月4日由七届人大二次会议通过，1990年10月1日起施行的《中华人民共和国行政诉讼法》。广义的行政诉讼法除行政诉讼法典外，还包括分散在各种法律、法规及立法、司法解释中的其他一切与行政诉讼相关的法律规范。

行政诉讼法有下列特征：①行政诉讼法规范了行政诉讼活动的程序。②行政诉讼法的调整对象是行政诉讼行为和行政诉讼关系。③行政诉讼法的主要内容是规定行政诉讼主体的权利与义务。行政诉讼法规定法院、诉讼当事人及其他诉讼参与人在诉讼活动中的职责、权利和义务。④行政诉讼法是有关行政诉讼的法律规范的总和。

2. 《行政诉讼法》的渊源

《行政诉讼法》的渊源是指行政诉讼法的具体表现形式。在我国，广义的行政诉讼法的渊源主要包括以下几种：

（1）宪法

宪法是国家的根本大法，也是行政诉讼立法的最主要的法律依据。

（2）行政诉讼法典

行政诉讼法典比较完整地、集中地对行政诉讼的原则及各项具体制度和程序进行了规定，是公民（自然人）、法人或者其他组织提起行政诉讼，人民法院审理行政诉讼案件的主要裁判依据，也是行政诉讼法的基本渊源。

（3）人民法院组织法、人民检察院组织法

人民法院组织法、人民检察院组织法中关于审判组织和审判程序的原则的规定，以及人民检察院组织法中关于法律监督原则的规定等都是广义行政诉讼法的渊源之一。

（4）民事诉讼法

《行政诉讼法》颁布前，法院审理行政案件所适用的是民事诉讼法；《行政诉讼法》颁布施行以后，对于其没有规定或规定比较原则的方面，仍需要参照适用民事诉讼法的规定，如民事诉讼法中所规定的期间、送达、合议制度、回避制度、诉讼保全、集团诉讼等，在行政诉讼中均可参照适用。

（5）单行法律、法规

除上述行政诉讼法、民事诉讼法等法律外，还有一些单行法律、法规也规定了与行政诉讼有关的内容。例如，《税收征收管理法》中规定了起诉不中止具体行政行为、行政复议前置、起诉期限等，这些与行政诉讼有关的法律规定也成为行政诉讼法的渊源之一。

（6）国际条约

我国缔结、参加或认可的涉及行政诉讼问题的国际条约和双边、多边协定，法院在审理涉外行政诉讼案件时也要适用，但我国声明保留的条款除外。

（7）法律解释

法律解释系由权力机关、行政机关及司法机关对行政诉讼法及相关法律、法规、规章所作的解释。这些法律解释同样是行政诉讼活动应当遵循的准则和规范，也是行政诉讼法的渊源之一。

8.1.2 《行政诉讼法》的基本原则

行政诉讼法的基本原则是指行政诉讼法规定的，纵贯于行政诉讼的全过程，且对行政诉讼活动起主要支配作用的基本行为准则，对行政诉讼活动具有拘束力。无论是人民法院还是诉讼当事人或是其他诉讼参与人都必须遵守。行政诉讼的基本原则包括：

（1）人民法院依法独立行使行政审判权原则

《行政诉讼法》第三条第一款规定："人民法院依法对行政案件独立行使审判权，不受行政机关、社会团体和个人的干涉。"

（2）以事实为根据、以法律为准绳原则

《行政诉讼法》第四条规定："人民法院审理行政案件，以事实为根据，以法律为准绳。"

（3）具体行政行为合法性审查原则

《行政诉讼法》第五条规定："人民法院审理行政案件，对具体行政行为是否合法进行审查。"与刑事诉讼和民事诉讼相比，具体行政行为合法性审查原则是行政诉讼最有特色的基本原则。

（4）当事人的法律地位平等原则

《行政诉讼法》第七条规定："当事人在行政诉讼中的法律地位平等。"

（5）使用本民族语言文字原则

《行政诉讼法》第八条规定："各民族公民都有用本民族语言、文字进行行政诉讼的权利。在少数民族聚居或者多民族共同居住的地区，人民法院应当用当地民族通用的语言、文字进行审理和发布法律文书。人民法院应当为不通晓当地民族通用语言、文字的诉讼参与人提供翻译。"

（6）当事人有权辩论原则

《行政诉讼法》第九条规定："当事人在行政诉讼中有权进行辩论。"

（7）合议、回避原则

所谓"合议原则"是指人民法院对行政案件的审理，由审判员或审判员与陪审员依据法定人数和组织形式组成合议庭进行。所谓"回避原则"是指承办行政案件的审判人员和其他有关人员遇有法律规定应当回避的情形时，应当经过法定程序退出行政诉讼活动。回避原则适用于审判人员、书记员、勘验人员、鉴定人员和翻译人员等。

(8) 公开审判原则

这是我国宪法规定的一项基本原则。在行政诉讼活动中，公开审判原则是指人民法院审理行政案件，除法律规定的特殊情况外，一律公开进行。公开审判原则主要包括两个方面的内容：①审判过程应当公开；②审判结果应当公开。公开审判要求人民法院的审判活动应当对社会公开，其主要目的及实质意义在于将人民法院的审判活动置于诉讼当事人及广大群众的监督之下，以确保审判的公正。

(9) 两审终审原则

在行政诉讼活动中，两审终审原则是指行政诉讼案件经过两级人民法院的审理和裁判后即告终结，即第二审法院的生效法律文书为案件的最终结果。根据这一法律原则，当事人对行政诉讼案件的一审判决或裁定不服的，可以向上一级人民法院提起上诉，启动第二审程序。第二审人民法院的判决、裁定是终局判决、裁定，对此，当事人不得再提起上诉。另外，最高人民法院是国家最高审判机关，最高人民法院作出的一审判决、裁定，当事人不得上诉。

(10) 人民检察院行使法律监督权原则

我国《宪法》第一百二十九条规定："中华人民共和国人民检察院是国家的法律监督机关。"《行政诉讼法》第十条规定："人民检察院有权对行政诉讼实行法律监督。"人民检察院对行政诉讼案件进行法律监督，一是为了保障行政诉讼活动依法进行；二是为了保障当事人的权利不因枉法裁判、错判、误判而遭受损失；三是为了监督司法机关的公正廉洁。

8.1.3 行政诉讼的受案范围

受案范围，即案件受理范围，是指人民法院依法可以受理、处理的行政争议的种类和权限。根据《行政诉讼法》第十一条之规定，人民法院应当受理下列行政案件：

(1) 行政处罚类案件

行政处罚是行政机关对于违反国家规定的行政管理秩序的公民（自然人）、法人或者其他组织依法作出的一种行政管理措施，主要包括：①人身性处罚，即以限制或剥夺公民（自然人）人身权为内容的行政处罚措施，如警告、通报批评和行政拘留；②财产性处罚，即以剥夺或者限制公民（自然人）、法人或其他组织的财产权为内容的行政处罚措施，如罚款、没收违法所得和没收非法财物；③资格性处罚，即以剥夺或者限制公民（自然人）、法人或其他组织从事特定行为的资格为内容的行政处罚措施，主要表现为吊销或者暂扣许可证或相关执照；④行为性处罚，即责令公民（自然人）、法人或其他组织为或者不为一定行为的处罚措施，如责令停产、停业或内部整顿。

(2) 行政强制措施类案件

行政强制措施是行政机关为了实现特定的行政管理目的，直接利用行政权力的强制性以限制公民（自然人）人身权或者公民（自然人）、法人或其他组织财产权的措施，主要包括：①针对人身自由的行政强制措施，如盘问、扣留、滞留等；②针对行政相对人的特定行为、不作为或者容忍义务的行政强制措施，例如，在强制搬迁过程中相邻人应承担的容忍义务或者采取避让行为的义务；③对特定物品的行政强制措施，如针对涉嫌走私的运输工具，涉嫌违法行为的报表账册或者财物进行扣押、罚没等；④对特定场所的行政强制措施，通常是对某特定场所的强制出入、检查或者搜查。行政机关在实施行政强制措施时主要的违法行为表现为：超越职权采取行政强制措施；违反法定程序实施行政强制措施；实施行政强制措施出现对象错误；行政强制措施违反法定期限等。

（3）侵犯法律规定的经营自主权案件

经营自主权，是指自然人、法人或其他组织依法对自身各方面经营事务自主管理的权利。

（4）行政许可案件

行政许可是行政机关依据行政行为相对人的申请，经审查后决定是否解除法律的一般禁止性规定，批准其从事某种特定行为、享有某种特定权利或者资格的具体行政行为。

（5）不履行法定职责案件

系因公民（自然人）、法人或其他组织认为行政机关拒不履行保护人身权或财产权的法定职责而引起的行政诉讼案件。在决定是否受理这类案件时，人民法院通常最为关注的是作为被告的行政机关是否负有相应的法定职责。而此类案件的诉讼标的往往是相关行政机关的不作为。因此，如果行政机关依法不具有相关的法定职责，那么也就不存在因不作为而成为适格被告的情况。

（6）抚恤金类案件

抚恤金案件中的原告和被告均具有特殊性，即原告只能是享有抚恤金等的公民（自然人）个人，而被告也只能是依法具有发放抚恤金等专项职责的行政机关。

（7）违法要求履行义务案件

行政机关违法要求行政相对人履行义务的行为与其他列举的行政行为违法的情形存在竞合交叉的现象。所谓违法要求履行义务，主要是指行政机关滥用行政权力，较多地表现为乱罚款、乱摊派和乱收费现象。需要提示的是，乱罚款行为属于行政处罚案件，乱摊派和乱收费行为属于行政征收案件。

（8）其他侵犯人身权、财产权的案件

兜底条款，由于历史性限制，法律不可能穷尽所有情形，因此，本条规定主要是针对上述七种案件之外的其他涉及人身权、财产权的具体行政行为引起的行政案件。依据司法解释和行政诉讼法相关理论，此类案件主要因以下几种行为而引起：①行政裁决，即行政机关对平等民事主体之间发生的与公共利益或行政事项密切相关的民事纠纷所作出的具有法律效力的具体行政行为，例如人身侵权赔偿裁决、征收补偿裁决、土地等自然资源所有权或使用权的裁决、商标权和专利权的权属裁决等；②行政确认，是指行政机关对特定的法律事实、法律关系或者法律状态所作出具有法律效力的认定并且予以证明的具体行政行为，主要包括：自然人身份确认（如收养登记、身份证姓名确认）、法律关系确认（如婚姻登记）、法律事实确认（如自然保护区、文物保护单位确认）、资格确认（如学历证明、学位证书、学历证书等）；③行政检查，是指行政机关为了督促公民（自然人）、法人或其他组织遵纪守法，而了解、监督相关情况的具体行政行为，通常可以采取进入场所、调阅账表、扣押、查封、登记保存等多种行政手段；④行政合同行为，主要是指在行政合同的签订与履行过程中，行政机关可能实施的具体行政行为，主要包括三种情形：合同约定行政机关实施特定的具体行政行为（如办理土地使用权证），按照合同条款行使行政监督权、处罚权等或者通过具体行政行为的形式变更、终止或者废除行政合同的行为。

（9）法律、法规规定的其他行政案件

《行政诉讼法》第十一条第二款规定：除前款，即本条第一款规定外，人民法院受理法律、法规规定可以提起诉讼的其他行政案件。根据本款规定，凡因行政机关行政活动涉及公民（自然人）合法权益而形成的行政争议案件，即使行政诉讼法未做列举，只要依据法律、法规规定可以提起行政诉讼，则都属于行政诉讼的受案范围，人民法院均应予以受理。较为典型的案件类型是侵犯人身权、财产权之外的其他合法权益的行政复议决定，此类决定引起的争议，根据《行政复议法》第六条的规定，可以向人民法院提起诉讼。

（10）司法解释规定的案件

最高人民法院发布的有关司法解释，对有关的个案情形作了如下规定：①行政行为侵犯公民（自然人）公平竞争权的案件，即行政机关在对具有相互竞争关系的公民（自然人）实施行政许可时，一方公民（自然人）认为自己具有同等或更优越的条件却未能取得成功的，可以以其公平竞争权受到侵害提起行政诉讼；②国际贸易行政案件；③反倾销行政案件；④反补贴行政案件；⑤少年收容教养决定；⑥社会保险基金管理争议；⑦教育行政决定；⑧设施使用费征收案件；⑨计划生育案件；⑩乡政府收费案件。

8.1.4 不予受理的案件

根据《行政诉讼法》第十二条和《关于执行〈中华人民共和国行政诉讼法〉若干问题的解释》第一条第二款，人民法院不予受理的行政诉讼案件包括：

（1）国家行为

国家行为是指国务院、中央军事委员会、国防部、外交部等根据宪法和法律的授权，以国家的名义实施的有关国防和外交事务的行为，以及经宪法和法律授权的国家机关宣布紧急状态、实施戒严和总动员等行为。其区别于一般行政行为的突出特点是：政治性、灵活性、秘密性。

（2）抽象行政行为

抽象行政行为是指行政机关制定行政法规、行政规章和发布具有普遍约束力的决定、命令的行为，具体包括：①国务院制定行政法规的行为；②国务院各部委制定部门规章的行为；③省级人民政府、省会市的人民政府、经济特区所在市的人民政府和国务院批准的较大市的人民政府制定地方规章的行为；④行政机关发布具有普遍约束力的决定、命令的行为，即针对不特定对象发布的能反复适用的行政规范性文件的行为。

（3）行政机关对其工作人员的奖惩、任免等决定

此类行为是指由行政机关作出的、涉及公务员权利义务的各类决定的统称。除了奖惩、任免决定之外，行政机关的内部人事管理行为还包括行政机关对其工作人员作出的培训、考核、离退休、工资、休假等方面的决定。

（4）法律规定由行政机关最终裁决的具体行政行为

（5）公安、国家安全等机关依据《刑事诉讼法》的明确授权实施的行为

公安、国家安全等国家机关通常具有行政机关和侦查机关的双重身份，可以对刑事犯罪嫌疑人实施刑事强制措施，也可以对公民（自然人）实施行政处罚、行政强制措施。

(6) 行政机关的调解行为

行政调解是指行政机关对发生民事争议的当事人进行劝导，使争议各方自愿达成协议的一种行政活动。行政调解的最终结果是发生纠纷的当事人自愿达成调解协议。由于行政调解不具有公权力的强制属性，对当事人也不能产生法律约束力，也就不具备可诉性。

(7) 不具有强制力的行政指导行为

行政指导是行政机关以倡导、示范、建议、咨询等方式，引导公民（自然人）自愿配合而达到行政管理目的的行为，属于非行使权力行政方式。其特点是集自愿、灵活、简便和经济性于一体。公民（自然人）是否服从或配合行政指导，完全取决于各自的意愿。因此，司法解释将行政指导行为排除在可诉的行政行为范围之外。

(8) 驳回当事人对行政行为提起申诉的重复处理行为

此类行为是指行政机关根据公民（自然人）的申请或者申诉，对原有的生效的行政行为作出的没有任何改变的二次决定，其实质上是对原本已生效的行政行为的简单重复，并没有因申诉或申请而重新审视或审查原行政行为，更没有新形成事实或者权利义务。

(9) 对公民（自然人）、法人或其他组织的权利义务不产生实际影响的行为

其主要是指行政机关在作出行政行为之前实施的各种准备行为，例如开会讨论、征求意见等。由于最终的具体行政行为尚未作出，最终的法律结论没有形成，因此，也不具备起诉的客体。

(10) 司法解释规定的其他案件

司法解释针对具体的情形和问题从不同的角度作了特殊的规定，例如劳动部门作出的劳动监察指令书。对此，《最高人民法院关于如何处理（劳动监察指令书）问题批复》(1998年7月27日发布实施)规定，劳动行政部门作出责令用人单位支付劳动者工资报酬、经济补偿和赔偿金的劳动监察指令书，不属于可申请人民法院强制执行的具体行政行为，人民法院对此类案件不予受理。

8.1.5 行政诉讼的管辖

管辖是指关于不同级别和地方的人民法院之间受理第一审行政案件的权限分工，一般可以按下列情况进行划分：

(1) 级别管辖与地域管辖

级别管辖解决的是不同审级法院之间管辖权的划分：《行政诉讼法》第十三条规定：基层人民法院管辖第一审行政案件。第十四条规定：中级人民法院管辖的第一审行政案件有：①确认发明专利权案件；②海关处理的案件；③对国务院各部门或者省、自治区、直辖市人民政府所作的具体行政行为提起诉讼的案件；④本辖区内重大、复杂的案件。第十五条规定：高级人民法院管辖本辖区内重大、复杂的第一审行政案件。第十六条规定：最高人民法院管辖全国范围内重大、复杂的第一审行政案件。

地域管辖解决的是行政诉讼案件应由哪个地区的法院受理的问题。《行政诉讼法》第十七条规定：行政案件由最初作出具体行政行为的行政机关所在地法院管辖；经复议的案件，复议机关改变原具体行政行为的，也可以由复议机关所在地人民法院管辖。《行政诉讼法》规定的特殊地域管辖的情形主要有两种：①对限制人身自由的行政强制措施不服而

提起的诉讼，由被告所在地或者原告所在地法院管辖。②因不动产而提起的诉讼，由不动产所在地的人民法院管辖。

（2）法定管辖与裁定管辖

法定管辖是指由法律直接规定的司法管辖；而裁定管辖是指在特殊情况下，由人民法院以移送、指定等行为确定的司法管辖，具体是指指定管辖、管辖权转移和移送管辖三种情形。

（3）共同管辖与单一管辖

共同管辖是指两个以上的人民法院同时对一个案件具有管辖权。单一管辖则是指只有一个法院对案件有管辖权。《行政诉讼法》中规定的共同管辖的情况有：行政复议决定改变原具体行政行为的案件，行政复议机关和原行政机关所在地的人民法院都有权管辖；采取限制人身自由的行政强制措施案件，被告所在地的法院与原告户籍地、住所地、被限制人身自由地的法院都有权管辖；临界不动产案件，有关行政区域的人民法院都有权管辖。

《行政诉讼法》第二十条规定：两个以上人民法院都有管辖权的案件，原告可以选择其中一个人民法院提起诉讼。原告向两个以上有管辖权的人民法院提起诉讼的，由最先收到起诉状的人民法院管辖。《行政诉讼法》第二十二条第二款规定：人民法院对管辖权发生争议，由争议双方协商解决，协商不成的，报它们的共同上级人民法院指定管辖。

8.1.6 行政诉讼参加人

行政诉讼参加人是指在整个或部分行政诉讼过程中参加行政诉讼，并对行政诉讼程序能够产生重大影响的人，主要指当事人和诉讼代理人。在此，我们特别需要指出的是，诉讼参加人不同于诉讼参与人，后者的范围更为宽泛，即除了诉讼参加人之外，诉讼参与人还应包括证人、鉴定人、翻译人及勘验人等。诉讼参加人以外的诉讼参与人一般在法律上与案件没有利害关系，但是他们在诉讼中却享有较为特殊的诉讼地位。

（1）行政诉讼当事人

行政诉讼当事人是指因行政机关所作出的具体行政行为而发生争议，以自己的名义参加诉讼，并受人民法院裁判约束的原告、被告和行政诉讼的第三人。

（2）诉讼代理人

诉讼代理人是指以当事人名义，在当事人授予的代理权限内，代理当事人参加诉讼活动的人。行政诉讼中的代理人分为以下三种：①法定代理人，即依法直接享有代理权限，代替无诉讼行为能力的公民（自然人）进行行政诉讼的人；②指定代理人，即由人民法院指定代理无诉讼行为能力的当事人进行行政诉讼的人；③委托代理人，即受当事人、法定代理人委托，代为参加行政诉讼的人。

8.1.7 行政诉讼程序

1. 起诉

起诉是公民（自然人）、法人或者其他组织要求人民法院启动行政诉讼程序的申请与主张。行政诉讼与民事诉讼一样，采取不告不理的原则，即人民法院不能主动地启动行政诉讼程序，而必须先由公民（自然人）、法人或者其他组织提出诉讼请求。而起诉是行政诉讼程序启动的前提条件。

(1) 起诉的一般条件

根据《行政诉讼法》第四十一条规定的要求，提起行政诉讼的一般条件是：①原告是认为具体行政行为侵犯其合法权益的公民（自然人）、法人或者其他组织；②有明确的被告，即原告在起诉时，必须指明对准起诉，明确指出被告人；③有具体的诉讼请求和事实根据；④属于人民法院受案范围和受诉人民法院管辖。

(2) 起诉的时间条件

当事人必须在法律规定的期限内提起诉讼，对超过法律规定期限的起诉，人民法院有权不予受理。《行政诉讼法》规定起诉期限的目的并非要限制公民（自然人）、法人或者其他组织依法享有的诉权，而在于促使权利人及时行使权利，也有助于争议的解决，消除行政法律关系的不确定状态。行政诉讼的起诉期限可分为一般期限和特别期限。

一般期限，是指由《行政诉讼法》明确规定，适用于一般行政诉讼案件的起诉期限，可分为当事人直接向法院提起行政诉讼的一般期限与不服行政复议而提起行政诉讼的一般期限。《行政诉讼法》第三十九条规定，当事人直接向人民法院提起行政诉讼的，应当在知道作出具体行政行为之日起 3 个月内提出。根据《行政诉讼法》第三十八条第二款的规定，不服行政复议而起诉的一般期限为 15 日，即在收到复议决定书之日起 15 日内向人民法院提起诉讼；若复议机关逾期不作决定的，当事人可以在复议期满之日起 15 日内向人民法院提起诉讼。

特别期限，是指为《行政诉讼法》认可，但由其他单行法律所规定的起诉期限，即直接向人民法院提起行政诉讼或不服行政复议提起行政诉讼的期限。法律另有规定的，应当适用相关单行法律对提起诉讼期限的规定，而不适用《行政诉讼法》的一般规定。

对于起诉期限的计算，根据《行政诉讼法》第三十九条的规定，行政诉讼的起诉期限从公民（自然人）、法人或者其他组织知道行政机关作出具体行政行为之日起计算。

2. 受理

受理是指人民法院对公民（自然人）、法人或者其他组织的起诉进行审查，对符合法定条件的起诉决定立案审理，从而引起行政诉讼程序启动的法定职权行为。行政诉讼程序的引发，尽管必须以公民（自然人）、法人或者其他组织的起诉为前提，但仅有起诉，而人民法院不进行立案受理，则行政诉讼程序仍然不能称为法律意义上的开始。

(1) 对行政诉讼起诉的审查

人民法院在收到公民（自然人）、法人或者其他组织的行政起诉书后，应当对起诉的内容和形式进行审查，并根据审查的结果作出受理或者不予受理的司法裁定。通过对当事人起诉的审查，人民法院可以查明当事人起诉的行为是否符合法定条件，及时发现并制止滥用诉权的情形发生，从而保证当事人正确行使诉权，保证人民法院正确行使审判权，维护被诉人不因他人滥用诉权而遭受损失。但是，为了防止法院对当事人的起诉附加其他条件而限制或剥夺当事人的诉权，人民法院在审查起诉时，必须严格按照《行政诉讼法》的规定审查，准确把握尺度。

(2) 审查起诉的结果

人民法院对当事人的起诉进行审查以后，应作出以下几种处理：①对于符合立案条件的，受诉法院必须在收到起诉书之日起 7 日内受理立案，从而受诉法院取得了对该案的审判权，并要担当起相应的责任；②对不符合立案条件的，受诉人民法院应在收到起诉书之日起7日内,作出不予受理的裁定,起诉人不服裁定的,可在接到裁定书之日起10日内向上一级人民法院提出上诉;③对立案条件有缺陷的,受诉法院可要求起诉人限期补正,补正后,经审查符合法定条件的,人民法院应当受理;④依据《关于执行〈中华人民共和国行政诉讼法〉若干问题的解释》规定,受诉人民法院在收到起诉书之日起7日内,一时不能决定是否受理起诉的,应当先予受理,受理后经审查不符合起诉条件的,裁定驳回起诉。

3. 行政诉讼的第一审程序

行政诉讼第一审程序,是指人民法院自受理立案开始直至作出第一审判决的全部诉讼程序。鉴于我国行政审判制度实行的是两审终审制,因此,第一审程序是所有行政案件必经的基本程序,也即行政诉讼案件审判的基础程序。

(1) 审理前的准备

审理前的准备即受诉人民法院在受理案件后直至开庭审理前,为保证庭审工作的顺利进行,由审判人员、书记员及助理人员依法所进行的一系列准备工作。案件开庭审理前需要准备的工作主要包括下列内容:

①组成合议庭。合议庭成员应是3人以上的单数。

②交换材料。主要是向被告和原告送达有关文书,即人民法院应在立案之日起5日内,将起诉书副本和应诉通知书送达被告,通知被告应诉。相反,人民法院应在收到被告答辩状之日起5日内,将答辩状副本送达原告。被告应在收到起诉书副本之日起10日内提交答辩状,并提供作出具体行政行为的证据和依据。当然,提交答辩状仅是被告的一项权利,被告如果不在法定期限内提交答辩状也不影响人民法院的审理。但被告在法定时间内,不提交或者没有正当理由逾期提供作出具体行政行为的证据和依据的,应当认定该具体行政行为没有证据和依据,被告应当承担举证不力的法律后果。

③处理管辖异议。当事人对受诉人民法院对案件的管辖权有权提出异议。当事人提出管辖异议,应在收到人民法院应诉通知书之日起10日内以书面形式提出。对当事人提出的管辖异议,人民法院应当进行审查。经审查,异议成立的,受诉人民法院应裁定将案件移送有管辖权的人民法院;不成立的,则应作出驳回裁定。

④审查诉讼文书和调查搜集证据。人民法院通过对原告、被告提供的起诉书、答辩状和各种证据的审查,可以较为全面地了解案情,熟悉原告的诉讼请求和理由、被告的答辩理由及案件的争议焦点。人民法院如果发现当事人双方材料或证据不全,应当通知当事人补充;对当事人不能收集的材料和证据,人民法院可以根据案件审理需要主动调查搜集证据。

⑤审查其他内容。在初步了解案情和各方主张的基础上,人民法院还要根据案件具体情况审查和决定下列事项:更换和追加当事人,决定或通知第三人参加诉讼,决定诉的合并与分离,确定审理的形式,决定开庭审理的时间、地点等。

(2) 庭审

庭审是受诉人民法院组织双方当事人及其他诉讼参与人,按照法律规定的程序,在法庭上对行政诉讼案件进行审理的活动。其主要任务在于,通过庭上质证、法庭调查和法庭辩论,查明案件事实,确认当事人之间的权利义务关系,为法律适用寻找依据。庭审环节是行政诉讼第一审程序中最基本的阶段,是保证人民法院依法完成审判任务的核心环节。

根据《行政诉讼法》的规定，行政诉讼第一审程序必须开庭进行审理。

人民法院开庭审理行政诉讼案件必须依据法定程序进行，通常分为六个阶段：

①开庭准备。人民法院应在开庭前3日传唤、通知当事人、诉讼参与人按时出庭参加诉讼。对于公开审理的案件，应当张贴开庭公告，载明案件开庭审理的时间、地点及案由等。

②开庭审理。案件开庭审理时，审判长须依法核对当事人、诉讼代理人、第三人的身份，宣布合议庭组成人员，告知当事人的诉讼权利义务，询问当事人是否申请回避等法定程序。

③法庭调查。其主要任务是通过当事人陈述，各自出示书证、物证和视听资料，传唤证人作证，出示鉴定结论和勘验笔录等活动及质证程序，查明案件事实，为法庭辩论阶段的工作奠定基础。

④法庭辩论。是指在合议庭的主持下，各方当事人就本案事实、主张依据、相关证据及被诉具体行政行为的法律依据，阐明己方观点，论述己方意见，反驳对方主张的诉讼活动。

⑤合议庭评议。法庭辩论结束后，合议庭宣布休庭，审判长组织合议庭全体成员对案件进行评议。合议庭评议程序不对外公开，采取少数服从多数原则。评议过程应当制作笔录，对于评议时的不同意见也必须如实记入笔录，评议笔录应当由合议庭全体成员及书记员签名。

⑥宣读判决。合议庭评议后，审判长应宣布继续开庭并宣读判决。如果不能当庭宣判，审判长应宣布择期宣判。

(3) 审理期限

人民法院审理第一审行政诉讼案件，应当自立案之日起3个月内作出判决。然而，鉴定、处理管辖权异议和中止诉讼的期间不计算在审限以内。因有特殊情况确实需要延长的，由高级人民法院批准；高级人民法院审理第一审行政案件需要延长的，由最高人民法院批准。基层人民法院申请延长审理期限，应当直接报请高级人民法院批准，同时报中级人民法院备案。

8.1.8 行政诉讼的第二审程序

由于我国的行政诉讼实行两审终审制度，因此，除最高人民法院所作出的一审判决、裁定外，当事人不服地方各级人民法院作出的一审判决和部分裁定，均依法有权向上一级人民法院提出上诉，即启动行政诉讼第二审程序。行政诉讼第二审程序，是指当事人不服人民法院作出的尚未生效的第一审判决或裁定，依法向上一级人民法院提起上诉，上一级人民法院据此对案件进行二次审理所适用的程序。第二审程序并不是每一起行政诉讼案件必经的程序，但却具有很强的独立性，其存在可以为当事人提供更多的权利救济机会，有助于上级人民法院对第一审程序进行检查、监督与指导，可以及时发现一审裁判中出现的偏差，纠正错误，有助于保护当事人的合法权益。

(1) 提起上诉

提起上诉是当事人对地方各级人民法院尚未发生法律效力的第一审判决、裁定，在法定期限内以书面形式请求上一级人民法院对案件再次进行审理的诉讼行为。当事人行使上诉权，必须符合以下条件：

①上诉人必须适格，即第一审程序中的原告、被告和第三人及其法定代理人、经授权的委托代理人，均有权提起上诉。

②上诉人提起上诉针对的必须是法律明文规定可以上诉的判决、裁定，即地方各级人民法院第一审尚未发生法律效力的判决和对驳回起诉、不予受理、管辖权异议所作出的裁定。

③上诉必须在法定期限内提出，即当事人不服人民法院第一审判决的，有权在判决书送达之日起15日内向上一级人民法院提起上诉；不服人民法院第一审裁定的，当事人有权在裁定书送达之日起10日内向上一级人民法院提起上诉。逾期不提起上诉的，人民法院的第一审判决或者裁定即对一审案件当事人发生法律效力。

④当事人提起上诉须递交符合法律规定的上诉状，上诉状既可以通过原审人民法院提出，也可以直接向第二审人民法院提出。当事人直接向第二审人民法院上诉的，第二审人民法院应当在收到上诉状5日内将上诉状移交原审人民法院。

(2) 上诉的受理

原审人民法院收到上诉状，应当审查；对存在缺陷的上诉，应当要求当事人限期补正；符合法定条件的，原审人民法院应当在5日内将上诉状副本送达被上诉人，被上诉人在收到上诉状副本之日起10日内提出答辩状。被上诉人不提出答辩状的，不影响人民法院对案件的审理。原审人民法院收到上诉状、答辩状，应当在5日内连同全部案卷，报送第二审人民法院。第二审人民法院经过审查，认为上诉符合法定条件的，应予受理；不符合法定条件的，应当裁定不予受理。因此，当事人上诉一经受理，案件即进入第二审程序。在行政诉讼第二审程序中，被诉行政机关不得改变原具体行政行为。

(3) 二审案件的审理

就基本程序而言，上诉案件的审理，与第一审案件大体相同。为避免立法上的重复，《行政诉讼法》仅对行政诉讼第二审程序与第一审程序的不同之处进行了规定。根据《行政诉讼法》第五十九条的规定，人民法院审理上诉案件，认为事实清楚的，可以实行书面审理。所谓书面审理，是指人民法院不需要当事人和其他诉讼参与人到庭参加审理，不进行法庭调查和辩论，只依据上诉状、原审案卷材料和其他书面材料进行审理，即能作出判决或裁定的审理方式。目前在我国的诉讼法体系中，只有《行政诉讼法》因其特殊性而规定了书面审理这一较为独特的审理方式。在行政诉讼第二审程序中，案件事实必须清楚方可适用书面审理方式。如果案件事实不清楚或存有争议，人民法院则应开庭审理。《关于执行〈中华人民共和国行政诉讼法〉若干问题的解释》明确规定，当事人对原审人民法院认定的事实有争议的，或者第二审人民法院认为原审人民法院认定事实不清楚的，第二审人民法院应当开庭审理。值得注意的是，人民法院实行书面审理，不允许独任审判，而必须由合议庭审理；合议庭必须审阅全部案卷材料。

第二审人民法院审理上诉案件，应当对原审人民法院的裁判和被诉具体行政行为是否合法进行全面审查，而不受上诉范围的限制。人民法院第二审行政案件，应当自收到上诉状之日起2个月内作出终审判决，有特殊情况需要延长的，由高级人民法院批准。高级人民法院审理上诉案件需要延长的，由最高人民法院批准。

8.1.9 行政诉讼审判监督程序

审判监督程序，是指人民法院发现已经发生法律效力的判决、裁定存在违反法律、法规规定的情形，而依法对案件再次进行审理的程序，也称再审程序。审判监督程序虽与第二审程序一样具有救济作用，但与第二审程序不同，其针对的对象是已生效的判决、裁定。审判监督程序并非每一起行政诉讼案件必经的程序，更不能说是第二审程序的继续，其只有在生效裁判确有错误、需要进行再审时才能启动。审判监督程序的存在，目的在于贯彻审判工作实事求是、有错必纠的原则，以及时纠正错案，提高人民法院的办案质量，切实保护当事人的合法权益。

1. 提起审判监督程序的条件

①提起审判监督程序的对象，即人民法院的判决、裁定，必须已经发生法律效力；②提起审判监督程序必须具有法定理由，即人民法院已经发生法律效力的判决、裁定确有错误；③提起审判监督程序的主体只能是具有审判监督权的法定机关，即人民法院和人民检察院。

2. 提起再审程序的条件

①各级人民法院院长对本院发生法律效力的判决、裁定提起审判监督程序，必须提交审判委员会讨论决定；②上级人民法院对下级人民法院已经发生法律效力的判决、裁定，发现违反法律、法规规定的，有权提审或指令下级人民法院再审；③凡人民检察院按照审判监督程序提出抗诉的，必须制作抗诉书，并将其送交有关人民法院。人民法院开庭审理抗诉案件时，应当通知人民检察院派员出庭。

3. 再审案件的审理

根据我国相关法律规定，凡原审人民法院审理再审案件，必须另行组成合议庭。按照审判监督程序决定再审的案件，再审法院应当裁定中止原判决的执行，中止执行的裁定由院长署名，加盖人民法院印章。上级人民法院决定提审或者指令下级人民法院再审的，应当作出裁定，裁定应当写明中止原判决的执行。情况紧急的，可以将中止执行的裁定口头通知负责执行的人民法院或者作出生效判决、裁定的人民法院，但应当在口头通知后 10 日内发出裁定书。人民法院经过对再审案件的审理，认为原生效判决、裁定确有错误，在撤销原生效判决或者裁定的同时，应采取以下任意一种处理办法：一是对原生效判决、裁定的内容作出相应裁判；二是裁定撤销生效判决或者裁定，发回作出原生效判决、裁定的人民法院重新审判。

人民法院启动审判监督程序，经过对再审案件的审理，发现生效裁判有下列情形之一的，应当裁定将案件发回作出生效判决、裁定的人民法院进行重新审理：①审理本案的审判人员、书记员应当回避而未回避的；②依法应当开庭审理而未经开庭即作出判决的；③未经合法传唤当事人而缺席判决的；④遗漏必须参加诉讼的当事人的；⑤对与本案有关的诉讼请求未予裁判的；⑥其他违反法定程序可能影响案件正确裁判的。

再审案件按照第一审程序审理的，应当在 3 个月内作出裁判；按照第二审程序审理的，须在 2 个月内作出裁判。

8.1.10 行政诉讼证据

行政诉讼证据，是指在行政诉讼过程中，所有用来证明案件事实情况及相关责任分配的材料，既包括当事人向人民法院提交的证据，也包括人民法院在必要情况下依法调取、收集的证据。但是无论证据的来源如何，都必须经过法庭的质证程序，经查证属实才能作为定案裁判的依据。

1. 行政诉讼证据特征

行政诉讼证据虽与其他诉讼证据有许多相同之处，但也具有较为鲜明的特征：

第一，行政诉讼证据来源的特定性。就行政案件而言，在行政诉讼之前往往已经历了行政程序。在行政程序中，作为行政诉讼原、被告的公民（自然人）、法人或者其他组织和行政机关已围绕被诉具体行政行为提交和收集了相关证据。同时，行政诉讼的证据主要由被告行政机关提供给人民法院，行政机关在行政程序中必须遵循先取证、后裁决规则，待充分、全面掌握了证据，才能作出具体行政行为。行政诉讼证据主要是在行政程序中已产生或确定的证据。

第二，行政诉讼举证责任分配的特殊性。"谁主张，谁举证"是民事诉讼分配举证责任的基本规则，而在行政诉讼中，被告对被诉具体行政行为的合法性承担举证责任是基本规则，原告只在特定情况下对特定情况承担举证责任。

第三，行政诉讼证据证明对象的特殊性。民事诉讼证据所要证明的是双方当事人在民事法律关系中的某种事实或行为，刑事诉讼证据所要证明的是被告是否实施了某种犯罪或犯罪事实的情况，而行政诉讼证据则要证明具体行政行为是否合法。

2. 行政诉讼证据种类

根据《行政诉讼法》的相关规定，行政诉讼证据包括书证、物证、视听资料、证人证言、当事人的陈述、鉴定结论、勘验笔录、现场笔录等。这些证据种类绝大多数与刑事诉讼、民事诉讼的证据的种类相同，而其中最具有行政诉讼的特殊性的证据种类是现场笔录。所谓现场笔录，是指行政机关及其工作人员在执行行政职责的过程中，在实施具体行政行为时对某些事项、情况当场所作的书面记录。行政机关所做的现场笔录通常是在争议情况发生后难以取证或证据难以保存、保全的情况下使用的，其制作须遵循以下规则：第一，顾名思义，现场笔录应当在事发现场制作，不能事后补作；第二，现场笔录应当有执行职责的行政机关人员、行政相对人、见证人等相关人员的签名或盖章。

3. 行政诉讼举证责任

"举证责任"一词是由《行政诉讼法》首先引入我国法律制度之中的。一般情况下认为举证责任是法律假定的一种后果，系指承担举证责任的当事人应当提供相应的证据证明自己的主张是成立的，否则将承担因举证不能而导致的不利后果。举证责任制度的实行将当事人举证义务与诉讼结果联系起来，明示当事人应承担的一种诉讼风险，有利于争议纠纷的顺利解决。

举证责任的分配往往关系到对当事人权益的实质性保护和诉讼公平正义的实现，因此在证据规则制度中有着十分重要的地位。行政诉讼因其不同于刑事诉讼与民事诉讼的特殊性，在举证责任的分配制度上也体现出其独特性。《行政诉讼法》第三十二条规定："被告对作出的具体行政行为负有举证责任，应当提供作出该具体行政行为的证据和所依据的规范性文件。"此外,《最高人民法院关于行政诉讼证据若干问题的规定》第六条还作出了进一步的规定:"原告可以提供证明被诉具体行政行为违法的证据。原告提供的证据不成立的,不免除被告对被诉具体行政行为合法性的举证责任。"因此,《行政诉讼法》确立了行政诉讼被告在行政诉讼中应当承担主要举证责任的基本原则,这使得行政诉讼举证责任的分配明显区别于民事诉讼中"谁主张,谁举证"的分配原则。

4. 举证期限

《最高人民法院关于行政诉讼证据若干问题的规定》对行政诉讼案件中原、被告的举证期限作出了不同的规定。关于被告的举证期限,按照我国法律法规及司法解释的相关规定,被告应当在收到起诉状副本之日起 10 日内,提供据以作出被诉具体行政行为的全部证据和所依据的规范性文件。被告不提供或者无正当理由逾期提供证据的,视为被诉具体行政行为没有相应的证据。被告因不可抗力或者客观上不能控制的其他正当事由,不能在规定的期限内提供证据的,应当在收到起诉状副本之日起 10 日内向人民法院提出延期提供证据的书面申请。人民法院准许延期提供的,被告应当在正当事由消除后 10 日内提供证据。逾期提供的,视为被诉具体行政行为没有相应的证据。关于原告的举证期限,按照我国法律法规及司法解释的相关规定,原告或者第三人应当在开庭审理前或者人民法院指定的交换证据之日提供证据。因正当事由申请延期提供证据的,经人民法院准许,可以在法庭调查中提供。逾期提供证据的,视为放弃举证权利。

8.1.11 行政诉讼案件的裁判与执行

1. 行政诉讼案件的裁判

(1) 行政诉讼判决

行政诉讼判决,简称行政判决,是指人民法院审理行政诉讼案件终结时,根据案件审理程序所查清的事实,依据法律法规的相关规定,对行政诉讼案件中的实体问题作出的结论性处理决定。它集中体现了人民法院行使的国家行政审判权和对行政机关行使的监督权,是人民法院解决行政诉讼争议的基本手段之一,也是人民法院审理行政诉讼案件和当事人参加行政诉讼的结果的具体表现形式。

(2) 行政诉讼裁定

行政诉讼的裁定,是指人民法院在审理行政诉讼案件过程中或者执行行政诉讼案件生效判决的过程中,就司法程序问题所作出的判定。行政诉讼裁定主要包括,一审法院作出的不予受理裁定、驳回起诉裁定和管辖权异议裁定,当事人可以在一审法院作出裁定之日起 10 日内向上一级人民法院提出上诉,逾期不提出上诉的,一审人民法院的裁定即发生法律效力。除以上三种裁定之外,人民法院作出的其他所有裁定,当事人均无权提出上诉,裁定一经宣布或者送达,即发生法律效力。

(3) 行政诉讼决定

行政诉讼决定,系出于保证行政诉讼进程顺利进行,人民法院依法对行政诉讼中的某些特殊事项所作出的处理。其特点有:①行政诉讼决定所解决的问题是发生于行政诉讼活动中的某些特殊的紧迫事项,既不同于行政诉讼判决解决的实体问题,也不同于行政诉讼裁定解决的程序问题;②行政诉讼决定的作用在于保证行政诉讼程序的正常顺利进行,或者为行政诉讼案件的正常审理提供必要的条件。

在行政诉讼活动中人民法院所作出的此类决定，一经宣布或送达即发生法律效力，相关义务人必须履行决定所规定的义务。当事人对决定不服的，也不得提出上诉。法律规定当事人可以申请复议的，当事人有权申请复议，但复议期间不停止该决定的执行。

2. 行政诉讼案件的执行

行政诉讼的执行，是指行政诉讼案件中负有债务或义务的当事人逾期拒不履行人民法院生效的行政诉讼案件的法律文书，人民法院和有关行政机关依法采取强制措施，促使当事人履行法院生效法律文书所判义务，从而使法院所做生效法律文书的内容得以实现的活动。行政诉讼执行是行政诉讼案件的最终环节，它对于实现《行政诉讼法》的任务，切实具体地保护当事人的合法权益，具有重要意义。

8.2 民事诉讼法

8.2.1 民事诉讼法概述

1. 民事诉讼

民事诉讼是指人民法院、当事人和其他诉讼参与人，在解决民事案件的过程中所进行的各种诉讼活动以及由这些活动所产生的各种诉讼关系的总和。民事诉讼的主要特点包括：①民事诉讼的主体是人民法院、当事人、其他诉讼参与人，其他诉讼参与人通常包括证人、专家、鉴定机构等，法院和当事人是基本的民事诉讼主体。②民事诉讼中民事纠纷的解决有国家强制力予以保障。③民事诉讼解决的争议是平等主体之间有关民事权利义务的争议。④民事诉讼应严格依照法定的诉讼程序进行。

2. 民事诉讼法

作为国家法律体系中一个法律部门，民事诉讼法指的是国家制定的规范人民法院和诉讼参与人的各种民事诉讼关系的法律规范的总称。民事诉讼法调整的对象是在民事诉讼活动中产生的各种关系。

民事诉讼法有狭义和广义之分，狭义的民事诉讼法仅指民事诉讼法典，我国现行的民事诉讼法典是1991年4月9日颁布实施的《中华人民共和国民事诉讼法》（2007年修订）。广义的民事诉讼法指所有用于规范民事诉讼法律关系的规范性法律文件，不仅包括了民事诉讼法典，而且还包括宪法、其他法律法规中有关民事诉讼的规范，以及最高人民法院针对民事诉讼法适用过程中出现问题所作出的司法解释。

8.2.2 民事诉讼当事人

民事诉讼当事人，是指以自己的名义请求人民法院依据审判权解决民事争议或保护民事权益的人以及相对人。民事诉讼当事人在不同的程序中有不同的称谓：在一审普通程序和简易程序中，称为原告和被告；在二审程序中，称为上诉人和被上诉人；在再审程序中，若适用一审程序，称为原审被告和原审原告，若适用二审程序，则称为原审上诉人和原审被上诉人；在特别程序中，称为申请人、债务人等；在执行程序中，称为申请执行人和被执行人。

(1) 原告和被告

民事诉讼中的原告，是指认为自己的（或管理的）民事权益受到侵害或者与他人发生争议，为维护其合法权益而向人民法院提起诉讼，引起诉讼程序发生的人。民事诉讼中的被告，是指被诉称侵犯原告民事权益或与原告发生民事权益争议，而至人民法院应诉的人。原告和被告可以是自然人、法人、其他组织。

(2) 共同诉讼人

共同诉讼人，是指共同诉讼中人数为两人以上的一方当事人，包括共同原告和共同被告。

(3) 诉讼代表人

诉讼代表人，是指当事人众多的一方，推选出的为维护本方当事人利益而进行诉讼活动的代表。诉讼代表人可分为人数确定的诉讼代表人和人数不确定的诉讼代表人。

(4) 第三人

民事诉讼中的第三人，是指对他人之间的诉讼标的，具有全部的或部分的独立请求权，或者虽然不具有独立请求权，但案件的处理结果与其有法律上的利害关系的人而参加到原告、被告已经开始的诉讼中进行诉讼的人。第三人包括有独立请求权的第三人和无独立请求权的第三人。有独立请求权的第三人，是指对原、被告之间争议的诉讼标的，认为有独立的请求权，参加到原、被告已经开始的诉讼中进行诉讼的人。无独立请求权的第三人是指对原、被告双方争议的诉讼标的没有独立的请求权，但案件的处理结果可能与其有法律上的利害关系，为维护自己利益而参加到原、被告已经开始的诉讼中进行诉讼的人。

8.2.3 《民事诉讼法》的基本原则

民事诉讼的基本原则，是指在民事诉讼的整个阶段起着指导作用、能够实现民事诉讼法立法目的和法律价值的原理和准则。民事诉讼的基本原则可分为共有原则和特有原则两类。

共有原则，是指依据《宪法》和《人民法院组织法》的有关规定，对民事诉讼法中具有共性的诉讼原则进行的分类，主要包括：人民法院行使审判权原则；人民法院独立审判原则；以事实为依据，以法律为准绳原则；使用本民族语言文字进行诉讼原则；人民检察院对民事审判活动实行法律监督原则；民族自治地方可以制定变通或补充规定原则。

特有原则，是指能够体现民事案件诉讼特点的原则。主要包括同等原则、对等原则、平等原则、调解原则、辩论原则、处分原则、支持起诉原则等方面。

8.2.4 民事审判的基本制度

民事审判的基本制度是人民法院审判民事案件所必须遵循的具有关键性作用的审判制度。根据《民事诉讼法》第十条的规定，民事审判的基本制度包括合议制度、回避制度、公开审判制度、两审终审制度。

(1) 合议制度

合议制度，是指由三名以上的审判员或审判员与陪审员共同组成审判集体，对案件进行审理并作出裁判的制度。合议制度的组织形式是合议庭,它是人民法院审判民事案件的基本的审判组织。合议庭成员人数必须是单数。

(2) 回避制度

回避制度,是指审判人员及诉讼参与人,遇有法律规定的回避情形时,退出对某一具体案件的审理或诉讼活动的制度。回避制度设立的根本目的在于保证案件得到公正审理。根据我国民事诉讼法的规定,审判人员有下列情形之一的,必须回避,且当事人有权用口头或者书面方式申请他们回避:①是本案当事人或者当事人、诉讼代理人的近亲属;②与本案有利害关系;③与本案当事人有其他关系,可能影响对案件公正审理的。书记员、翻译人员、鉴定人、勘验人具有上述情形时同样必须回避。

(3) 公开审判制度

公开审判制度是指法院审理民事案件,除依法不应公开或可不予公开审理的案件外,都应公开进行,包括审理过程的公开和审判结果的公开。审理过程和审判结果不仅应当向当事人公开,而且应当向社会公众公开。法院应当在开庭之前将案件的审理日期予以公告。对于公开审理案件,社会公众可以径行旁听,有关媒体可以自由报道和评判。对于不予公开审理的案件,法院也应当将判决结果向当事人和社会公开,并在判决书中公开判决的事实依据和法律依据。不得公开审理的案件范围包括:①涉及国家机密的案件;②涉及个人隐私的案件;③法律另有规定不得公开审理的案件。

(4) 两审终审制度

两审终审制度,是指一个民事案件经过两级人民法院审判就宣告终结的审判制度。

8.2.5 民事诉讼的管辖

民事诉讼的管辖,是指各级人民法院之间以及同级人民法院之间受理第一审民事案件的分工和权限。民事诉讼中的管辖按不同的标准可分为级别管辖、地域管辖、专属管辖、共同管辖、约定管辖等方面。

(1) 级别管辖

级别管辖是指上下级人民法院之间受理第一审民事案件的分工和权限。级别管辖的规定主要包括:

① 基层人民法院管辖的案件。根据《民事诉讼法》第十八条规定,除法律规定由中级人民法院、高级人民法院管辖的第一审民事案件外,所有第一审民事案件均由基层人民法院管辖。

② 中级人民法院管辖的案件。根据我国《民事诉讼法》第十九条的规定,中级人民法院管辖的第一审民事案件有三类:重大的涉外案件;在本辖区有重大影响的案件;最高人民法院确定由中级人民法院管辖的案件。目前这类案件主要包括:海事、海商案件;专利纠纷案件;重大的涉港、澳、台民事案件;诉讼标的金额较大的案件。

③ 高级人民法院管辖的案件。根据《民事诉讼法》第二十条规定,高级人民法院管辖在本辖区有重大影响的第一审民事案件。

④ 最高人民法院管辖的案件。根据《民事诉讼法》第二十一条规定,最高人民法院管辖的第一审民事案件有两类:一是在全国有重大影响的案件;二是最高人民法院认为应当由本院审理的案件。

(2) 地域管辖

地域管辖是指同级人民法院之间在各自的区域内受理第一审民事案件的分工和权限。地域管辖分为一般地域管辖和特殊地域管辖。

一般地域管辖，是指以当事人的所在地与人民法院的隶属关系来确定诉讼管辖，即当事人住所在哪个法院辖区，案件就由哪个法院管辖。《民事诉讼法》第二十二条规定，对公民提起的民事诉讼，由被告住所地人民法院管辖；被告住所地与经常居住地不一致的，由经常居住地人民法院管辖。对法人或者其他组织提起的民事诉讼，由被告住所地人民法院管辖。此亦为通常所称"原告就被告"的一般地域管辖原则。我国《民事诉讼法》第二十三条还规定了一般地域管辖原则的例外情形。

特殊地域管辖，是指以诉讼标的物所在地或者引起民事法律关系发生、变更、消灭的法律事实所在地来确定诉讼管辖。根据《民事诉讼法》第二十四条至第三十三条的规定，下面九种情况适用特殊地域管辖：①一般合同纠纷；②保险合同纠纷；③票据纠纷；④运输合同纠纷；⑤侵权纠纷；⑥交通事故损害赔偿纠纷；⑦海损事故损害赔偿纠纷；⑧海难救助费用纠纷；⑨共同海损分担纠纷。

(3) 专属管辖

专属管辖是指法律专门规定的某些特殊类型的案件由特定的人民法院管辖。根据我国民事诉讼法的规定，适用专属管辖的案件包括：①因不动产纠纷提起的诉讼，由不动产所在地人民法院管辖。②因港口作业发生纠纷提起的诉讼，由港口所在地人民法院管辖。③因继承纠纷提起的诉讼，由被继承人死亡时住所地或主要遗产所在地法院管辖。④在中华人民共和国履行的中外合资经营企业合同、中外合作经营企业合同、中外合作勘探开发自然资源合同发生纠纷提起的诉讼，由中华人民共和国人民法院专属管辖。

(4) 共同管辖和选择管辖

共同管辖是指对同一诉讼依照法律规定，两个或两个以上的人民法院都有管辖权。选择管辖则是在共同管辖的情况下，诉讼当事人可以选择其中一个人民法院提起诉讼。根据我国民事诉讼法的规定，两个以上人民法院都有管辖权的诉讼，原告可以向其中任何一个人民法院起诉；原告向两个以上有管辖权的人民法院起诉的，由最先立案的人民法院管辖。

(5) 合同纠纷管辖

一般合同纠纷管辖作为特殊地域管辖的一种，民事诉讼法有专门的规定。因合同纠纷提起的诉讼，由被告住所地或者合同履行地人民法院管辖。合同的双方当事人可以在书面合同中协议选择被告住所地、合同履行地、合同签订地、原告住所地、标的物所在地人民法院管辖，但不得违反本法对级别管辖和专属管辖的规定。

(6) 管辖权的转移

管辖权转移，是指依据上级法院的决定或同意，将案件的管辖权从原来有管辖权的人民法院转移至无管辖权的人民法院，使无管辖权的人民法院因此而取得管辖权。管辖权的转移通常发生在直接的上下级人民法院之间，是对级别管辖的变通和个别调整。管辖权转移的情形包括下级人民法院的管辖权上移给上级人民法院和上级人民法院的管辖权下移给下级人民法院。

8.2.6 民事诉讼期间与送达

1. 民事诉讼期间

民事诉讼中的期间,是指人民法院、当事人和其他诉讼参与人进行诉讼行为的期限和期日。期间按照是由法律直接规定还是人民法院指定为标准,可分为法定期间和指定期间。期日指人民法院与当事人及其他诉讼参与人汇合进行诉讼行为的日期。

期日与期间的区别是:① 期日是人民法院和诉讼参与人汇合在一起为诉讼行为的时间,而期间是诉讼参与人或人民法院单独为某种诉讼行为的期限。②期日规定的是开始的时间,不规定终止的时间;期间既可规定始期也可规定终期。③期日没有法定期日与指定期日之分,而期间有法定期间与指定期间之分。

2. 民事诉讼送达

民事诉讼中的送达,是指人民法院依照法定程序和方式,将诉讼文书送交当事人和其他诉讼参与人的诉讼行为。送达的方式有:直接送达、留置送达、委托送达、邮寄送达、转交送达、公告送达。

送达的效力是指诉讼文书经送达后所产生的必然法律后果。送达的效力主要表现在以下两个方面:①实体上的效力,即产生实体权利义务方面的法律后果;②程序上的效力,即产生诉讼法律关系上的效力。

8.2.7 财产保全和先予执行

1. 财产保全

财产保全,是指人民法院根据利害关系人或当事人的申请,对一定财产采取特殊保护措施,以保证将来生效判决能够得以实现的法律制度。

财产保全按照可以提起保全申请的时间为标准分为诉前财产保全和诉讼中的财产保全。诉前财产保全,是指尚未起诉而实行的财产保全。诉讼中的财产保全,则是人民法院已经受理案件后才采取的财产保全。财产保全的程序为申请、提供担保、裁定和交付执行。

2. 先予执行

先予执行,是指人民法院在诉讼过程中,根据当事人的申请裁定一方当事人预先付给另一方当事人一定数额的金钱或其他财物的一种法律制度。先予执行的适用范围包括追索赡养费、抚养费、抚育费、抚恤金、医疗费用的案件,追索劳动报酬的案件以及因情况紧急需要先予执行的案件。先予执行要符合下列的条件:①当事人之间的诉讼必须是给付之诉;②当事人权利义务关系明确;③不先予执行将严重影响申请人的生活或者生产经营;④被申请人有履行义务能力。

8.2.8 对妨害民事诉讼的强制措施

对妨害民事诉讼的强制措施,是指在民事诉讼活动中,为了排除干扰,维护正常的诉讼秩序,保障民事诉讼和执行活动顺利进行,对妨害民事诉讼秩序行为人,所采取的具有制裁性质的强制手段。

(1) 拘传

拘传,是指人民法院在法定情况下强制被告到庭的一种强制措施。适用拘传必须具备以下条件:①拘传的对象是必须到庭的被告;②对必须到庭的被告已经过两次传票传唤;③必须到庭的被告无正当理由拒不到庭。

(2) 训诫

训诫是指人民法院对妨害民事诉讼行为情节较轻的人,予以批评、教育,并责令其改正、不得再犯。

(3) 责令退出法庭

责令退出法庭是指在开庭审理中,对违反法庭规则的诉讼参与人及其他人所采取的强行命令其退出法庭的强制措施。

(4) 罚款

罚款必须经人民法院院长批准,并由人民法院出具《罚款决定书》。被罚款人对该决定不服的,可以向上一级人民法院申请复议一次。上级人民法院应在收到复议申请后5日内作出决定,并将复议结果通知下级人民法院和被罚款人。复议期间不停止罚款决定的执行。

(5) 拘留

拘留的期限不超过15日。

8.2.9 第一审普通程序

人民法院审理民事案件时普遍适用的基础程序称为第一审普通程序。

1. 起诉和受理

起诉,是指当事人依法向人民法院提出诉讼请求的诉讼行为。起诉要符合下列条件:①原告是与本案有利害关系的公民、法人和其他组织;②有明确的被告;③有具体的诉讼请求和事实、理由;④属于人民法院受理民事诉讼的范围和受诉人民法院管辖。

受理,是指人民法院接受原告起诉,并启动诉讼程序的行为。审判实践中称受理为立案。受理的法律效果即,受诉人民法院对该案取得了审判权,双方当事人确立了诉法地位,诉讼时效中断,各民事诉讼法律关系主体将依法进行诉法活动。

2. 审理前的准备

审理前的准备,就是指人民法院受理案件后进入开庭审理之前所进行的一系列诉讼活动。审理前要准备的工作主要有:在法定期间内及时送达诉讼文书;成立审判组织并告知当事人诉讼权利;认真审核诉讼材料;调查收集必要的证据材料;其他准备,如追加当事人、移送案件、预收诉讼费用、根据案情需要组织开庭审理前的证据材料交换等。

3. 开庭审理

开庭审理,是指人民法院在当事人和所有诉讼参与人的参加下,全面审查认定案件事实,并依法作出裁判或调解的活动。开庭审理按形式分,有公开开庭审理和不公开开庭审理。

开庭审理的程序是:①庭审准备;②宣布开庭;③法庭调查;④法庭辩论;⑤法庭辩论的调解;⑥合议庭评议;⑦宣告判决。凡开庭审理的案件,无论是公开审理或依法不公开审理的,都必须公开宣告判决。公开宣告判决有当庭公开宣判和定期公开宣判两种形式。

4. 对开庭审理特殊情况的处理

(1) 撤诉

撤诉是指当事人将已经成立之诉撤销。从程序上分类,撤诉可分为撤回起诉和撤回上诉;从主体上分类,可分为当事人撤诉和人民法院视为撤诉。

(2) 延期审理

延期审理是指在特定情形下,人民法院把已经确定的审理期日或正在进行的审理顺延至另一期日进行审理的制度。我国民事诉讼法规定的延期审理的情形有四种:第一,必须到庭的当事人和其他诉讼参与人有正当理由没有到庭的;第二,当事人临时提出回避申请的;第三,需要通知新的证人到庭,调取新的证据,重新鉴定、勘验,或者需要补充调查的;第四,其他应当延期的情形。

(3) 诉讼中止

诉讼中止是指民事诉讼程序的中途暂时停止。根据民事诉讼法第一百三十六条规定,造成诉讼程序中途停止的情形包括:一方当事人死亡,需要等待继承人参加诉讼的;一方当事人丧失诉讼行为能力,尚未确定法定代理人的;一方当事人因不可抗拒的事由,不能参加诉讼的;本案必须以另一案的审理结果为依据,而另一案尚未审结的;作为一方当事人的法人或其他组织终止,尚未确定权利义务承受人的;其他应当中止诉讼的情形。

(4) 缺席判决

缺席判决是指人民法院在部分当事人无故未参加或当事人未参加完开庭审理而中途退庭的情况下依法作出判决。缺席判决有三种情形:第一,被告经传票传唤,无正当理由拒不到庭的,或未经法庭许可中途退庭的,可以缺席判决。第二,原告经传票传唤,无正当理由拒不到庭的或未经法庭许可中途退庭按撤诉处理后,被告反诉的案件;本诉与反诉合并审理的,可以就反诉缺席判决。第三,人民法院裁定不许可原告撤诉,原告经传票传唤,无正当理由拒不到庭的,可以缺席判决。

5. 民事判决、民事裁定和民事决定

(1) 民事判决

民事判决是指人民法院审理民事案件和非讼案件完结之时,依据事实和法律对双方当事人之间的实体争议或者一方当事人提出的实体权利主张所作出的权威性判定。

(2) 民事裁定

民事裁定是指人民法院对民事审判和执行程序中的问题以及个别实体问题所作的权威性判定。民事裁定的适用范围有:不予受理;对管辖权有异议的;驳回起诉;财产保全和先予执行;准许或不准许当事人撤诉;中止或者终结诉讼;补正判决书中的笔误;中止或终结执行;不予执行仲裁裁决;不予执行公证机关赋予强制执行效力的债权文书;其他需要裁定解决的事项。

(3) 民事决定

民事决定是指人民法院为保证民事诉讼的顺利进行,对诉讼过程中发生的障碍或者阻碍诉讼活动正常进行的特殊事项依法所作的权威判定。民事决定的适用范围有:解决是否回避问题;采取强制措施,排除妨害民事诉讼行为;解决当事人提出的顺延诉讼期限的申请问题；解决当事人申请缓、减、免交诉讼费用问题；解决重大疑难问题。

8.2.10 第二审程序

第二审程序，是指上一级人民法院根据当事人的上诉，就下级人民法院的一审判决和裁定，在其发生法律效力前，对案件进行重新审理的程序，又称为上诉审程序或者终审程序。

1. 上诉的提起和受理

上诉，是指当事人不服第一审人民法院作出的未生效裁判，在法定期间内，要求上一级人民法院对上诉请求的有关事实和法律适用进行审理的诉讼行为。根据《民事诉讼法》的规定，除了依特别程序、督促程序、公示催告程序和企业法人破产还债程序所作的裁判不准上诉外，凡地方各级人民法院以普通程序和简易程序所作出的一审判决以及法律规定可以上诉的裁定在法定期间内，当事人均可提起上诉。

2. 上诉案件的审理程序

上诉案件的审理程序包括：组成合议庭、审阅案卷、调查和询问当事人；开庭审理、径行裁判。依照《民事诉讼法》第一百五十二条的规定，径行判决、裁定的情况包括：①一审就不予受理、驳回起诉和管辖权异议作出裁定的案件；②当事人提出的上诉请求明显不能成立的案件；③原审裁判认定事实清楚，但适用法律错误的案件；④原判决违反法定程序，可能影响案件正确判决，需要发回重审的案件。

3. 上诉案件裁判的种类

上诉案件裁判的种类有：判决驳回上诉；依法改判；裁定发回重审。《民事诉讼法》第一百五十九条规定，第二审人民法院对不服判决的上诉案件，应在第二审人民法院立案之日起3个月内审结。

8.2.11 审判监督程序

审判监督程序，是指人民法院对已经发生法律效力的判决、裁定，依照法律规定由法定机关提起，对案件进行再审的程序，又称为再审程序。根据《民事诉讼法》的规定，审判监督程序的发生包括：基于人民法院行使审判监督权而引起的再审、基于人民检察院行使检察监督权而引起的再审和当事人行使诉权申请再审而引起的再审。前两种称为审判监督程序，后一种称为当事人申请再审程序。

设置审判监督程序的意义在于，审判监督程序的设立是人民法院坚持实事求是、有错必纠的原则在诉讼程序制度上的具体体现，对于保证案件质量、保障当事人的合法权益以及完善民事诉讼程序制度都有着重要意义。

采取审判监督程序有以下几种情况：

(1) 原审法院提起再审

根据《民事诉讼法》第一百七十七条第一款规定："各级人民法院院长对本院已经发生法律效力的判决、裁定，发现确有错误，认为需要再审的，应当提交审判委员会讨论决定。"

(2) 最高人民法院和上级人民法院提起再审

根据《民事诉讼法》第一百七十七条第二款的规定："最高人民法院对地方各级人民

法院已经发生法律效力的判决、裁定,上级人民法院对下级人民法院已经发生法律效力的判决、裁定,发现确有错误的,有权提审或指令下级人民法院再审。"最高人民法院提起再审的方式有两种:一是提审,即将下级人民法院审结的案件提到本院自己审判;二是指令下级人民法院再审。

（3）对检察院抗诉案件的再审

抗诉,是指人民检察院对人民法院已经生效的民事判决、裁定,认为确有错误,依法提请人民法院对案件重新审理的诉讼行为。这种监督属于事后法律监督。根据《民事诉讼法》第一百九十条的规定:"人民检察院提出抗诉的案件,人民法院再审时,应当通知人民检察院派员出席法庭。"

（4）当事人申请再审

申请再审,是指当事人及其法定代理人认为已经发生法律效力的判决、裁定、调解书有错误,向人民法院提出变更或者撤销原判决、裁定和调解书的请求,并提请人民法院对案件进行重新审理的诉讼行为。

8.3 仲裁法

8.3.1 仲裁法概述

1. 仲裁的概念及仲裁立法的情况

仲裁是指争议的双方或各方依照事前或事后达成的协议,自愿把争议交给第三方作出裁决,争议的双方有义务执行该裁决,从而解决争议的法律制度。

我国仲裁立法的情况:1983年8月22日国务院发布施行了《中华人民共和国经济合同法仲裁条例》;1988年9月12日中国国际经济贸易促进委员会通过、1989年1月1日起施行了《中国国际经济贸易仲裁委员会仲裁规则》（于2005年1月11日中国国际贸易促进委员会、中国国际商会修订并通过,2005年5月1日起施行）;1991年6月25日国家科委发布、1991年11月1日起施行了《技术合同仲裁机构规则（试行）》;1994年8月31日第八届全国人大常委会第七次会议通过、1995年9月1日起施行了《中华人民共和国仲裁法》（以下简称《仲裁法》）。

2.《仲裁法》的适用范围

仲裁法适用于平等主体的公民、法人和其他组织之间发生的合同纠纷和其他财产权益纠纷,一般是指商事争议。依法不能进行仲裁的纠纷包括婚姻、收养、监护、抚养、继承纠纷和依法应当由行政机关处理的行政争议。劳动争议和农业集体经济组织内部的农业承包合同纠纷的仲裁,由法律另行规定。

3.《仲裁法》的基本原则

（1）自愿原则

当事人的自愿是贯彻仲裁程序始终的一项基本原则。根据此原则,启动仲裁程序的前提是当事人必须自愿达成仲裁协议。没有仲裁协议,一方申请仲裁的,仲裁机构不予受理。仲裁机构及仲裁员由当事人自愿选择;当事人可以自行和解,达成和解协议后,可请求仲裁庭根据和解协议作出仲裁裁决书;当事人也可撤回仲裁申请。

(2) 仲裁独立原则

仲裁应当根据事实和法律规定公平合理地解决纠纷。仲裁依法独立进行，不受行政机关、社会团体和个人的干涉。当然，人民法院可以依法对仲裁进行必要的监督。

(3) 一裁终局原则

仲裁一裁终局是指仲裁裁决作出后，当事人不能再就同一纠纷，申请仲裁或者向人民法院起诉。但是，仲裁裁决被人民法院依法裁定撤销或者不予执行的，当事人就纠纷可以根据双方重新达成的仲裁协议申请仲裁，也可以向人民法院起诉。

8.3.2 仲裁组织

1. 仲裁委员会

根据《仲裁法》第十条规定，仲裁委员会可以在直辖市、省、自治区人民政府所在地的市设立，也可以根据需要在其他设区的市设立。仲裁委员会由所在地的市人民政府组织有关部门和商会统一组建。设立仲裁委员会，应当在省、自治区、直辖市的司法行政部门进行登记。

《仲裁法》第十一条规定了仲裁委员会应当具备的条件，包括：有自己的名称、住所和章程；有必要的财产；有该委员会的组成人员；有聘任的仲裁员。

2. 中国仲裁协会

《仲裁法》第十五条规定，中国仲裁协会是社会团体法人。仲裁委员会是中国仲裁协会会员。中国仲裁协会的章程由全国会员大会制定。中国仲裁协会是仲裁委员会的自律性组织，根据章程对仲裁委员会及其组成人员、仲裁员的违纪行为进行监督。中国仲裁协会依照仲裁法和民事诉讼法的有关规定制定规则。

8.3.3 仲裁协议

1. 仲裁协议的概念

仲裁协议是指当事人自愿达成的双方同意采用仲裁方式解决纠纷的协议。其具体形式包括合同中订立的仲裁条款和以其他书面方式在纠纷发生前或者纠纷发生后达成的同意仲裁的协议。

当事人双方自愿达成的仲裁协议是仲裁制度的基石，如果没有仲裁协议，那么就不存在仲裁。实际上，仲裁制度的许多特点和优点都是通过仲裁协议得以实现的。实行协议仲裁制度，就意味着承认民事主体有权自由选择解决纠纷的方式。

2. 仲裁协议的要件

由于我国的仲裁基本上均由仲裁机构进行管理，因此对仲裁协议要件的规定比较严苛。主要包括以下方面的内容：

(1) 仲裁协议的形式要件

《仲裁法》第十六条规定：仲裁协议应具备书面形式。仲裁协议应当写明提交仲裁事项和选定的仲裁委员会的名称，同时还应包括请求仲裁的意思表示。仲裁协议对仲裁事项或仲裁委员会没有约定或约定不明确的，当事人可以补充协议；达不成补充协议的，仲裁协议无效。

(2) 仲裁协议的实质要件

根据仲裁法规定，仲裁协议应具备下列要件：①当事人必须有缔约能力。无民事行为能力人或者限制民事行为能力人订立的仲裁协议无效。②意思表示真实。一方采取胁迫手段，迫使对方订立仲裁协议的无效。③当事人约定的仲裁事项不得超出法律规定的仲裁范围，即仲裁事项应当以平等主体的当事人产生的财产纠纷为限，超出法律规定的仲裁范围的仲裁协议无效。

仲裁协议一经双方当事人签字盖章即合法成立。对于当事人来说，仲裁协议为当事人设定了一定义务，即把争议提交仲裁并不能任意更改、中止或撤销仲裁协议；合法有效的仲裁协议对当事人诉权的行使产生一定的限制，在当事人双方发生协议约定的争议时，任何一方只能将争议提交仲裁，而不应向法院起诉。仲裁协议独立存在，合同的解除、终止或者无效不影响仲裁协议的效力。当事人对仲裁协议的效力有异议的，可以请求仲裁委员会作出决定或者请求人民法院作出裁定。一方请求仲裁委员会作出决定，另一方请求人民法院作出裁定的，由人民法院裁定。当事人对仲裁协议的效力有异议，应当在仲裁庭首次开庭前提出。

8.3.4 仲裁程序

1. 仲裁的申请和受理

（1）仲裁的申请

根据仲裁法的规定，当事人申请仲裁应当符合下列条件：①当事人达成仲裁协议；②有具体的仲裁请求和事实、理由；③属于仲裁委员会的受理范围。

当事人申请仲裁，应当向仲裁委员会提交仲裁协议、仲裁申请书及副本。仲裁申请书应当载明下列事项：①当事人的姓名、性别、职业、工作单位和住所，法人或者其他组织的名称、住所和法定代表人或者主要负责人的姓名、职务；②仲裁请求和所根据的事实、理由；③证据和证据来源、证人姓名和住所。

（2）仲裁的受理

仲裁委员会收到仲裁申请书之日起5日内，认为符合受理条件的，应当受理，并通知当事人；认为不符合受理条件的，应当书面通知当事人不予受理，并说明理由。仲裁委员会受理仲裁申请后，应当在仲裁规则规定的期限内将仲裁规则和仲裁员名册送达申请人，并将仲裁申请书副本和仲裁规则、仲裁员名册送达被申请人。被申请人收到仲裁申请书副本后，应当在仲裁规则规定的期限内向仲裁委员会提交答辩书。仲裁委员会收到答辩书后，应当在仲裁规则规定的期限内将答辩书副本送达申请人。被申请人未提交答辩书的，不影响仲裁程序的进行。

当事人达成仲裁协议，一方向人民法院起诉未声明有仲裁协议，人民法院受理后，另一方在首次开庭前提交仲裁协议的，人民法院应当驳回起诉，但仲裁协议无效的除外；另一方在首次开庭前未对人民法院受理该案提出异议的，视为放弃仲裁协议，人民法院应当继续审理。

申请人可以放弃或者变更仲裁请求。被申请人可以承认或者反驳仲裁请求，有权提出反请求。当事人可以申请财产保全、可以委托代理人进行仲裁活动。

2. 仲裁庭的组成

（1）仲裁庭组成程序

仲裁庭可以由三名仲裁员或一名仲裁员组成。由三名仲裁员组成的,设首席仲裁员。当事人约定由一名仲裁员成立仲裁庭的,应当由当事人共同指定或者共同委托仲裁委员会主任指定仲裁员。当事人约定由三名仲裁员组成仲裁庭的,应当各自选定或者各自委托仲裁委员会主任指定一名仲裁员,第三名仲裁员由当事人共同选定或者共同委托仲裁委员会主任指定且第三名仲裁员是首席仲裁员。当事人未在仲裁规则规定的期限内约定仲裁庭的组成方式或者仲裁员的,由仲裁委员会主任指定。仲裁庭组成后,仲裁委员会应当将仲裁庭的组成情况书面通知当事人。

(2) 申请仲裁员回避

仲裁员有下列情形之一的,必须回避,当事人也有权提出回避申请:①是本案当事人或当事人、代理人的近亲属;②与本案有利害关系;③与本案当事人、代理人有其他关系,可能影响公正仲裁的;④私自会见当事人、代理人、或者接受当事人、代理人的请客送礼的。

当事人提出回避申请,应当说明理由,在首次开庭前提出。回避事由在首次开庭后知道的,可以在最后一次开庭终结前提出。仲裁员是否回避,由仲裁委员会主任决定;仲裁委员会主任担任仲裁员时,由仲裁委员会集体决定。仲裁员因回避或者其他原因不能履行职责的,应当依照仲裁法规定重新选定或者指定仲裁员。因回避而重新选定或者指定仲裁员后,当事人可以请求已进行的仲裁程序重新进行,是否准许,由仲裁庭决定;仲裁庭也可自行决定已进行的仲裁程序是否重新进行。

3. 仲裁的开庭和裁决

(1) 仲裁方式

仲裁应当开庭进行。当事人协议不开庭的,仲裁庭可以根据仲裁申请书、答辩书以及其他材料作出裁决。仲裁的审理原则上不公开进行,但是当事人协议公开的,可以公开进行,但涉及国家秘密的除外。

(2) 开庭审理

仲裁委员会应当在仲裁规则规定的期限内将开庭日期通知双方当事人。当事人有正当理由,可以在仲裁规则规定的期限内请求延期开庭,且由仲裁庭决定是否延期开庭,且申请人经书面通知,无正当理由不到庭或者未经仲裁庭许可中途退庭的,可视为撤回仲裁申请。被申请人经书面通知,无正当理由不到庭或者未经仲裁庭许可中途退庭的,可以缺席裁决。

(3) 当事人举证责任

当事人应当对自己的主张提供证据。仲裁庭认为有必要收集的证据,可以自行收集。证据应当在开庭时出示,当事人应当质证。当事人可以申请证据保全,在仲裁过程中有权进行辩论,也可自行和解。

(4) 调解和裁决

仲裁庭在作出裁决前可以进行调解。当事人自愿调解的,仲裁庭应当调解。调解书和裁决书具有同等法律效力。调解书应当写明仲裁请求和当事人协议的结果。调解书由仲裁员签名,加盖仲裁委员会印章,送达双方当事人。调解书经双方当事人签收后,即发生法律效力。在调解书签收前反悔的,仲裁庭应当及时作出裁决。

仲裁裁决应当按照多数仲裁员的意见作出,少数仲裁员的不同意见可以记入笔录。仲裁庭不能形成多数意见时，裁决应当按照首席仲裁员的意见作出。裁决书应当写明仲裁请求、争议事实、裁决结果、仲裁费用的负担和裁决日期。当事人协议不愿写明争议事实和裁决理由的可以不写。裁决由仲裁员签名，加盖仲裁委员会印章。对裁决持不同意见的仲裁员，可以签名，也可不签名。裁决书自作出之日起发生法律效力

8.3.5 人民法院对仲裁的支持和监督

根据我国仲裁法的规定，人民法院对仲裁不进行干涉，但是可以积极地予以支持和进行必要的监督。

1. 人民法院对仲裁的支持

（1）财产保全

在我国，仲裁财产保全的管辖权属于人民法院，仲裁机构无权行使。

（2）证据保全

仲裁过程中，证据保全的管辖权也属于人民法院。当事人申请证据保全的，仲裁委员会应当将当事人的申请提交证据所在地的基层人民法院。在涉外仲裁中，当事人申请证据保全的，涉外仲裁委员会应当将当事人的申请提交证据所在地的中级人民法院。

（3）对仲裁裁决的执行

仲裁裁决只能由人民法院依法予以强制执行，仲裁委员会没有采取强制措施的权力。

2. 人民法院对仲裁的监督

人民法院对仲裁的监督，主要体现在对违法裁决的不予执行和撤销两个方面。

（1）不予执行仲裁裁决

被申请人提出证据证明仲裁裁决有民事诉讼法第二百一十七条第二款规定的情形之一的，经人民法院组成合议庭审查核实，裁定不予执行：①当事人在合同中没有订立仲裁条款或者没有达成书面仲裁协议的；②裁决事项不属于仲裁协议范围或者仲裁机构无权仲裁的；③仲裁庭的组成或者仲裁程序违反法定程序的；④认定事实的主要证据不足的；⑤适用法律确有错误的；⑥仲裁员在仲裁该案时有贪污受贿、徇私舞弊、枉法裁决行为的和人民法院认定执行该裁决违背社会公共利益的，裁决不予执行。

被申请人提出证据证明涉外仲裁裁决属于《民事诉讼法》第二百六十条第一款规定的情形之一的，经人民法院组成合议庭审查属实，裁定不予执行：①当事人在合同中没有订立仲裁条款或者事后没有达成书面仲裁协议的；②被申请人没有得到指定仲裁员或者进行仲裁程序的通知，或者由于其他不属于被申请人负责的原因未能陈述意见的；③仲裁庭的组成或者仲裁的程序与仲裁规则不符的；④裁决的事项不属于仲裁协议的范围或仲裁机构无权仲裁的。人民法院认定执行该裁决违背社会公共利益的，裁定不予执行。

（2）撤销仲裁裁决

根据仲裁法的规定，当事人提出证据证明裁决有下列情形之一的，可以向仲裁委员会所在地的中级人民法院申请撤销仲裁裁决：①没有仲裁协议的；②裁决的事项不属于仲裁协议的范围或者仲裁委员会无权仲裁的；③仲裁庭的组成或者仲裁程序违反法定程序的；④裁决所根据的证据是伪造的；⑤对方当事人隐瞒了足以影响公正裁决的证据的；⑥仲裁员在仲裁该案时有索贿受贿、徇私舞弊、枉法裁判行为的，人民法院认定该裁决违背社会公共利益的，应当裁定撤销。

当事人可以在收到仲裁裁决书之日起6个月内向人民法院提出撤销裁决的申请，人民法院受理后，应当组成合议庭进行审查核实，并在受理撤销裁决申请之日起两个月内作出撤销裁决或者驳回申请的裁定。

人民法院受理撤销裁决的申请后，认为可以由仲裁庭重新仲裁的，应通知仲裁庭在一定期限内重新仲裁，并裁定中止撤销程序；仲裁庭拒绝重新仲裁的，人民法院应当裁定恢复撤销程序。一方当事人申请执行裁定，另一方当事人申请撤销裁定的，人民法院应当中止执行。人民法院裁定撤销裁决的，应当裁定终结对仲裁裁决的执行。撤销裁定的申请被人民法院驳回的，人民法院应当恢复仲裁裁决的执行。

思考题

1. 《行政诉讼法》的基本原则。
2. 行政诉讼的受案范围。
3. 《民事诉讼法》的基本原则。
4. 民事诉讼的管辖原则。
5. 民事诉讼第一审程序。
6. 《仲裁法》的基本原则。
7. 仲裁协议的概念和要件。
8. 仲裁的一般程序。

第 9 章 建 筑 法

9.1 建筑法概述

9.1.1 建筑法概述

改革开放以来,我国城市与农村的开发建设发展迅猛,尤其是商业公共建筑与住宅项目规模的不断扩大,已经影响到了国民经济和社会发展中的各个方面,结合国内法律体系的发展状况,为了进一步规范建筑活动,防范质量管理与安全生产风险,保护社会公共利益,建筑法应运而生,其中也经历了一个从无到有,逐步健全和完善的过程。

早在1951年3月,国家政务院财经委员会颁布了《基本建设工作程序暂行办法》,这是我国第一部较为全面的建设法规。1952年建设部成立后,颁布了一些配套的行政规章制度。1962年,颁布了《建筑安装企业工业条例(草案)》和其他相关行政规章制度。1972年国务院转发了国家计委、国家建设委员会、财政部《关于加强基本建设管理的几项意见》。1979年,国家设立建工总局,1982年城乡建设环境保护部成立。1984年建设部颁布《发展建筑业纲要》,提出要对建设领域进行系统改革。同年,成立《建筑法》起草小组,随后完成初稿并进行了多次修改。1994年,建设部成立《建筑法》起草领导小组,继续进行调查研究并修改《建筑法(草案)》。1996年8月16日,国务院向全国人大常委会提交了《中华人民共和国建筑法(草案)》。1997年11月1日,第八届全国人民代表大会常务委员会第二十八次会议审议通过了《中华人民共和国建筑法》(以下简称《建筑法》),自1998年3月1日起施行。这是我国第一部规范建筑活动的法律规范。❶

2000年11月,为了适应即将加入的世界贸易组织的规则,建设部成立了专门的工作组,根据世界贸易组织的一般规则,对建设领域的法律、行政法规、部门规章及规范性文件进行了集中清查,对与世界贸易组织有关的行政法规、部门规章及规范性文件进行了修订。

2011年4月22日,第十一届全国人民代表大会常务委员会第二十次会议审议通过《全国人民代表大会常务委员会关于修改〈中华人民共和国建筑法〉的决定》,对于《建筑法》局部即第四十八条进行了修改,自2011年7月1日起施行。

9.1.2 《建筑法》的立法目的

我国《建筑法》在第一条明确规定了建筑法的立法目的和宗旨,即"为了加强对建筑活动的监督管理,维护建筑市场秩序,保证建筑工程的质量和安全,促进建筑业健康发

---

❶ 姚慧娟《建筑法》,法笔出版社,2003年4月第1版

展，制定本法。"建筑业是国民经济的支柱产业之一，由于受传统计划经济的影响，又缺乏相应的法律规范，当时也出现了一些亟待解决的问题，主要是建筑市场中由于尚未完全建立统一明确的法律体系，造成一定的混乱。如参与建筑活动的主体的行为不规范，发包方不按规定程序办事、不报建、不招标或者在招标中压级压价甚至肢解工程发包，承包方层层转包、非法"挂靠"、无证照或者超越资质证书许可范围承包工程等，扰乱了建筑市场秩序，诱发了一些收受贿赂的不法行为，导致了工程质量事故和建筑安全事故不断发生，每年施工死亡人数在全国仅次于矿山。其次建设工程长期以来也一直存在渗、漏、堵、空、裂等工程质量问题。上述问题严重侵害了用户的合法权益，在社会上也造成了不良影响。第八届全国人民代表大会第四次会议批准的《关于国民经济和社会发展"九五"计划和2010年远景目标纲要》明确提出，要制定和完善支柱产业等方面的法律。这对建筑立法提出了新的更高的要求。因此，为了解决建筑活动中出现的严重问题，加强对建筑活动的监督管理，维护建筑市场秩序，保证建设工程的质量和安全，保护建筑活动当事人的合法权益，促进我国建筑业健康、有序地发展，迫切需要为建筑行业建立一部统一的建筑法典。❶

9.1.3 《建筑法》的适用范围

《建筑法》第二条规定，"在中华人民共和国境内从事建筑活动，实施对建筑活动的监督管理，应当遵守本法。本法所称建筑活动，是指各类房屋建筑及其附属设施的建造和与其配套的线路、管道、设备的安装活动。"

根据上述规定，《建筑法》适用于我国境内房屋建筑活动。我国境内建筑活动，包括工程发包与承发包、行政许可、勘察设计施工、监理、验收活动和工程的质量安全的监督管理。起草法律之初，经过反复研究、论证，草案确定本法的调整范围从工程立项之后开始，对建筑活动的市场准入、工程发包承包、设计、施工、竣工验收直至交付使用等各个环节所发生的各种法律关系加以规范，旨在规范建筑市场，突出建筑的安全、质量这个重点，既有利于解决目前建筑活动中存在的突出问题，又可妥善处理与相邻法律的关系。因此，规定"在中华人民共和国境内从事建筑活动，实施对建筑活动的监督管理，应当遵守本法。"

《建筑法》应适用于的房屋建筑及其附属和配套设施的建筑安装，不包括以下建筑活动：

① 基础设施的建设活动，包括铁路、公路、桥梁、港口、机场、水库、大坝、电信等基础设施的建设活动。

② 临时性房屋建筑和农民自建低层住宅，包括抢险救灾及其他临时性房屋建筑和农民自建低层住宅的建筑活动。

以下两种建筑活动，也具有一定的特殊性，不完全适用《建筑法》，应当分别参照《建筑法》执行或者根据《建筑法》的原则制定具体管理办法。

① 小型房屋建筑工程。省、自治区、直辖市人民政府确定的小型房屋建筑工程的建

---

❶ 侯捷《关于中华人民共和国建筑法草案的说明》，http：//www.npc.gov.cn/wxzl/gongbao/2000-12/07/content_5003822.htm

筑活动，参照本法执行。

② 军用房屋建筑工程。军用房屋建筑工程建筑活动的具体管理办法，由国务院、中央军事委员会依据本法制定。

这主要是在立法时考虑到上述几类建设活动，从技术上和管理上具有非常强的特殊性，并且分属于其他主管部门的管理监督，因此，做出例外或特殊规定。

9.1.4 建筑法的原则

我国《建筑法》在第三条、第四条、第五条列举了《建筑法》立法和适用过程中必须坚持的几个基本原则。

（1）注重建筑工程质量和安全原则

《建筑法》第三条，"建筑活动应当确保建筑工程质量和安全，符合国家的建筑工程安全标准。"工程安全质量关系人民生命财产安全，保证建筑工程的质量和安全也是对建筑工程的基本要求。建筑工程只有质量和安全符合法律规定的标准，才能满足其功能用途，实现其建筑目的。但是，多年以来在工程建设特别是重大工程建设领域，质量安全问题一直是最需要关注的问题之一。一些项目前期工作准备不足、深度不够，盲目抢时间、赶进度，安全质量管理不严，责任制未真正落实，造成工程质量下降，安全隐患增加，从"楼脆脆"到"楼歪歪"，建筑质量安全事故时有发生，建设工程安全质量形势面临严峻挑战和考验。因此，我国《建筑法》必须坚持注重建筑工程质量和安全原则，加强对建筑活动，从建筑市场准入到规划、可行性研究、设计、招投标、工程建设全过程的安全质量管理进行法律规制并严格实施，落实安全质量责任。

（2）扶持建筑业发展和提倡节能环保与新技术原则

《建筑法》第四条规定，"国家扶持建筑业的发展，支持建筑科学技术研究，提高房屋建筑设计水平，鼓励节约能源和保护环境，提倡采用先进技术、先进设备、先进工艺、新型建筑材料和现代管理方式。"建筑业是国民经济的支柱产业之一。2009年我国建筑业占GDP的比重为6.58%，居制造业、农业、采矿业、批发零售业之后，位列第5，建筑业从业人员3670多万人。❶ 同时，建筑业还带动了建材、冶金、有色金属、化工、轻工、电子、森工、运输等50多个相关产业的发展，是名副其实的支柱产业，国家应当予以扶持。因此，《建筑法》坚持国家扶持建筑业发展的原则，支持建筑科学技术研究和推广应用，提高房屋建筑设计水平，鼓励节能和环保，提倡采用先进技术、设备、工艺、新型建筑材料和现代管理方式。

（3）依法建设原则

《建筑法》第五条规定，"从事建筑活动应当遵守法律、法规，不得损害社会公共利益和他人的合法权益。任何单位和个人都不得妨碍和阻挠依法进行的建筑活动。"该条规定了建筑活动必须依法进行的原则。首先国家对于建筑活动的各个领域颁布了一系列的法律法规，包括规划、拆迁、投资、勘察设计、建筑施工、质量安全等全过程。这些过程既不能违法进行，也不得损害社会公共利益和其他人的合法权益。其次，任何单位对于依法进行的建筑活动，不能予以妨碍和阻挠。

---

❶ 国家统计局编《中国统计年鉴2010》，http://www.stats.gov.cn/tjsj/ndsj/2010/indexch.htm

9.1.5 建设行政主管部门

《建筑法》第六条规定，"国务院建设行政主管部门对全国的建筑活动实施统一监督管理。"国务院建设行政主管部门在建国以后随着国家发展和机构调整，几经变化，根据第十一届全国人民代表大会第一次会议批准的国务院机构改革方案和《国务院关于机构设置的通知》（国发［2008］11号），2008年设立住房和城乡建设部（简称"住建部"），作为国务院建设行政主管部门，负责管理监督全国的房屋建筑及相关建筑安装活动。其在管理监督建筑活动方面的主要职能是：

第一，规范住房和城乡建设管理秩序。起草住房和城乡建设的法律法规草案，制定部门规章。依法组织编制和实施城乡规划，拟订城乡规划的政策和规章制度，会同有关部门组织编制全国城镇体系规划，负责国务院交办的城市总体规划、省域城镇体系规划的审查报批和监督实施，参与土地利用总体规划纲要的审查，拟订住房和城乡建设的科技发展规划和经济政策。

第二，建立科学规范的工程建设标准体系。组织制定工程建设实施阶段的国家标准，制定和发布工程建设全国统一定额和行业标准，拟订建设项目可行性研究评价方法、经济参数、建设标准和工程造价的管理制度，拟订公共服务设施（不含通信设施）建设标准并监督执行，指导监督各类工程建设标准定额的实施和工程造价计价，组织发布工程造价信息。

第三，监督管理建筑市场，规范市场各方主体行为。指导全国建筑活动，组织实施房屋和市政工程项目招标投标活动的监督执法，拟订勘察设计、施工、建设监理的法规和规章并监督和指导实施，拟订工程建设、建筑业、勘察设计的行业发展战略、中长期规划、改革方案、产业政策、规章制度并监督执行，拟订规范建筑市场各方主体行为的规章制度并监督执行，组织协调建筑企业参与国际工程承包、建筑劳务合作。

第四，承担建筑工程质量安全监管的责任。拟订建筑工程质量、建筑安全生产和竣工验收备案的政策、规章制度并监督执行，组织或参与工程重大质量、安全事故的调查处理，拟订建筑业、工程勘察设计咨询业的技术政策并指导实施。

第五，承担推进建筑节能、城镇减排的责任。会同有关部门拟订建筑节能的政策、规划并监督实施，组织实施重大建筑节能项目，推进城镇减排。

第六，规范指导全国村镇建设。拟订村庄和小城镇建设政策并指导实施，指导村镇规划编制、农村住房建设和安全及危房改造，指导小城镇和村庄人居生态环境的改善工作，指导全国重点镇的建设。

第七，工程建设国家标准由国务院标准化行政主管部门统一编号并会同住房和城乡建设部联合发布。

第八，指导城市地铁、轨道交通的规划和建设。

但是，对于公路、铁路、桥梁、电力站、港口、机场等基础设施建设由其他相关部门具体负责管理和监督。

9.1.6 《建筑法》的基本内容

《建筑法》包括八章八十五条，以规范建筑市场行为为起点，以建筑工程质量和安全为主线,主要规定了总则、建筑许可、发包与承包、建筑工程监理、建筑安全生产管理、建筑工程质量管理和违反《建筑法》应承担的法律责任等内容。

9.1.7 建筑法律体系

我国现行的工程建设法律体系是以《建筑法》为龙头,由相关法律、行政法规、国务院各部委规章和地方性法规、地方政府规章组成。《建筑法》是规范建筑产业的最为重要的纲领性法律,其他相关法律法规还包括涉及城乡规划、勘察设计、监理、招标投标、建设施工、工程质量和安全、建筑节能环境保护、建筑相关专业人员管理、建筑税费管理的专业法律,同时还包括《民法通则》、《合同法》、《公司法》、《土地法》、《房地产管理法》、《劳动合同法》、《保险法》等。

(1)《城乡规划法》

《城乡规划法》主要是规范和管理城镇体系规划、城市规划、镇规划、乡规划和村庄规划的法律。城市规划、镇规划分为总体规划和详细规划。详细规划分为控制性详细规划和修建性详细规划。制定和实施城乡规划,在规划区内,即在城市、镇和村庄的建成区以及因城乡建设和发展需要必须实行规划控制的区域进行建设活动,必须遵守该法。

(2) 勘察设计相关的法律法规

从事建设工程勘察、设计活动,应当坚持先勘察、后设计、再施工的原则。因此在进行建设工程设计之前必须进行建设工程勘察,也就是根据建设工程的要求,查明、分析、评价建设场地的地质地理环境特征和岩土工程条件,编制建设工程勘察文件。勘察之后就可以进行建设工程设计,即根据建设工程的要求,对建设工程所需的技术、经济、资源、环境等条件进行综合分析、论证,编制建设工程设计文件。在勘察设计方面,目前尚没有制定法典,最重要的规范性文件是国务院颁布的《建设工程勘察设计管理条例》。从事建设工程勘察、设计活动必须遵守该条例。

(3) 工程监理方面的法律法规

建设工程监理是指具有相关资质的监理单位受建设单位的委托,依据国家批准的工程项目建设文件、有关工程建设的法律、法规和工程建设监理合同及其他工程建设合同,代替建设单位对承建单位的工程建设实施监控的一种专业化服务活动。关于建筑工程的监理目前也没有法律和法规,现有的规范性文件主要是主管部门的行政规章,最为重要的是1995年12月15日,建设部、国家计委印发的《工程建设监理规定》。在我国境内从事工程建设监理活动,必须遵守此规定。2000年12月7日,建设部会同国家质量技术监督局、中国建设监理协会颁布了《建设工程监理规范》GB 50319—2000,作为监理行业的国家标准。

(4) 招投标法

建设工程招标是指招标人在发包建设项目之前,通过公开招标信息或者邀请,邀请所有或者特定的投标人根据招标人的意图和要求提出报价,并通过开标评标,从中择优选定中标人的一种经济活动。建设工程投标是指具有合法资格和能力的投标人根据招标条件,经过研究和估算,按照招标要求递交标书,等候招标人通过开标评标,最终决定能否中标的经济活动。招标投标是建筑工程领域选定承包商、分包商、供应商等的主要方式之一,但是并非所有工程都强制要求采用招标投标方式。建筑工程实施招标投标方式的,应当遵守《招标投标法》。

(5) 建设施工相关法律

在这方面，尚没有法律和行政法规的规定，比较重要的行政规章是建设部颁布的《建筑业企业资质管理规定》和《建设工程施工现场管理规定》，前者确立了建筑行业的市场准入标准，后者对建筑工程施工现场必须遵守的事项进行了规定。

(6) 工程质量和安全相关的法律

工程质量和安全是建设工程管理的核心。对于工程质量的规定最重要的是国务院2000年1月30日颁布的《建设工程质量管理条例》。该条例对于建设单位、勘察设计单位、施工单位、工程监理单位的质量责任和义务，以及建设工程质量的保修进行了明确的规定。凡在我国境内从事建设工程的新建、扩建、改建等有关活动及实施建设工程质量监督管理，必须遵守该条例。

关于建筑安全管理，《建筑法》和《安全生产法》进行了一般规定，2003年11月24日国务院就建设工程安全生产监督管理专门颁布了《建设工程安全生产管理条例》。条例对于建设单位的安全责任、勘察设计监理及有关单位的安全责任、施工单位的安全责任、建设工程安全生产监督管理、生产安全事故的应急救援和调查处理、建设工程安全生产的法律责任进行了明确规定。从事建设工程的新建、扩建、改建和拆除等有关活动及实施对建设工程安全生产的监督管理，必须遵守该条例的规定。

(7) 建筑节能环境保护

我国《宪法》第二十六条规定，"国家保护和改善生活环境和生态环境，防治污染和其他公害。国家组织和鼓励植树造林，保护林木。"节能减排、保护环境、坚持可持续发展是我国的基本国策，节能环保也是工程质量管理工作的一个重点，因此应当强化建筑节能设计标准的落实，加强节能环保材料的使用和管理，积极推广绿色施工，降低施工过程中的能源消耗，保护环境。2008年8月1日国务院颁布了《民用建筑节能条例》，自2008年10月1日起施行。该条例对于新建建筑节能、既有建筑节能、建筑用能系统运行节能及其法律责任进行了规定，主要目的是加强民用建筑节能管理，降低民用建筑使用过程中的能源消耗，提高能源利用效率。对于建筑活动环境保护，首先要遵守《环境保护法》，其次，1998年11月29日国务院又颁布了《建设项目环境保护管理条例》，对环境影响评价、环境保护设施建设及其法律责任进行了规定。在我国领域和我国管辖的其他海域内建设对环境有影响的建设项目，应当适用该条例。

(8) 与建筑专业人员管理相关的法律

对建筑相关的专业人员进行严格管理，也是保障建筑活动质量的重要措施。建筑专业人员包括建筑工程师、结构工程师、设备工程师、建造师、造价工程师、咨询工程师、安全工程师等，住建部和其他相关部门多数都设立了相应的管理规章和准入考试。

(9) 建筑税费管理的法律

建筑工程的税费主要包括开发商缴纳的税收、勘察设计企业缴纳的税收、施工企业缴纳的税收。开发商缴纳的税收包括城建税、教育费附加、企业所得税、土地增值税、土地使用税、房产税、印花税、契税、车船使用税等。勘察设计企业缴纳的税收包括营业税、企业所得税等。施工企业缴纳的税收包括营业税、企业所得税、城市建设税、教育费附加、地方教育费、印花税等。纳税义务人应当按照《税收征收管理法》的规定及时办理税务登记，如实进行纳税申报和按时缴纳税款，并应当根据税种的不同遵守相应法律的规定，如《企业所得税法》、《营业税暂行条例》、《印花税暂行条例》等。

（10）其他相关的法律

因为实施建筑活动与土地和房产开发相关并需要签署各种合同，同时工程项目还要进行工程保险、设备保险，建筑企业也要雇佣管理人员和劳务人员，签署劳动合同等，所以，与建筑活动相关的其他法律还包括《民法通则》、《合同法》、《土地法》、《房地产管理法》、《保险法》《劳动合同法》、《公司法》等。

9.2 建筑许可

9.2.1 建筑许可制度概述

行政许可是指行政机关根据公民、法人或者其他组织的申请，经依法审查，准予其从事特定活动的行为，包括准予其从事特定的活动、认可其资格资质或者确立其特定主体资格、特定身份的行为。建筑许可是《行政许可法》规定的行政许可之一。开展建筑活动，需要占用土地甚至耕地，应符合城乡建设规划，有的还需要进行原有建筑物的拆迁，需要投入大量的资金，同时，建筑工程的质量和安全还涉及公共利益和建筑市场秩序。我们常说建筑工程是百年大计，如果没有科学有效的行政许可制度加以控制，可能会带来乱占地、乱投资、乱开工、建筑工程质量和安全没有保障等许多难以控制的后果，对此我们有过深刻的教训，目前中国又处于经济建设迅速发展、城乡建设急需规范的阶段，因此，必须实施建筑许可制度。

《行政许可法》第十二条规定，对于一些重要事项可以设定行政许可，以维护公共利益和社会秩序。其中包括有限自然资源开发利用、公共资源配置以及直接关系公共利益的特定行业的市场准入；提供公众服务并且直接关系公共利益的职业、行业，需要确定具备特殊信誉、特殊条件或者特殊技能等资格、资质的事项。

同时，《行政许可法》也规定，对于可以设定行政许可的事项，如果通过公民、法人或者其他组织能够自主决定，市场竞争机制能够有效调节的，行业组织或者中介机构能够自律管理的，行政机关采用事后监督等其他行政管理方式能够解决和规范的，也可以不设行政许可。因为行政许可是一个双刃剑，既可以利用它实施有效的管理，如果管理过多，也会带来公共费用增加、效率降低等许多负面影响，因此，应当把行政许可控制在必要和合理的程度。

我国1997年11月1日颁布了《建筑法》，专门规定了建筑许可制度，包括建筑施工许可和建筑从业许可。根据第二章的规定，建筑工程开工前建设单位应办理建筑工程施工许可证，建筑施工企业、勘察单位、设计单位和工程监理单位必须具备从业资格，从事建筑活动的专业技术人员必须具备执业资格，同时还明确规定了建设工程施工许可的条件以及从事建筑活动的单位的资质审查制度和有关人员的资格审查制度等。

实行建筑许可制度，旨在有效地保障建设工程的质量和安全。这也是世界上多数国家的通行做法。实行施工许可，规定建设工程项目具备施工条件并经过许可后才能开工，既可以监督建设单位的建设项目按期竣工，防止土地闲置，影响公共利益，又能保证建设项目开工后能够顺利进行，避免盲目上马，给参与建设的各方造成不必要的经济损失，建设行政主管部门也能够对在建项目实施及时有效的监督管理。实行从业者许可，要求从事建筑活动的单位和人员具备必需的基本条件和素质，有利于确保建设工程的质量。

9.2.2 建筑工程施工许可

建筑工程开始施工前，建设单位应当在取得行政许可即施工许可证或者开工报告经批准后，才能开工。《建筑法》第七条规定，"建筑工程开工前，建设单位应当按照国家有关规定向工程所在地县级以上人民政府建设行政主管部门申请领取施工许可证；但是，国务院建设行政主管部门确定的限额以下的小型工程除外。按照国务院规定的权限和程序批准开工报告的建筑工程，不再领取施工许可证。"1999年10月15日建设部颁布了《建筑工程施工许可管理办法》。对此做了更为细致的规定。

1. 申请办理施工许可证的条件

施工许可证应当由建设单位负责办理，并应当具备法律规定的条件。根据《建筑法》和建设部《建筑工程施工许可管理办法》的规定，申请施工许可证应当具备下列条件：

① 已经办理该建筑工程用地批准手续。

② 在城市规划区的建筑工程，已经取得建设工程规划许可证。

③ 施工场地已经基本具备施工条件，需要拆迁的，其拆迁进度符合施工要求。

④ 已经确定施工企业。按照规定应该招标的工程没有招标，应该公开招标的工程没有公开招标，或者肢解发包工程以及将工程发包给不具备相应资质条件的单位。这样所确定的施工企业无效。

⑤ 有满足施工需要的施工图纸及技术资料，施工图设计文件已按规定进行了审查。

⑥ 有保证工程质量和安全的具体措施。施工企业编制的施工组织设计中有根据建筑工程特点制定的相应质量、安全技术措施；专业性较强的工程项目编制了专项质量、安全施工组织设计，并按照规定办理了工程质量手续和安全监督手续。

⑦ 按照规定应该委托监理的工程已委托监理。

⑧ 建设资金已经落实。建设工期不足一年的，到位资金原则上不得少于工程合同价的50%；建设工期超过一年的，到位资金原则上不得少于工程合同价的30%。建设单位应当提供银行出具的到位资金证明，有条件的可以实行银行付款保函或者其他第三方担保。

⑨ 法律、行政法规规定的其他条件。

2. 申请办理施工许可证的程序

建设部《建筑工程施工许可管理办法》第五条规定了申请办理施工许可证的程序：

第一，建设单位向发证机关领取《建筑工程施工许可证申请表》。

第二，建设单位持加盖单位及法定代表人印鉴的《建筑工程施工许可证申请表》，并附规定的证明文件，向发证机关提出申请。

第三，发证机关在收到建设单位报送的《建筑工程施工许可证申请表》和所附证明文件后，对于符合条件的，应当自收到申请之日起15日内颁发施工许可证；对于证明文件不齐全或者失效的，应当限期要求建设单位补正，审批时间可以自证明文件补正齐全后作相应顺延；对于不符合条件的，应当自收到申请之日起15日内书面通知建设单位，并说明理由。

在施工过程中，建筑工程的建设单位或者施工单位发生变更的，应当重新申请领取施工许可证。

3. 施工许可证的使用

根据《建筑法》的规定，建设单位应当自领取施工许可证之日起3个月内开工。因故不能按期开工的，应当向发证机关申请延期；延期以两次为限，每次不超过3个月。既不开工又不申请延期或者超过延期时限的，施工许可证自行废止。

在建的建筑工程因故中止施工的，建设单位应当自中止施工之日起一个月内，向发证机关报告，并按照规定做好建筑工程的维护管理工作。建筑工程恢复施工时，应当向发证机关报告；中止施工满一年的工程恢复施工前，建设单位应当报发证机关核验施工许可证。

按照国务院有关规定批准开工报告的建筑工程，因故不能按期开工或者中止施工的，应当及时向批准机关报告情况。因故不能按期开工超过6个月的，应当重新办理开工报告的批准手续。

4. 擅自施工的法律责任

对于没有取得施工许可证或者开工报告没有经过批准擅自施工的，主管的行政机关应当给予相应的行政处罚。

9.2.3 从业资格

《建筑法》规定的从业资格包括两种：一是建筑施工企业、勘察单位、设计单位和工程监理单位必须具备的从业资格；二是从事建筑活动的专业技术人员必须具备的执业资格。

（1）建筑施工企业、勘察单位、设计单位和工程监理单位的从业资格

建筑施工企业、勘察单位、设计单位和工程监理单位是建筑活动的主要参与者，他们对于建筑工程的质量起着决定性的作用。因此，国家对于建筑企业实施资质管理，即建筑业企业应当按照其拥有的注册资本、专业技术人员、技术装备和已完成的建筑工程业绩等条件申请资质，经审查合格，取得建筑业企业资质证书后，方可在资质许可的范围内从事建筑施工活动。

《建筑法》和建设部《建筑业企业资质管理规定》对于企业取得建筑资质的条件和资质等级管理做了明确规定。根据上述规定，从事建筑活动的建筑施工企业、勘察单位、设计单位和工程监理单位，应当具备下列条件：

① 有符合国家规定的注册资本；
② 有与其从事的建筑活动相适应的具有法定执业资格的专业技术人员；
③ 有从事相关建筑活动所应有的技术装备；
④ 法律、行政法规规定的其他条件。

我国还对于建筑工程企业的资质实施分类分级管理，建筑业企业取得资质证书后，方可在资质许可的范围内从事建筑施工活动。建筑工程企业的资质分为三个序列：建筑业企业资质分为施工总承包、专业承包和劳务分包。上述三个序列按照工程性质和技术特点分别划分为若干资质类别，各资质类别按照规定的条件划分为若干资质等级。以房屋建筑工

程企业来讲，总承包企业资质分为特级资质标准、一级资质标准、二级资质标准、三级资质标准；专业承包企业根据专业不同和条件不同，分别授予不同等级的专业承包资质；劳务承包企业根据劳务专业不同和条件不同，分别授予不同等级的劳务承包资质。

（2）从事建筑活动的专业技术人员的执业资格

我国对从事建筑活动的专业技术人员采取职业准入制度。《建筑法》第十四条规定，"从事建筑活动的专业技术人员，应当依法取得相应的执业资格证书，并在执业资格证书许可的范围内从事建筑活动。"建筑领域从业人员的执业资格主要包括以下几种：注册城市规划师、勘察设计注册工程师、注册建筑师、注册建造师、注册结构工程师、注册监理工程师、注册安全工程师、注册造价工程师等。建筑领域从业人员必须通过国家规定的执业资格考试，取得相应的执业资格证书，具有执业资格后才可以申请注册执业。

9.3 建筑工程发包与承包

9.3.1 建设工程承发包概述

建设工程的建设一般是建设单位进行可研并申请立项后，筹备项目资金，然后选择项目的勘察设计单位和施工单位即承包商。传统的工程承包单位只承接施工承包，勘察设计和重大设备供应单位由建设单位单独选择发包（图9-1）。但是，随着建筑产业的发展，也逐步产生了EPC合同（设计采购建造一体化合同），承包商不仅仅负责土建施工，也负责工程的设计和重大设备的采购。近年来，为了推动基础设施的建设，解决政府投资不足的问题，还出现了BOT（建设—运营—移交）、BT（建设—移交）等投资型承包商或投资兼承包工程的承包商。《建筑法》主要规定的是传统的建筑工程发包与承包模式。

图9-1 传统工程发包与承包框架图

在传统的建筑工程建设中，建设单位选择承包人主要有两种方式：招标方式和非招标方式。对于国家规定采用招标方式的，必须采用招标方式选择承包人。必须采用招标方式选择承包人的工程项目的范围，由《招标投标法》、国务院有关行政法规、发改委和其他相关部委以及各地方政府相关规定确定。

9.3.2 建设工程合同

选定承包人之后，建筑工程的发包单位与承包单位应当依法订立书面合同，明确双方的权利和义务。建筑工程造价应当按照国家有关规定，由发包单位与承包单位在合同中约定。招标发包的，其造价的约定须遵守招标投标法律的规定。签署合同时，其合同的内容应当与招投标文件相一致，而不能背离招投标文件另搞一套，那样招投标就变成了纯粹的形式和走过场。我国《招标投标法》第四十六条第一款规定，"招标人和中标人应当自中标通知书发出之日起三十日内，按照招标文件和中标人的投标文件订立书面合同。招标人和中标人不得再行订立背离合同实质性内容的其他协议。"上述"合同实质性内容"包括合同的价格、计价方式、质量、工期、安全等涉及工程主要方面的内容。在工程实践中出现的签署"黑白合同"的行为，即在招标备案合同（"白合同"）之外，再另外签署一份实际执行的合同（"黑合同"），这种行为是一种典型的违反招标投标法的行为，违法的当事人应当承担相应的法律责任。

依法订立的合同具有法律效力，对于合同当事人具有约束力。发包单位和承包单位应当全面履行合同约定的义务。发包单位应当按照合同的约定，及时拨付工程款项。不按照合同约定履行义务的，应当依法承担违约责任。

9.3.3 建设工程发包与招标

1. 建设工程招投标的法律原理

通过招投标方式选定承包人的过程，实际上也是建设工程合同订立的具体形式。应当适用《合同法》关于要约与承诺的相关规定。

根据我国《合同法》的规定，当事人订立合同，采取要约与承诺的方式。要约是希望和他人订立合同的意思表示，该意思表示内容应当具体确定，同时要表明经受要约人承诺，要约人即受该意思表示约束。但是有时候，当事人会先发送要约邀请。要约邀请是希望他人向自己发出要约的意思表示，商场寄送的价目表、拍卖公司发布的拍卖公告、上市企业发布的招股说明书、公司企业发布的商业广告等为要约邀请。在建筑工程领域，招标人发出的招标公告与招标邀请书属于要约邀请，而不是要约，一般投标人发出的投标书才是要约。要约到达受要约人时生效。一般情况下，在要约到达受要约人之前，要约人可以撤回或者撤销要约，除非要约人确定了承诺期限或者以其他形式明示要约不可撤销；或者受要约人有理由认为要约是不可撤销的，并已经为履行合同作了准备工作。如果受要约人拒绝要约的通知到达要约人，或承诺期限届满，受要约人未做出承诺，或者受要约人对要约的内容做出实质性变更，则要约失效。

如果受要约人做出承诺，则自承诺生效时合同成立。一般情况下，建设工程招投标中的《中标通知书》即属于承诺。承诺是受要约人同意要约的意思表示。承诺通知到达要约人时生效。承诺不需要通知的，根据交易习惯或者要约的要求做出承诺的行为时生效。承诺应当以通知的方式做出，但根据交易习惯或者要约表明可以通过行为做出承诺的除外。承诺应当在要约确定的期限内到达要约人。

在承诺通知到达要约人之前，承诺可以撤回，撤回承诺的通知应当与承诺通知同时到达要约人。承诺的内容应当与要约的内容一致。受要约人对要约的内容做出实质性变更的，为新要约。有关合同标的、数量、质量、价款或者报酬、履行期限、履行地点和方式、违约责任和解决争议方法等的变更，是对要约内容的实质性变更。承诺对要约的内容做出非实质性变更的，除要约人及时表示反对或者要约表明承诺不得对要约的内容做出任何变更的以外，该承诺有效，合同的内容以承诺的内容为准。

2.《建筑法》对于建设工程发包方的要求

（1）采用招标方式或者直接发包方式选定承包人

《建筑法》规定，对于建筑工程承包人的选择依法通过招标形式进行发包，选定承包人，对不适于招标发包的可以直接发包。

(2) 招标的形式与程序

对于采用招标投标方式选择建筑工程承包单位的，建筑工程发包与承包的招标投标活动，应当遵循公开、公正、平等竞争的原则，择优选择承包单位。建筑工程的招标投标，《建筑法》没有规定的，适用有关招标投标法律的规定。

招标方式有两种：公开招标和邀请招标。公开招标，是指建设单位或者建设单位委托的发包人，向社会公开发布招标公告，邀请不特定的承包人参加投标，然后根据评标规则和标准选择承包人的方式。邀请招标，是指建设单位或者建设单位委托的发包人从符合相应资格条件的供应商中邀请三家以上的承包人，并以投标邀请书的方式，邀请其参加工程投标，然后根据评标规则和标准选择承包人的方式。

通过招投标方式选择承包人，一般经过发布招标公告或者投标邀请书以及编制招标文件进行发标、编制投标文件并投标、开标、评标和定标并发送中标函、合同谈判与签约等七个阶段。

发包单位应当依照法定程序和方式，发布招标公告，提供载有招标工程的主要技术要求、主要的合同条款、评标的标准和方法以及开标、评标、定标的程序等内容的招标文件。开标应当在招标文件规定的时间、地点公开进行。开标后应当按照招标文件规定的评标标准和程序对标书进行评价、比较，在具备相应资质条件的投标者中，择优选定中标者。

建筑工程招标的开标、评标、定标由建设单位依法组织实施，并接受有关行政主管部门的监督。建筑工程实行招标发包的，发包单位应当将建筑工程发包给依法中标的承包单位。建筑工程实行直接发包的，发包单位应当将建筑工程发包给具有相应资质条件的承包单位。

(3) 行政部门不应非法干涉建设工程招投标活动

政府及其所属部门不得滥用行政权力，限定发包单位将招标发包的建筑工程发包给指定的承包单位。

(4) 提倡工程总承包，禁止肢解发包

提倡对建筑工程实行总承包，禁止将建筑工程肢解发包。建筑工程的发包单位可以将建筑工程的勘察、设计、施工、设备采购一并发包给一个工程总承包单位，也可以将建筑工程勘察、设计、施工、设备采购的一项或者多项发包给一个工程总承包单位；但是，不得将应当由一个承包单位完成的建筑工程肢解成若干部分发包给几个承包单位。

(5) 禁止发包单位指定供应商

按照合同约定，建筑材料、建筑构配件和设备由工程承包单位采购的，发包单位不得指定承包单位购入用于工程的建筑材料、建筑构配件和设备或者指定生产厂、供应商。

9.3.4 《建筑法》对于建设工程承包方的要求

《建筑法》对于承包单位也提出了相应的要求：

(1) 建筑工程承包企业应当具备相应的资质

建筑工程承包企业的资质是其承接相应工程的能力的表现之一，《建筑法》规定，承包建筑工程的单位应当持有依法取得的资质证书，并在其资质等级许可的业务范围内承揽工程。不允许没有资质的企业承接相应工程，也禁止建筑施工企业超越本企业资质等级许可的业务范围承接工程，禁止建筑施工企业以"挂靠"形式即以其他建筑施工企业的名义承揽工程。禁止建筑施工企业以任何形式允许其他单位或者个人使用本企业的资质证书、营业执照，以本企业的名义承揽工程。如果违反上述规定承接工程，则所签署的承包合同无效。根据最高法院《关于审理建设工程施工合同纠纷案件适用法律问题的解释》第一条的规定，建设工程合同具有下列情形之一的，根据合同法的有关规定，认定无效：①承包人未取得建筑施工企业资质或者超越资质等级；②没有资质的实际施工人借用有资质的建筑施工企业名义；③建设工程必须进行招标而未招标或者中标无效。

（2）以联合体方式承接工程的企业应承担连带责任

大型建筑工程或者结构复杂的建筑工程，可以由两个以上的企业组成联合体共同承接。以联合体的形式承接工程时，联合体各方应当签署《联合体协议》，同时，《建筑法》规定，共同承包的各方对承包合同的履行承担连带责任；两个以上不同资质等级的单位实行联合共同承包的，应当按照资质等级低的单位的业务许可范围承揽工程。

（3）承包单位不能对工程进行转包或者违法分包

建筑工程的承包人对工程进行分包是正常的，一个大的建筑工程往往涉及很多专业方面的工程，很少由一个企业完全独立完成，承包人一般会将工程的某些工作或者部分进行分包，有分包商来完成。根据工作性质划分，分包商一般分为劳务分包商和专业分包商。但是需要特别注意以下几点：

① 禁止转包。禁止承包单位将其承包的全部建筑工程转包给他人，禁止承包单位将其承包的全部建筑工程肢解以后以分包的名义分别转包给他人。

② 禁止将工程分包给没有资质的分包单位。建筑工程总承包单位可以将承包工程中的部分工程发包给具有相应资质条件的分包单位，禁止总承包单位将工程分包给不具备相应资质条件的单位。

③ 工程分包一般应经过发包人许可。《建筑法》规定，除总承包合同中约定的分包外，分包工程必须经建设单位认可。

④ 主体结构不能分包。施工总承包的，建筑工程主体结构的施工必须由总承包单位自行完成。

⑤ 分包商与总包商就分包工程向建设单位承担连带责任。建筑工程总承包单位按照总承包合同的约定对建设单位负责；分包单位按照分包合同的约定对总承包单位负责。总承包单位和分包单位就分包工程对建设单位承担连带责任。

⑥ 禁止分包单位将其承包的工程再分包。但是，如果专业分包单位对于劳务部分分包给劳务企业的，不受限制。

9.4 建筑工程监理

9.4.1 建筑工程监理制度概述

《建筑法》规定，我国推行建筑工程监理制度，国务院可以规定实行强制监理的建筑工程的范围。因此，对于国家规定必须实施强制监理的建筑工程应当施行工程监理；对于国家没有规定必须实施强制监理的建筑工程，也可以实施工程监理。

建设工程监理，是指具有相应资质的工程监理企业，接受建设单位的委托，承担建设工程项目的管理工作，代表建设单位对承建单位的建设行为进行监督管理的专业服务活动。目前，规范建设工程监理活动的法律法规主要包括《建筑法》、国务院颁布的《建设工程质量管理条例》与《建设工程安全生产管理条例》、建设部颁布的《建设工程监理范围和规模标准规定》和各省市的地方性规定。

《建设工程质量管理条例》规定，实行监理的建设工程，建设单位应当委托具有相应资质等级的工程监理单位进行监理，也可以委托具有工程监理相应资质等级并与被监理工程的施工承包单位没有隶属关系或者其他利害关系的该工程的设计单位进行监理。同时，《建设工程质量管理条例》规定了强制监理即必须实行监理的工程的范围，包括：

① 国家重点建设工程；
② 大中型公用事业工程；
③ 成片开发建设的住宅小区工程；
④ 利用外国政府或者国际组织贷款、援助资金的工程；
⑤ 国家规定必须实行监理的其他工程。

建设部《建设工程监理范围和规模标准规定》，对于实施强制监理的建设工程监理范围和规模标准进行了细致的规定。

9.4.2 监理单位资质与地位

我国对于从事监理活动的单位实施市场准入管理，即从事监理活动的监理单位必须具备法律规定的从业资格。监理单位应当在资质范围内从事监理活动，建设单位应当委托具有相应监理资质的监理单位对工程实施监理。《建设工程质量管理条例》第三十四条第一款规定，工程监理单位应当依法取得相应等级的资质证书，并在其资质等级许可的范围内承担工程监理业务。

监理单位承担工程监理业务时，必须具备相应等级的资质证书，禁止工程监理单位超越本单位资质等级许可的范围或者以其他工程监理单位的名义承接工程监理业务。禁止工程监理单位允许其他单位或者个人以本单位的名义承接工程监理业务。

工程监理单位只能自己实施，而不得转让工程监理业务。

监理单位虽然是接受建设单位的委托，在委托授权范围内进行监理工作，但是，他不仅仅是授权范围内建设单位的代理人，而且还是一个独立的第三方，具有一定的独立性。这主要体现在以下三个方面：

第一，工程监理单位与被监理工程的施工承包单位以及材料设备供应商不能存在利害关系。工程监理单位与被监理工程的施工承包单位以及建筑材料、建筑构配件和设备供应单位有隶属关系或者其他利害关系的，不得承担该项建设工程的监理业务。

第二，根据《建设工程质量管理条例》的规定，工程监理单位不仅应当在委托人的委托范围内实施工程监理，而且应当依照法律、法规以及有关技术标准、设计文件和建设工程承包合同，对施工质量实施监理，并对施工质量承担监理责任。其实施监理工作的标准是法律、法规以及有关技术标准、设计文件和建设工程承包合同，而不能受施工单位、材料设备供应商、建设单位或其他组织与个人的影响。

第三，监理工程师应当按照工程监理规范的要求，采取旁站、巡视和平行检验等形式，对建设工程实施监理，在委托范围内应当客观、公正地履行监理职责。

9.4.3 监理合同

一般情况下，建设单位应当通过招标投标方式选择监理单位。建设单位在选定监理单位后，应当与其委托的工程监理单位订立书面委托监理合同，明确委托监理的权限范围，建设单位和监理单位的具体的权利和义务。监理合同签订后，监理单位应当将合同向建设主管机关备案。监理单位应当依照合同约定的范围实施工程的监理。委托监理合同一般包括如下主要条款：

① 监理的范围和内容；
② 对工程工期、质量和投资控制的要求；
③ 建设单位赋予监理单位的权限和提供的工作条件；
④ 监理费率和支付方式；
⑤ 建设单位对监理单位合理化建议的奖励办法；
⑥ 违约责任。

建筑工程监理应当依照法律、行政法规及有关的技术标准、设计文件和建设工程承包合同，对承包单位在施工质量、建设工期和建设资金使用等方面，代表建设单位实施监督。在实施监理活动前，建设单位应当将委托的工程监理单位、监理的内容及监理权限，书面通知被监理的建筑施工企业。工程监理人员认为工程施工不符合工程设计要求、施工技术标准和合同约定的，有权要求建筑施工企业改正。工程监理人员发现工程设计不符合建筑工程质量标准或者合同约定的质量要求的，应当报告建设单位要求设计单位改正。

9.4.4 工程监理的内容与权限

《建筑法》规定，建筑工程监理应当依照法律、行政法规及有关的技术标准、设计文件和建设工程承包合同，对承包单位在施工质量、建设工期和建设资金使用等方面，代表建设单位实施监督。

工程监理即是在建设单位委托的工程范围内代表建设单位进行项目管理。其监理的内容与项目管理的内容是一致的。根据《建筑法》的规定，工程监理主要是对承包单位在施工质量、建设工期和建设资金使用等方面，代表建设单位进行管理和监督。其具体内容主要包括对工程的进度控制、质量控制、成本控制与付款、安全管理、合同管理、信息管理等。但是由于监理单位是受建设单位的委托代表建设单位进行项目监理的，其权限范围取决于建设单位的授权，因此，监理的内容也不尽相同。《建筑法》第三十三条规定："实施建筑工程监理前，建设单位应当将委托的工程监理单位、监理的内容及监理权限，书面通知被监理的建筑施工企业。"

9.4.5 违反《建筑法》关于监理的规定应当承担的法律责任

《建筑法》还对违反有关监理的规定的法律责任进行了规定。监理合同签署后，当事人应当按照合同的约定，履行义务，承担责任。根据《建筑法》的规定，工程监理单位不按照委托监理合同的约定履行监理义务，对应当监督检查的项目不检查或者不按照规定检查，给建设单位造成损失的，应当承担相应的赔偿责任。工程监理单位与承包单位串通，为承包单位谋取非法利益，给建设单位造成损失的，应当与承包单位承担连带赔偿责任。

9.5 建筑安全生产管理

9.5.1 建筑安全生产管理概述

建筑行业的安全生产事关建筑质量、个人安危、行业和企业发展以及社会稳定，建筑行业又是一个安全事故易发的行业，建筑安全生产管理是建筑管理必不可少的组成部分。《建筑法》、《中华人民共和国安全生产法》和《建设工程安全生产管理条例》等法律法规都对建筑安全生产管理进行了明确的规定。建设工程的安全问题是《建筑法》的核心内容之一。建设工程安全既有建筑产品自身安全，也有其毗邻建筑物的安全，还包括施工人员人身安全和施工安全。而建设工程的质量最终是通过建筑物的安全和使用情况来体现的。因此，在建筑活动的各个阶段、各个环节中，都应当注重建设工程的安全管理，因此《建筑法》第五章专门规定了建筑活动各有关方面在保证建设工程安全中的责任。比如：国家对建筑活动实行建筑安全生产管理制度；设计、施工应当符合建筑安全规程和技术规范，采取安全技术措施；实行严格的建设工程质量监督管理；同时，还规定了政府主管部门在建筑安全生产管理和建设工程质量监督中的职责。

《建筑法》明确规定了建筑生产安全管理的主管部门。《建筑法》第四十三条规定，"建设行政主管部门负责建筑安全生产的管理，并依法接受劳动行政主管部门对建筑安全生产的指导和监督。"因此，住房与城乡建设部与地方各级建设行政部门是建筑生产安全管理的主管部门。《建筑法》还规定相关单位应当坚持"安全第一，预防为主"的原则，建立安全生产管理制度。《建筑法》第三十六条规定，"建筑工程安全生产管理必须坚持安全第一、预防为主的方针，建立健全安全生产的责任制度和群防群治制度。"根据《建筑法》和《建设工程安全生产管理条例》的规定，参与建筑活动的各个主体，包括建设单位、勘察单位、设计单位、施工单位、工程监理单位及其他与建设工程安全生产有关的单位，必须遵守安全生产法律、法规的规定，保证建设工程安全生产，依法承担建设工程安全生产责任。

9.5.2 建设单位的安全责任

建设单位是建筑活动的发起单位，对于建筑生产安全管理负有重大责任。《建筑法》和《建设工程安全生产管理条例》都对建设单位的安全责任做了相应的规定。

第一，建设单位应当建立安全生产管理制度。

建设单位应当坚持安全第一、预防为主的方针，建立健全安全生产的责任制度和群防群治制度。

第二，建设单位应当向施工单位提供施工现场及毗邻区域内地下管线资料。

建设单位应当向施工单位提供施工现场及毗邻区域内供水、排水、供电、供气、供热、通信、广播电视等地下管线资料，气象和水文观测资料，相邻建筑物和构筑物以及地下工程的有关资料,并保证资料的真实、准确、完整。

建设单位因建设工程需要,向有关部门或者单位查询前款规定的资料时,有关部门或者单位应当及时提供。

第三,建设单位不得提出不合法不合规的要求,不能压缩合理工期。

建设单位不得对勘察、设计、施工、工程监理等单位提出不符合建设工程安全生产法律、法规和强制性标准规定的要求,不得压缩合同约定的工期。

第四,建设单位应当保障安全作业环境及安全施工措施费用。

建设单位在编制工程概算时,应当确定建设工程安全作业环境及安全施工措施所需费用。

第五,建设单位不得指令施工单位使用不符合安全要求的材料和设备。

建设单位不得明示或者暗示施工单位购买、租赁、使用不符合安全施工要求的安全防护用具、机械设备、施工机具及配件、消防设施和器材。

第六,建设单位应当向建设行政主管部门提供安全施工措施的资料。

建设单位在申请领取施工许可证时,应当提供建设工程有关安全施工措施的资料。依法批准开工报告的建设工程,建设单位应当自开工报告批准之日起15日内,将保证安全施工的措施报送建设工程所在地的县级以上地方人民政府建设行政主管部门或者其他有关部门备案。

第七,建设单位应当将拆除工程发包给具有相应资质等级的施工单位。

建设单位应当在拆除工程施工15日前,将下列资料报送建设工程所在地的县级以上地方人民政府建设行政主管部门或者其他有关部门备案:

① 施工单位资质等级证明;
② 拟拆除建筑物、构筑物及可能危及毗邻建筑的说明;
③ 拆除施工组织方案;
④ 堆放、清除废弃物的措施。

实施爆破作业的,应当遵守国家有关民用爆炸物品管理的规定。

第八,建设单位在实施有可能涉及安全问题的建筑活动前,应当办理批准手续。

建设单位实施下列行为之前,应当按照国家有关规定办理申请批准手续:

① 需要临时占用规划批准范围以外场地的;
② 可能损坏道路、管线、电力、邮电通信等公共设施的;
③ 需要临时停水、停电、中断道路交通的;
④ 需要进行爆破作业的;
⑤ 法律、法规规定需要办理报批手续的其他情形。

第九,建设单位实施涉及建筑主体和承重结构变动的装修工程,应当委托规定的单位提出设计方案。

涉及建筑主体和承重结构变动的装修工程,建设单位应当在施工前委托原设计单位或者具有相应资质条件的设计单位提出设计方案;没有设计方案的,不得施工。

9.5.3 勘察、设计、工程监理及其他有关单位的安全责任

《建筑法》对于设计单位的安全责任,《建设工程安全生产管理条例》对于勘察、设

计、工程监理及其他有关单位的安全责任做了相应的规定。主要包括：

第一，勘察单位的勘察文件应当满足建设工程安全生产的需要。

勘察单位应当按照法律、法规和工程建设强制性标准进行勘察，提供的勘察文件应当真实、准确，满足建设工程安全生产的需要。

第二，勘察单位的勘察作业活动应当保证安全。

勘察单位在勘察作业时，应当严格执行操作规程，采取措施保证各类管线、设施和周边建筑物、构筑物的安全。

第三，设计单位的工程设计应当符合法定的安全标准。

设计单位应当按照法律、法规和工程建设强制性标准进行设计，防止因设计不合理导致生产安全事故的发生。

设计单位应当考虑施工安全操作和防护的需要，对涉及施工安全的重点部位和环节在设计文件中注明，并对防范生产安全事故提出指导意见。

采用新结构、新材料、新工艺的建设工程和特殊结构的建设工程，设计单位应当在设计中提出保障施工作业人员安全和预防生产安全事故的措施建议。

设计单位和注册建筑师等注册执业人员应当对其设计负责。

第四，工程监理单位和监理工程师应当对施工单位的安全技术措施进行审查，并依法对安全生产进行监理。

工程监理单位应当审查施工组织设计中的安全技术措施或者专项施工方案是否符合工程建设强制性标准。工程监理单位在实施监理过程中，发现存在安全事故隐患的，应当要求施工单位整改；情况严重的，应当要求施工单位暂时停止施工，并及时报告建设单位。施工单位拒不整改或者不停止施工的，工程监理单位应当及时向有关主管部门报告。工程监理单位和监理工程师应当按照法律、法规和工程建设强制性标准实施监理，并对建设工程安全生产承担监理责任。

第五，设备供应商应保障其设备的安全性。

为建设工程提供机械设备和配件的单位，应当按照安全施工的要求配备齐全有效的保险、限位等安全设施和装置。

第六，设备和机具租赁商应提供符合安全要求的机械设备和施工机具。

出租的机械设备和施工机具及配件，应当具有生产（制造）许可证、产品合格证。出租单位应当对出租的机械设备和施工机具及配件的安全性能进行检测，在签订租赁协议时，应当出具检测合格证明。禁止出租检测不合格的机械设备和施工机具及配件。

在施工现场安装、拆卸施工起重机械和整体提升脚手架、模板等自升式架设设施，必须由具有相应资质的单位承担。安装、拆卸施工起重机械和整体提升脚手架、模板等自升式架设设施，应当编制拆装方案、制定安全施工措施，并由专业技术人员现场监督。施工起重机械和整体提升脚手架、模板等自升式架设设施安装完毕后，安装单位应当自检，出具自检合格证明，并向施工单位进行安全使用说明，办理验收手续并签字。施工起重机械和整体提升脚手架、模板等自升式架设设施的使用达到国家规定的检验检测期限的，必须经具有专业资质的检验检测机构检测。经检测不合格的，不得继续使用。检验检测机构对检测合格的施工起重机械和整体提升脚手架、模板等自升式架设设施，应当出具安全合格证明文件，并对检测结果负责。

9.5.4 建筑施工单位的安全责任

《建筑法》以及相关法律法规明确规定了建筑施工单位的安全责任。主要包括：

第一，施工企业应当具备相应的资质。

施工单位从事建设工程的新建、扩建、改建和拆除等活动，应当具备国家规定的注册资本、专业技术人员、技术装备和安全生产等条件，依法取得相应等级的资质证书，并在其资质等级许可的范围内承揽工程。

第二，建筑施工企业应当制定与建筑工程相适应的安全技术措施，并实施安全责任制度。

建筑施工企业在编制施工组织设计时，应当根据建筑工程的特点制定相应的安全技术措施；对专业性较强的工程项目，应当编制专项安全施工组织设计，并采取安全技术措施。

建筑施工企业应当实施安全责任制度。施工单位主要负责人依法对本单位的安全生产工作全面负责。施工单位应当建立健全安全生产责任制度和安全生产教育培训制度，制定安全生产规章制度和操作规程，保证本单位安全生产条件所需资金的投入，对所承担的建设工程进行定期和专项安全检查，并做好安全检查记录。施工单位的项目负责人应当由取得相应执业资格的人员担任，其应对建设工程项目的安全施工负责并落实安全生产责任制度、安全生产规章制度和操作规程，确保安全生产费用的有效使用，同时根据工程的特点组织制定安全施工措施，消除安全事故隐患，及时、如实报告生产安全事故。

第三，施工单位对于安全生产经费应当专款专用。

施工单位对列入建设工程概算的安全作业环境及安全施工措施所需费用，应当用于施工安全防护用具及设施的采购和更新、安全施工措施的落实、安全生产条件的改善，不得挪作他用。

第四，施工单位应当设立安全管理机构，配备专职安全管理人员。

专职安全生产管理人员负责对安全生产进行现场监督检查。发现安全事故隐患，应当及时向项目负责人和安全生产管理机构报告；对违章指挥、违章操作的，应当立即制止。专职安全生产管理人员的配备办法由国务院建设行政主管部门会同国务院其他有关部门制定。

第五，建筑施工企业应当对施工现场采取安全措施。

施工现场安全由建筑施工企业负责。建筑施工企业应当在施工现场采取维护安全、防范危险、预防火灾等措施；有条件的，应当对施工现场实行封闭管理。在城市市区内的建设工程，施工单位应当对施工现场实行封闭围挡。施工单位应当在施工现场入口处、施工起重机械、临时用电设施、脚手架、出入通道口、楼梯口、电梯井口、孔洞口、桥梁口、隧道口、基坑边沿、爆破物及有害危险气体和液体存放处等危险部位，设置明显的安全警示标志。安全警示标志必须符合国家标准。施工单位应当根据不同施工阶段和周围环境及季节、气候的变化，在施工现场采取相应的安全施工措施。施工现场暂时停止施工的，施工单位应当做好现场防护，所需费用由责任方承担，或者按照合同约定执行。

施工单位应当将施工现场的办公、生活区与作业区分开设置，并保持安全距离；办公、生活区的选址应当符合安全性要求。职工的膳食、饮水、休息场所等应当符合卫生标准。施工单位不得在尚未竣工的建筑物内设置员工集体宿舍。施工现场临时搭建的建筑物应当符合安全使用要求。施工现场使用的装配式活动房屋应当具有产品合格证。

施工单位应当在施工现场建立消防安全责任制度，确定消防安全责任人，制定用火、用电、使用易燃易爆材料等各项消防安全管理制度和操作规程，设置消防通道、消防水源，配备消防设施和灭火器材，并在施工现场入口处设置明显标志。

第六，施工单位应当使用合格的安全防护用具、机械设备、施工机具，并由专人管理。

施工单位采购、租赁的安全防护用具、机械设备、施工机具及配件，应当具有生产许可证、产品合格证，并在进入施工现场前进行查验。施工现场的安全防护用具、机械设备、施工机具及配件必须由专人管理，定期进行检查、维修和保养，建立相应的资料档案，并按照国家有关规定及时报废。

第七，建筑施工企业应当对毗邻建筑物等采取安全防护措施。

施工现场对毗邻的建筑物、构筑物和特殊作业环境可能造成损害的，建筑施工企业应当采取安全防护措施。

第八，建筑施工企业应当保护环境，防止污染和危害。

建筑施工企业应当遵守有关环境保护和安全生产的法律、法规的规定，控制和处理施工现场的各种粉尘、废气、废水、固体废物以及噪声、振动和施工照明对人和环境的危害和污染。

第九，建筑施工企业应当加强建筑安全生产管理，防止安全生产事故发生。

建筑施工企业必须依法加强对建筑安全生产的管理，执行安全生产责任制度，采取有效措施，防止伤亡和其他安全生产事故的发生。建筑施工企业的法定代表人对本企业的安全生产负责。

第十，特种作业人员应当持证上岗，在使用特种设备设施前应当依法对设备设施进行检测和验收。

垂直运输机械作业人员、安装拆卸工、爆破作业人员、起重信号工、登高架设作业人员等特种作业人员，必须按照国家有关规定经过专门的安全作业培训，并取得特种作业操作资格证书后，方可上岗作业。

施工单位在使用施工起重机械和整体提升脚手架、模板等自升式架设设施前，应当组织有关单位进行验收，也可以委托具有相应资质的检验检测机构进行验收；使用承租的机械设备和施工机具及配件的，由施工总承包单位、分包单位、出租单位和安装单位共同进行验收。验收合格的方可使用。《特种设备安全监察条例》规定的施工起重机械，在验收前应当经有相应资质的检验检测机构监督检验合格。

第十一，建筑施工企业应当实施劳动安全生产教育培训制度。

建筑施工企业应当建立健全劳动安全生产教育培训制度，加强对职工安全生产的教育培训；未经安全生产教育培训的人员，不得上岗作业。施工单位的主要负责人、项目负责人、专职安全生产管理人员应当经建设行政主管部门或者其他有关部门考核合格后方可任职。

建筑施工企业作业人员应当遵守安全施工的强制性标准、规章制度和操作规程，正确使用安全防护用具、机械设备等。作业人员进入新的岗位或者新的施工现场前，应当接受安全生产教育培训。未经教育培训或者教育培训考核不合格的人员，不得上岗作业。

施工单位在采用新技术、新工艺、新设备、新材料时，应当对作业人员进行相应的安全生产教育培训。

第十二，建筑施工企业和作业人员的施工活动应当遵守有关安全生产的法律、法规和建筑行业安全规章、规程。

建筑施工企业和作业人员在施工过程中，应当遵守有关安全生产的法律、法规和建筑行业安全规章、规程，不得违章指挥或者违章作业。施工单位应当向作业人员提供安全防护用具和安全防护服装，并书面告知危险岗位的操作规程和违章操作的危害。

作业人员有权对施工现场的作业条件、作业程序和作业方式中存在的安全问题提出批评、检举和控告，有权拒绝违章指挥和强令冒险作业。在施工中发生危及人身安全的紧急情况时，作业人员有权立即停止作业或者在采取必要的应急措施后撤离危险区域。

第十三，建筑施工企业应当为职工参加工伤保险。

建筑施工企业应当依法为职工参加工伤保险，缴纳工伤保险费。鼓励企业为从事危险作业的职工办理意外伤害保险，支付保险费。

第十四，建筑施工单位应当使用具备保证安全条件的单位承担房屋拆除工作。

房屋拆除应当由具备保证安全条件的建筑施工单位承担，由建筑施工单位负责人对安全负责。

第十五，总承包单位对施工现场的安全生产负总责，总承包单位和分包单位对分包工程的安全生产承担连带责任。

建设工程实行施工总承包的，由总承包单位对施工现场的安全生产负总责。总承包单位应当自行完成建设工程主体结构的施工。总承包单位依法将建设工程分包给其他单位的，分包合同中应当明确各自的安全生产方面的权利、义务。总承包单位和分包单位对分包工程的安全生产承担连带责任。分包单位应当服从总承包单位的安全生产管理，分包单位不服从管理导致生产安全事故的，由分包单位承担主要责任。

9.5.5 建筑工程事故的处理

1. 制定应急救援预案

县级以上地方人民政府建设行政主管部门应当根据本级人民政府的要求，制定本行政区域内建设工程特大生产安全事故应急救援预案。

施工单位应当制定本单位生产安全事故应急救援预案，建立应急救援组织或者配备应急救援人员，同时还要配备必要的应急救援器材、设备，并定期组织演练。施工单位应当根据建设工程施工的特点、范围，对施工现场易发生重大事故的部位、环节进行监控，制定施工现场生产安全事故应急救援预案。实行施工总承包的，由总承包单位统一组织编制建设工程生产安全事故应急救援预案，工程总承包单位和分包单位按照应急救援预案，各自建立应急救援组织或者配备应急救援人员，配备救援器材、设备，并定期组织演练。

2. 防止事故扩大，保护现场

施工中发生事故时，建筑施工企业应当采取紧急措施减少人员伤亡和事故损失，并保护事故现场。需要移动现场物品时，应当做出标记和书面记录，妥善保管有关证物。

3. 事故报告

施工单位发生生产安全事故，应当按照国家有关伤亡事故报告和调查处理的规定，及时、如实地向负责安全生产监督管理的部门、建设行政主管部门或者其他有关部门报告；特种设备发生事故的，还应当同时向特种设备安全监督管理部门报告。接到报告的部门应当按照国家有关规定，如实上报。实行施工总承包的建设工程，由总承包单位负责上报事故。

4. 对事故责任单位和责任人进行处理

建设工程生产安全事故的调查、对事故责任单位和责任人的处罚与处理，按照有关法律、法规的规定执行。

9.6 建筑工程质量管理

9.6.1 建筑工程质量管理制度概述

建筑工程的质量问题是建筑工程最核心的问题之一，然而建筑工程质量一直存在着不少问题，社会反应强烈，必须采取有效措施，从根本上加以解决。建筑工程质量贯穿建设活动的全过程，必须进行全过程的监督管理，质量才有保证。《建筑法》在建筑活动的各个阶段、各个环节中，都紧扣建筑工程的质量加以规范，规定了建筑活动各有关方面在保证建筑工程质量中的责任，如实行严格的建设工程质量监督管理，同时还规定了政府主管部门在建设工程质量监督中的职责。目前，我国规定建筑工程质量的法律法规主要包括《建筑法》、《建设工程质量管理条例》和建设部行政规章等。

《建筑法》规定，建筑工程勘察、设计、施工的质量必须符合国家有关建筑工程安全标准的要求，具体管理办法由国务院规定。有关建筑工程安全的国家标准不能适应确保建筑安全的要求时，应当及时修订。根据《标准化法》的规定，我国的标准分为国家标准、行业标准、地方标准和企业标准。标准又分为强制性标准和推荐性标准，强制性标准必须执行，推荐性标准国家鼓励使用，但并不强制。建设部和其他相关部委，就建筑行业按建筑工程的类别发布了《工程建设标准强制性条文》。《强制性条文》的内容，是关于工程建设现行国家和行业标准中直接涉及人民生命财产安全、人身健康、环境保护和其他公众利益的标准，同时考虑了提高经济效益和社会效益等方面的要求。列入《强制性条文》的所有条文都必须严格执行。《强制性条文》也是参与建设活动各方执行工程建设强制性标准和政府对执行情况实施监督的依据。国家发布的工程建设标准，凡有强制性条文的，应在文本中明确表示，并应纳入《强制性条文》。因此列入《强制性条文》的有关建设工程质量的标准必须遵守。

《建筑法》规定，国家对从事建筑活动的单位推行质量体系认证制度。从事建筑活动的单位根据自愿原则可以向国务院产品质量监督管理部门或者国务院产品质量监督管理部门授权的部门认可的认证机构申请质量体系认证。经认证合格的，由认证机构颁发质量体系认证证书。该质量体系认证是指企业管理质量体系认证，如 ISO 9001 企业质量管理体系认证。其他相关的企业管理体系认证还包括 ISO 14000 企业环境管理体系认证、OHSAS18000 职业安全健康认证等。

9.6.2 建设单位的质量责任

根据《建筑法》和《建设工程质量管理条例》的规定，建设单位的质量责任和义务主要包括以下内容：

第一，建设单位应当将工程发包给具有相应资质等级的单位。

建设单位应当将工程发包给具有相应资质等级的单位。建设单位不得将建设工程肢解发包。

第二，建设单位应当依法通过招标选择承包商和重要设备、材料供应商。

建设单位应当依法对工程建设项目的勘察、设计、施工、监理以及与工程建设有关的重要设备、材料等的采购进行招标。

第三，建设单位应当向承包商提供工程有关资料。

建设单位必须向有关的勘察、设计、施工、工程监理等单位提供与建设工程有关的原始资料。原始资料必须真实、准确、齐全。

第四，建设单位不得迫使承包商低于成本竞标或提出其他不合理要求。

建设工程发包单位不得迫使承包方以低于成本的价格竞标，不得任意压缩合理工期。建设单位不得明示或者暗示设计单位或者施工单位违反工程建设强制性标准，降低建设工程质量。建筑设计单位和建筑施工企业对建设单位违反前款规定提出的降低工程质量的要求，应当予以拒绝。

第五，建设单位应当对施工图设计文件进行报批。

建设单位应当将施工图设计文件报县级以上人民政府建设行政主管部门或者其他有关部门审查。施工图设计文件审查的具体办法，由国务院建设行政主管部门会同国务院其他有关部门制定。施工图设计文件未经审查批准的，不得使用。

第六，实行监理的工程应委托合格的监理单位监理。

实行监理的建设工程，建设单位应当委托具有相应资质等级的工程监理单位进行监理，也可以委托具有工程监理相应资质等级并与被监理工程的施工承包单位没有隶属关系或者其他利害关系的该工程的设计单位进行监理。对于国家重点建设工程、大中型公用事业工程、成片开发建设的住宅小区工程、利用外国政府或者国际组织贷款与援助资金建设的工程、国家规定必须实行监理的其他工程必须实行监理。

第七，建设单位在领取开工手续前办理质量监督手续。

建设单位在领取施工许可证或者开工报告前，应当按照国家有关规定办理工程质量监督手续。

第八，由建设单位采购的材料设备应当符合设计文件与合同的要求。

按照合同约定，由建设单位采购建筑材料、建筑构配件和设备的，建设单位应当保证建筑材料、建筑构配件和设备符合设计文件和合同要求。建设单位不得明示或者暗示施工单位使用不合格的建筑材料、建筑构配件和设备。

第九，建设单位变动建筑主体和承重结构的装修工程应当在施工前取得设计方案。

涉及建筑主体和承重结构变动的装修工程，建设单位应当在施工前委托原设计单位或者具有相应资质等级的设计单位提出设计方案；没有设计方案的，不得施工。房屋建筑使用者在装修过程中，不得擅自变动房屋建筑主体和承重结构。

第十，建设单位应当组织对工程进行竣工验收。

建设单位收到建设工程竣工报告后，应当组织设计、施工、工程监理等有关单位进行竣工验收。建设工程经验收合格的，方可交付使用。

建设工程竣工验收应当具备下列条件：

① 完成建设工程设计和合同约定的各项内容；
② 有完整的技术档案和施工管理资料；
③ 有工程使用的主要建筑材料、建筑构配件和设备的进场试验报告；
④ 有勘察、设计、施工、工程监理等单位分别签署的质量合格文件；
⑤ 有施工单位签署的工程保修书。

第十一，建设单位应当建立项目档案。

建设单位应当严格按照国家有关档案管理的规定，及时收集、整理建设项目各环节的文件资料，建立、健全建设项目档案，并在建设工程竣工验收后，及时向建设行政主管部门或者其他有关部门移交建设项目档案。

9.6.3 勘察设计单位的质量责任

第一，勘察设计质量应符合法定的质量标准。

建筑工程勘察、设计的质量必须符合国家有关建筑工程安全标准的要求。

第二，勘察设计的单位应当在资质等级范围内承揽工程，并不得转包或者违法分包。

从事建设工程勘察、设计的单位应当依法取得相应等级的资质证书，并在其资质等级许可的范围内承揽工程。禁止勘察、设计单位超越其资质等级许可的范围或者以其他勘察、设计单位的名义承揽工程。禁止勘察、设计单位允许其他单位或者个人以本单位的名义承揽工程。勘察、设计单位不得转包或者违法分包所承揽的工程。

第三，勘察设计单位应当对其勘察设计的质量负责。

建筑工程的勘察、设计单位必须对其勘察、设计的质量负责。勘察、设计文件应当符合有关法律、行政法规的规定和建筑工程质量、安全标准、建筑工程勘察、设计技术规范以及合同的约定。勘察单位提供的地质、测量、水文等勘察成果必须真实、准确。注册建筑师、注册结构工程师等注册执业人员应当在设计文件上签字，对设计文件负责。

第四，设计单位应当在勘察基础上进行设计。

设计单位应当根据勘察成果文件进行建设工程设计。设计文件应当符合国家规定的设计深度要求，注明工程合理使用年限。

第五，设计单位应当对设计文件中选用建筑材料和设备的质量标准负责。

设计单位在设计文件中选用的建筑材料、建筑构配件和设备，应当注明规格、型号、性能等技术指标，其质量要求必须符合国家规定的标准。

第六，设计单位应当向施工方进行设计交底。

设计单位应当就审查合格的施工图设计文件向施工单位作出详细说明。

第七，设计单位应当对因设计造成的质量事故提出技术处理方案。

设计单位应当参与建设工程质量事故分析，并对因设计造成的质量事故，提出相应的技术处理方案。

第八，设计单位不得指定材料设备的生产厂、供应商。

除有特殊要求的建筑材料、专用设备、工艺生产线等外,建筑设计单位对设计文件选用的建筑材料、建筑构配件和设备,不得指定生产厂、供应商。

9.6.4 工程监理单位的质量责任

实施监理的工程项目,监理单位负有质量监理的责任和义务。根据《建筑法》和《建设工程质量管理条例》等法律法规的规定,监理单位的质量监理责任和义务主要包括以下内容:

第一,工程监理单位应在资质等级许可的范围内承担监理业务,并不得转让。

工程监理单位应当依法取得相应等级的资质证书,并在其资质等级许可的范围内承担工程监理业务。禁止工程监理单位超越本单位资质等级许可的范围或者以其他工程监理单位的名义承担工程监理业务。禁止工程监理单位允许其他单位或者个人以本单位的名义承担工程监理业务。工程监理单位不得转让工程监理业务。

第二,工程监理单位与相关单位不得有隶属关系或者其他利害关系。

如果工程监理单位与被监理工程的施工承包单位以及建筑材料、建筑构配件和设备供应单位有隶属关系或者其他利害关系的,不得承担该项建设工程的监理业务。

第三,坚持依法依规实施监理活动,未经监理确认不得进行下一道工序施工,并不得竣工验收。

工程监理单位应当依照法律、法规以及有关技术标准、设计文件和建设工程承包合同,代表建设单位对施工质量实施监理,并对施工质量承担监理责任。未经监理工程师签字,建筑材料、建筑构配件和设备不得在工程上使用或者安装,施工单位不得进行下一道工序的施工。未经总监理工程师签字,建设单位不拨付工程款,不进行竣工验收。

第四,总监理工程师和监理工程师应当具有相应的资格。

工程监理单位应当选派具备相应资格的总监理工程师和监理工程师进驻施工现场。

第五,监理单位应当按照"公正、独立、自主"原则,采取各种方式进行工程监理,保证工程的质量与安全。

监理单位与建设单位之间是委托与被委托的合同关系,与被监理单位是监理与被监理的关系。但是,监理单位是独立的第三方,应按照"公正、独立、自主"的原则,开展工程建设监理工作。监理工程师应当按照工程监理规范的要求,采取旁站、巡视和平行检验等形式,对建设工程实施监理。根据建设部颁布的《建设工程监理规范》(GB 50319—2000)的规定,"旁站"是指在关键部位或关键工序施工过程中,由监理人员在现场进行的监督活动。"巡视"是指监理人员对正在施工的部位或工序在现场进行的定期或不定期的监督活动。"平行检验"是指项目监理机构利用一定的检查或检测手段,在承包单位自检的基础上,按照一定的比例独立进行检查或检测的活动。

9.6.5 施工单位的质量责任

施工单位对建设工程的施工质量负责。根据《建筑法》和《建设工程质量管理条例》等法律法规的规定,监理单位的质量监理责任和义务主要包括以下内容:

第一,施工单位应当在其资质等级许可的范围内承揽工程。

施工单位应当依法取得相应等级的资质证书,并在其资质等级许可的范围内承揽工程。禁止施工单位超越本单位资质等级许可的业务范围或者以其他施工单位的名义承揽工程。禁止施工单位允许其他单位或者个人以本单位的名义承揽工程。

第二，施工单位不得转包或者违法分包工程。

禁止承包单位将其承包的全部建筑工程转包给他人，禁止承包单位将其承包的全部建筑工程肢解以后以分包的名义分别转包给他人。建筑工程总承包单位可以将承包工程中的部分工程发包给具有相应资质条件的分包单位，但是，除总承包合同中约定的分包外，必须经建设单位认可。施工总承包的，建筑工程主体结构的施工必须由总承包单位自行完成。禁止总承包单位将工程分包给不具备相应资质条件的单位。禁止分包单位将其承包的工程再分包。建筑工程总承包单位按照总承包合同的约定对建设单位负责；分包单位按照分包合同的约定对总承包单位负责。总承包单位和分包单位就分包工程对建设单位承担连带责任。

第三，施工单位应当建立质量责任制。

施工单位应当建立质量责任制，确定工程项目的项目经理、技术负责人和施工管理负责人。建设工程实行总承包的，总承包单位应当对全部建设工程质量负责；建设工程勘察、设计、施工、设备采购的一项或者多项实行总承包的，总承包单位应当对其承包的建设工程或者采购的设备的质量负责。总承包单位依法将建设工程分包给其他单位的，分包单位应当按照分包合同的约定对其分包工程的质量向总承包单位负责，总承包单位与分包单位对分包工程的质量承担连带责任。

第四，施工单位应当依照设计图纸和技术标准施工，不能擅自变更设计或偷工减料。

施工单位必须按照工程设计图纸和施工技术标准施工，不得擅自修改工程设计，不得偷工减料。施工单位在施工过程中发现设计文件和图纸有差错的，应当及时提出意见和建议。

第五，施工单位应当建立检验制度，严格施工质量和设备材料检查检验及竣工验收。

施工单位必须建立、健全施工质量的检验制度，严格工序管理，作好隐蔽工程的质量检查和记录。隐蔽工程在隐蔽前，施工单位应当通知建设单位和建设工程质量监督机构。施工单位必须按照工程设计要求、施工技术标准和合同约定，对建筑材料、建筑构配件、设备和商品混凝土进行检验，检验应当有书面记录和专人签字；未经检验或者检验不合格的，不得使用。施工人员对涉及结构安全的试块、试件以及有关材料，应当在建设单位或者工程监理单位监督下现场取样，并送具有相应资质等级的质量检测单位进行检测。施工单位对施工中出现质量问题的建设工程或者竣工验收不合格的建设工程，应当负责返修。

第六，施工单位应当对职工进行教育培训。

施工单位应当建立教育培训制度，加强对职工的教育培训；未经教育培训或者考核不合格的人员，不得上岗作业。

9.6.6 建设工程质量保修制度

我国对建筑工程实行质量保修制度。建筑工程质量保修，是指对建筑工程竣工验收后在保修范围和保修期限内出现质量缺陷，施工单位应当履行保修义务，予以修复。《建筑法》对于建设工程质量保修制度做了规定，建设部就房屋建筑工程的保修颁布了《房屋建筑工程质量保修办法》。《建筑法》规定，建筑工程的保修范围应当包括地基基础工程、主体结构工程、屋面防水工程和其他土建工程，以及电气管线、上下水管线的安装工程，供热、供冷系统工程等项目。保修的期限应当按照保证建筑物在合理寿命年限内正常使用，维护使用者合法权益的原则确定。具体的保修范围和最低保修期限由国务院规定。

根据《建设工程质量管理条例》的规定，建设工程承包单位在向建设单位提交工程竣工验收报告时，应当向建设单位出具质量保修书。质量保修书中应当明确建设工程的保修范围、保修期限和保修责任等。《建设工程质量管理条例》对于建筑工程的主要部分规定了最低保修期，没有规定的，由发包方与承包方约定。建设工程在保修范围和保修期限内发生质量问题的，施工单位应当履行保修义务，并对造成的损失承担赔偿责任。建设工程的保修期，自竣工验收合格之日起计算。根据《建设工程质量管理条例》的规定，在正常使用条件下，建设工程的最低保修期限为：

① 基础设施工程、房屋建筑的地基基础工程和主体结构工程，为设计文件规定的该工程的合理使用年限；

② 屋面防水工程、有防水要求的卫生间、房间和外墙面的防渗漏，为5年；

③ 供热与供冷系统，为2个采暖期、供冷期；

④ 电气管线、给水排水管道、设备安装和装修工程，为2年。

其他项目的保修期限由发包方与承包方约定。

建设工程在超过合理使用年限后需要继续使用的，产权所有人应当委托具有相应资质等级的勘察、设计单位鉴定，并根据鉴定结果采取加固、维修等措施，重新界定使用期。

9.6.7 质量监督制度

国家实行建设工程质量监督管理制度。国务院建设行政主管部门对全国的建设工程质量实施统一监督管理。县级以上地方人民政府建设行政主管部门对本行政区域内的建设工程质量实施监督管理。县级以上地方人民政府建设行政主管部门和其他有关部门应当加强对有关建设工程质量的法律、法规和强制性标准执行情况的监督检查。建设行政主管部门或者其他有关部门发现建设单位在竣工验收过程中有违反国家有关建设工程质量管理规定行为的，责令停止使用，重新组织竣工验收。建设工程发生质量事故，有关单位应当在24小时内向当地建设行政主管部门和其他有关部门报告。对重大质量事故，事故发生地的建设行政主管部门和其他有关部门应当按照事故类别和等级向当地人民政府和上级建设行政主管部门和其他有关部门报告。特别重大质量事故的调查程序按照国务院有关规定办理。任何单位和个人对建设工程的质量事故、质量缺陷都有权检举、控告、投诉。

9.7 违反《建筑法》应当承担的法律责任

9.7.1 违反《建筑法》的法律责任概述

违反《建筑法》的法律责任，是指违反《建筑法》的规定应当承担的法律后果。按照责任主体划分，违反《建筑法》的法律责任可分为：建设单位的法律责任、设计单位的法律责任、施工单位、监理单位和政府机关有关工作人员的法律责任；按照责任性质划分，违反《建筑法》的法律责任可分为：民事责任、行政责任和刑事责任。民事责任、行政责任和刑事责任可以合并适用。

9.7.2 违反《建筑法》的民事责任

违反《建筑法》的民事责任,是指建筑法律关系主体违反《建筑法》规定的行为,同时违反了其应承担的民事义务,因而应当承担的法律后果。

1. 建设单位违反《建筑法》的民事责任

① 建设单位未取得施工许可证或者开工报告未经批准,可以导致违约延误工期或承包合同终止;

② 建设单位违反《建筑法》规定将建筑工程肢解发包的,导致承包合同无效;

③ 违反《建筑法》规定,对于涉及建筑主体或者承重结构变动的装修工程,未经批准的,将导致合同无效。

2. 设计单位违反《建筑法》的民事责任

设计单位不按照建筑工程质量、安全标准进行设计,造成建设单位、施工单位损失的,应当赔偿损失;构成严重违约的,建设单位可以解除合同并要求赔偿损失。

3. 施工单位违反《建筑法》的民事责任

① 施工单位使用以欺骗手段取得的资质证书承揽工程,承包合同无效;

② 施工单位转让、出借资质证书或者以其他方式允许他人以本企业的名义承揽工程的,承包合同无效,对于因该项承揽工程不符合规定的质量标准造成的损失;建筑施工企业与使用本企业名义的单位或者个人承担连带赔偿责任;

③ 承包单位将承包的工程转包的,或者违反《建筑法》规定进行分包,转包合同或分包合同无效,对于因转包工程或者违法分包的工程不符合规定的质量标准造成的损失;与接受转包或者分包的单位承担连带赔偿责任;

④ 建筑施工企业违反《建筑法》规定,对建筑安全事故隐患不采取措施予以消除,属于违约;构成严重违约的,建设单位可以解除合同,并要求赔偿损失;

⑤ 建筑施工企业在施工中偷工减料的,使用不合格的建筑材料、建筑构配件和设备的,或者有其他不按照工程设计图纸或者施工技术标准施工的行为的,造成建筑工程质量不符合规定的质量标准的,负责返工、修理,并赔偿因此造成的损失;构成严重违约的,建设单位可以解除合同并要求赔偿损失;

⑥ 施工单位违反本法规定,不履行保修义务或者拖延履行保修义务的,对在保修期内因屋顶、墙面渗漏、开裂等质量缺陷造成的损失,承担赔偿责任;构成严重违约的,建设单位可以解除合同并要求施工单位赔偿损失。

4. 监理单位违反《建筑法》的民事责任

① 工程监理单位与建设单位或者建筑施工企业串通,弄虚作假、降低工程质量,损害国家或者公共利益的,合同无效;

② 工程监理单位转让监理业务,合同无效。

9.7.3 违反《建筑法》的行政责任

违反《建筑法》的行政责任,是指建筑法律关系主体或其工作人员违反《建筑法》规定依法应承担的行政法律后果,包括行政处罚和行政处分两种。

1. 建设单位违反《建筑法》的行政责任

① 建设单位违反《建筑法》规定，未取得施工许可证或者开工报告未经批准擅自施工的，责令改正；对不符合开工条件的责令停止施工，也可以处以罚款；

② 建设单位将工程发包给不具有相应资质条件的承包单位的，或者违反本法规定将建筑工程肢解发包的，责令改正；处以罚款；

③ 建设单位违反《建筑法》规定，对涉及建筑主体或者承重结构变动的装修工程擅自施工的，责令改正，处以罚款；造成损失的，承担赔偿责任；

④ 建设单位违反《建筑法》规定，要求建筑设计单位或者建筑施工企业违反建筑工程质量、安全标准，降低工程质量的，责令改正，可以处以罚款。

2. 设计单位违反《建筑法》的行政责任

建筑设计单位不按照建筑工程质量、安全标准进行设计的，责令改正，处以罚款；造成工程质量事故的，责令停业整顿，降低资质等级或者吊销资质证书，没收违法所得，并处罚款。

3. 施工单位违反《建筑法》的行政责任

① 对在工程承包中行贿的施工单位，不构成犯罪的，分别处以罚款，没收贿赂的财物，对直接负责的主管人员和其他直接责任人员给予处分；除此之外，还可以责令停业整顿，降低资质等级或者吊销资质证书；

② 施工单位违反《建筑法》规定，对建筑安全事故隐患不采取措施予以消除的，责令改正，可以处以罚款，情节严重的，责令停业整顿，降低资质等级或者吊销资质证书；

③ 施工单位在施工中偷工减料的，使用不合格的建筑材料、建筑构配件和设备的，或者有其他不按照工程设计图纸或者施工技术标准施工的行为的，责令改正，处以罚款；情节严重的，责令停业整顿，降低资质等级或者吊销资质证书；

④ 建筑施工企业违反《建筑法》规定，不履行保修义务或者拖延履行保修义务的，责令改正，可以处以罚款。

4. 监理单位违反《建筑法》的行政责任

① 工程监理单位与建设单位或者建筑施工企业串通，弄虚作假、降低工程质量的，责令改正，处以罚款，降低资质等级或者吊销资质证书，有违法所得的，予以没收；造成损失的，承担连带赔偿责任；

② 工程监理单位转让监理业务的，责令改正，没收违法所得，可以责令停业整顿，降低资质等级；情节严重的，吊销资质证书。

5. 设计单位、施工单位或监理单位违反《建筑法》的行政责任

① 超越本单位资质等级承揽工程的，责令停止违法行为，处以罚款，也可以责令停业整顿，降低资质等级；情节严重的，吊销资质证书，有违法所得的，予以没收；

② 未取得资质证书承揽工程的，予以取缔，并处罚款，有违法所得的，予以没收；

③ 以欺骗手段取得资质证书的，吊销资质证书，处以罚款；

④ 在工程发包与承包中索贿、受贿、行贿，不构成犯罪的，分别处以罚款，没收贿赂的财物，对直接负责的主管人员和其他直接责任人员给予处分。

6. 有关政府机关及其工作人员违反《建筑法》的行政责任

① 违反《建筑法》规定，给不具备相应资质等级条件的单位颁发该等级资质证书的，

由其上级机关责令收回所发的资质证书，对直接负责的主管人员和其他直接责任人员给予行政处分；

② 政府及其所属部门的工作人员违反本法规定，限定发包单位将招标发包的工程发包给指定的承包单位的，由上级机关责令改正；

③ 负责颁发建筑工程施工许可证的部门及其工作人员对不符合施工条件的建筑工程颁发施工许可证的，负责工程质量监督检查或者竣工验收的部门及其工作人员对不合格的建筑工程出具质量合格文件或者按合格工程验收的，由上级机关责令改正，对责任人员给予行政处分。

9.7.4 违反《建筑法》的刑事责任

违反《建筑法》的刑事责任，是指建筑法律关系主体或其工作人员违反刑法规定，构成犯罪，应当承担的法律后果。违反《建筑法》的罪名主要包括：重大劳动安全事故罪、重大责任事故罪、工程重大安全事故罪、滥用职权罪、玩忽职守罪、商业行贿罪、受贿罪、行贿罪等八个罪名。建筑法律关系主体或其工作人员在建筑活动中实施严重违法行为构成犯罪的，应当按照我国刑法的规定，根据其触犯的刑法罪名，承担相应的刑事责任，即根据其触犯的罪名和犯罪情节，处以相应的刑罚处罚。刑罚是最为严厉的法律制裁。

1. 建设单位违反《建筑法》的刑事责任

① 建设单位违反《建筑法》规定，对涉及建筑主体或者承重结构变动的装修工程擅自施工，构成犯罪的，依法追究刑事责任；

② 建设单位违反《建筑法》规定，要求建筑设计单位或者建筑施工企业违反建筑工程质量、安全标准，降低工程质量的，责令改正，可以处以罚款；构成犯罪的，依法追究刑事责任。

2. 设计单位违反《建筑法》的刑事责任

设计单位不按照建筑工程质量、安全标准进行设计，构成犯罪的，依法追究刑事责任。

3. 施工单位违反《建筑法》的刑事责任

① 建筑施工企业违反《建筑法》规定，对建筑安全事故隐患不采取措施予以消除，构成犯罪的，依法追究刑事责任；

② 建筑施工企业的管理人员违章指挥、强令职工冒险作业，因而发生重大伤亡事故或者造成其他严重后果的，依法追究刑事责任；

③ 建筑施工企业在施工中偷工减料的，使用不合格的建筑材料、建筑构配件和设备的，或者有其他不按照工程设计图纸或者施工技术标准施工的行为，构成犯罪的，依法追究刑事责任。

除以上违反《建筑法》的刑事责任外，设计单位、施工单位或监理单位以欺骗手段取得资质证书的，吊销资质证书，处以罚款，构成犯罪的，依法追究刑事责任；设计单位、建设单位、施工单位或监理单位在工程发包与承包中索贿、受贿、行贿，构成犯罪的，依法追究刑事责任；监理单位与建设单位或者施工单位串通，弄虚作假、降低工程质量，构成犯罪的，依法追究刑事责任。

4. 有关行政工作人员违反《建筑法》的刑事责任

① 负责办理资质证书机关的工作人员违反本法规定，对不具备相应资质等级条件的单位颁发该等级资质证书，构成犯罪的，依法追究刑事责任；

② 政府部门工作人员违反本法规定，限定发包单位将招标发包的工程发包给指定的承包单位，构成犯罪的，依法追究刑事责任；

③ 负责颁发建筑工程施工许可证的部门及其工作人员对不符合施工条件的建筑工程颁发施工许可证的，负责工程质量监督检查或者竣工验收的部门及其工作人员对不合格的建筑工程出具质量合格文件或者按合格工程验收，构成犯罪的，依法追究刑事责任。

思考题：
1. 《建筑法》的立法目的和适用范围。
2. 建筑许可制度的内容。
3. 建设单位对建筑工程的质量责任和安全责任。
4. 施工单位对建筑工程的质量责任和安全责任。

参 考 文 献

1. 孙国华，朱景文. 法理学. 第 3 版. 北京：中国人民大学出版社，2010
2. 谭敬慧. 建设工程法律体系与纠纷处理的发展. 北京仲裁，2010，4
3. 陈川生，沈力编. 招标投标法律法规解读评析评标专家指南（修订本）. 北京：电子工业出版社，2010
4. 谭敬慧. 招标投标法律体系的现状和发展. 中国招标，2009，50
5. 何红锋. 招标投标法研究. 天津：南开大学出版社，2004
6. 张培忠. 建筑与招投标法规教程. 济南：山东人民出版社，2005
7. 朱建元，金林主编. 政府采购的招标与投标. 北京：人民法院出版社，2000
8. 姚慧娟. 建筑法，北京：法律出版社，2003
9. 侯捷《关于中华人民共和国建筑法草案的说明》
10. http://www.npc.gov.cn/wxzl/gongbao/2000－12/07/content_5003822.htm
11. 国家统计局编《中国统计年鉴2010》，http://www.stats.gov.cn/tjsj/ndsj/2010/indexch.htm
12. 全国招标师职业水平考试辅导教材指导委员会. 招标采购法律法规与政策. 北京：中国计划出版社，2009